DuMont Reise-Taschenbücher

Portugals Norden

In der vorderen Umschlagklappe: Übersichtskarte Portugals Norden

In der hinteren Umschlagklappe: Die Altstadt von Porto

Rolf Osang

Portugals Norden

DuMont Buchverlag Köln

Umschlagvorderseite: Blick auf Porto
Umschlaginnenklappe: Am Bahnhof in Pinhão
Umschlagrückseite oben: In Ponte de Lima
Umschlagrückseite unten: Fischerhaus in Costa Nova
Abbildung S. 2/3: Fischer bei der Rückkehr
Vignette: Der Hahn von Barcelos, Symbol Nordportugals

Über den Autor: Rolf Osang, geb. 1949, arbeitet als freier Reisejournalist. Seine Beiträge und Fotos erscheinen in führenden deutschen und internationalen Magazinen und Zeitungen. Bei DuMont veröffentlichte er das Reise-Taschenbuch ›Kapverdische Inseln‹.

Die Deutsche Bibliothek – CIP-Einheitsaufnahme
Osang, Rolf:
Portugals Norden / Rolf Osang. – Köln : DuMont, 1993
 (DuMont-Reise-Taschenbücher; 2061)
 ISBN 3-7701-3113-4

© 1993 DuMont Buchverlag, Köln
Alle Rechte vorbehalten
Satz und Druck: Rasch, Bramsche
Buchbinderische Verarbeitung: Bramscher Buchbinder Betriebe

Printed in Germany   ISBN 3-7701-3113-4

Inhalt

Portugals Norden im Überblick

Allgemeine Landeskunde
Geographie 12
»Steckbrief« Portugals 13
Klima 14
Flora und Fauna 14
Bevölkerung 16
Sprache und Religion 17
   Thema: Brandstiftung –
   Portugals Wälder werden abgefackelt 18
Verwaltung 20
Das portugiesische »Wirtschaftswunder« 21
   Thema: Portugal braucht aggressives Unternehmertum ... 22
   Landwirtschaft 24
   Fischerei und Forstwirtschaft 25
   Einkommensverhältnisse 25
   Thema: Wo der Portwein wächst 26
Daten zur Geschichte 29
   Thema: Die Nelkenrevolution 38

Gesellschaft und Alltag
Leben mit der Demokratie 42
   Thema: Die Medien Portugals 44
Gesellschaftsstruktur 46
Frauen in der Gesellschaft 47
   Thema: Alice im Bauernland 48
Bildungswesen 50
Emigration 50

Kunst und Kultur
Kunsthistorischer Überblick 52
Musik 56
   Thema: Die Musik zur Revolution 57
Literatur 62
   Thema: Die Künstler-Kooperative Árvore 63

Sport 65
   Thema: Der FC Porto – die Seele Nordportugals 67

Routen durch Portugals Norden

Die wichtigsten Sehenswürdigkeiten im Überblick 70

Porto
Geschichte 72
   Thema: Das Herz von Pedro 73
   Thema: Das Brückenunglück 75
Rundgänge durch die Stadt 77
   Die Altstadt zwischen Fluß und Kathedrale 77
   Die östliche Innenstadt 81
   Die westliche Innenstadt 82
Portos Museen 83
Vila Nova de Gaia 86
Die Umgebung von Porto 87

Südlicher Minho
Die Küste südlich von Viana 94
   Thema: Kinderarbeit – die wunde Stelle Portugals 96
Braga 98
Das Dreieck der Pilgerstätten 102
Barcelos 103
Guimarães 105
Die Region Basto 108

Nördlicher Minho
Nördlich von Viana 111
Viana do Castelo 112
Den Rio Minho hinauf 117
   Thema: Quintas – Leben wie der Landadel 118
Den Rio Lima hinab 135
Im Nationalpark da Peneda-Gerês 137

Westliches Trás-os-Montes
Chaves 143
Die Umgebung von Chaves 147
   Thema: Magellan, der erste Weltumsegler 150
Vila Real und Umgebung 153

Von Chaves nach Mirandela 156
Von Vila Real nach Amarante 160

Östliches Trás-os-Montes
Bragança 165
Im Nationalpark de Montezinho 167
   Thema: Dorfarchitektur 168
Touren rund um Bragança 170
Miranda de Douro und Umgebung 171

Östliche Beira Alta
Guarda 177
Unterwegs im Grenzgebiet 180
   Thema: Was sind eigentlich Azulejos? 181
Almeida 183
Südlich von Almeida 185
Die Serra da Estrela 186
Wandern in der Serra da Estrela 188

Westliche Beira Alta
Lamego 195
Die Umgebung von Lamego 197
Viseu 201
   Thema: Viriato, der Lusitaner 205
Rund um Viseu 206
Rundfahrt über Castro Daire 208

Rota da Luz
Aveiro 212
Die Umgebung von Aveiro 216
Die Küste 217
Nach Castelo de Paiva und Arouca 219
   Thema: Neues Leben in Costa Nova 220
Fahrt nach Agueda und in die Serra do Caramulo 223

Literaturempfehlungen 227

Praktische Reiseinformationen

Reisevorbereitungen
Diplomatische Vertretungen 230
Informationsstellen 230
Einreisebestimmungen . . 230
Gesundheitsvorsorge . . . 231
Reisegepäck 231
Reisekasse 231
Reiseunternehmen 232
Reisezeit 232
Wertsachen und
Dokumente 232

Anreise
... mit dem Flugzeug . . . 233
... mit dem Auto 233
... mit der Bahn 233
... mit dem Autoreisezug 233
... mit dem Bus 233

Reisen im Lande
... mit dem Flugzeug . . . 234
... mit dem Auto 234
... mit der Bahn 235
... mit dem Bus 235
... mit dem Taxi 236
... mit Tram und Stadtbus 236
... per Anhalter 236
Reisevorschläge 236

Unterkunft und Essen
Hotels und Pensionen . . 237
Camping 238
Restaurants 238
Weine 239
Märkte 239
Läden 240

Urlaubsaktivitäten
Baden 240
Wassersport 241
Fischen 241
Wandern 241
Tennis 241
Radfahren 241
Feste und Feiertage 242

Sprachführer 243

Informationen von A–Z
Apotheken 248
Auskünfte 248
Autokarten 249
Banken 249
Behinderte 249
Briefmarken 249
Deutsches Kulturinstitut . 249
Discotheken 249
Drogen 249
Frauen 250
Gesetzliche Feiertage . . 250
Gesundheit 250
Grenzübergänge 250
Internationale
Nachrichten 250
Kinderermäßigung 250
Kino 251
Kontaktlinsen 251
Lebensmittel 251

Medien 251	Telefon 252
Notruf 251	Trinkgeld 252
Öffnungszeiten 251	Trinkwasser 253
Postämter 251	Vegetarier 253
Postleitzahl 251	Zeit 253
Polizei 251	
Preise 252	
Sexualität 252	Glossar 254
Sicherheit 252	Abbildungsnachweis . . . 254
Souvenirs 252	Register 255

Der Autor bedankt sich bei allen, die bei der umfangreichen Recherche zu diesem Buch mit Rat und Tat zur Seite standen, insbesondere bei den Gastautoren Luciano Álvarez, Eva Henningsen, Angelika Hild, Margrit Hutber, Jessica Leslie und Francisco Luis. Jorge Rato besorgte Zitate von José Afonso; Ana Gomes Wysocki (Portugiesische Tourismus-Zentrale ICEP) organisierte Buchungen; Fuji-Film Portugal stellte Diafilme zur Verfügung. Der Dank geht nicht zuletzt an Lektor Norbert Hummelt vom DuMont Buchverlag.

Laden in Ponte de Lima ▷

Portugals Norden im Überblick

Landeskunde

Allgemeine Landeskunde

Geographie

Portugals Norden ist kein eindeutig umrissenes Gebiet. Im Norden bildet der Rio Minho die natürliche Grenze zu Spanien, im Westen erstreckt sich der Atlantik, den Osten prägen *Serras* (Gebirgszüge) und dünnbesiedelte Ebenen. Die Abgrenzung zum Süden hin ist willkürlich gewählt; in Portugal versteht man unter Norden nur den Bereich oberhalb des Rio Douro. Für die Zwecke dieses Buches ziehen wir die Grenze weiter im Süden: Die Schnellstraße IP 5 verläuft in gerader Ost-West-Linie von Vilar Formoso nach Aveiro und dient uns als Südgrenze. Die maximale Ost-West-Ausdehnung beträgt 220 km, die maximale Nord-Süd-Ausdehnung 200 km. Das Gebiet deckt eine Fläche von 35 000 km^2 ab, ist damit etwa so groß wie Baden-Württemberg. Angrenzende Gebiete, wie die Serra da Estrela oder südliche Bereiche der Distrikte von Viseu und Aveiro werden ebenfalls behandelt.

Hohe Bergzüge bestimmen das Gesicht der Landschaft Nordportugals. Sie zählen zu jenem verästelten Gebirgssystem, das im 1778 m hohen Berg Cabeza de Mazaneda in der spanischen Provinz Orense sein Zentrum hat. Zum Westen hin verringert sich die Höhe dieser Gebirgszüge beständig; zumeist verlaufen sie in südwestlicher Richtung. Die Täler der Serras sind oft tief ins Gebirge eingekerbt. Schroffe Felswände und bizarre Kämme sorgen in rascher Abwechslung mit dem satten Grün der Talsohlen für ein außerordentlich variables Landschaftsbild. Zur Küste hin lösen bewaldete Hügelketten die Serras ab. Die Täler und Talkessel dazwischen bergen intensiv genutztes Ackerland, die Hänge sind fast überall terrassiert.

Der Provinzname Trás-os-Montes (»hinter den Bergen«) wird verständlich, wenn man vom Minho oder vom Douro dorthin kommt: Hinter hohen Serras öffnet sich die Provinz, die bis zur spanischen Grenze reicht. Etliche Gebirgszüge durchziehen sie, riesigen Rücken gleich; dazwischen breiten sich den spanischen Mesetas ähnliche Ebenen aus. Das Land ist weiträumiger als der Minho – und kälter. Es heißt auch so: Terra Fria. Es geht im Süden in die Terra Quente (»warmes Land«) über, das Anbaugebiet des Portweins.

Die Beira Alta (»Oberer Rand«) liegt zwischen Trás-os-Montes, der spanischen Grenze und der Serra

GEOGRAPHIE

»Steckbrief« Portugals

- Fläche: 92 000 qkm inkl. Azoren und Madeira / 88 500 qkm Festland
- Bevölkerung: 9 815 000 (1992)
- Bevölkerungsdichte: 110,9 pro qkm
- Stadtbevölkerung: 30 % (Vergleich Deutschland: 70 %)
- Lebenserwartung: Frauen 78 Jahre, Männer 71 Jahre
- Säuglingssterblichkeit: 1,5 %
- Analphabeten: 16 %
- Religionen: 95 % Katholiken (abnehmende Tendenz, amerik. Sekten mit steigender Tendenz)
- Sprache: Portugiesisch
- Hauptstadt: Landeshauptstadt ist Lissabon. Hauptstadt des Nordens ist Porto mit 350 000 Einwohnern und fast 2 Mio. im Großraum
- Bruttosozialprodukt (1990): 61,5 Mrd. DM
- BSP je Einwohner (1991): 5600 DM
- Wachstum BSP im Jahr: 5 %
- Mindestgehalt: Agrarbereich DM 500, Haushalt DM 450 pro Monat
- Arbeitslosenquote: 4,5% (1991)
- Beschäftigung: Landwirtschaft 9 %, Industrie 39 %, Dienstleistung 52 %
- Auslandsschulden: 18 186 Mio. Dollar, ohne Privatanteil 13 851 Mio (1991)
- Wichtigste Handelspartner: EG, USA

da Estrela. Dieses portugiesische Scheidegebirge ist die Fortsetzung der spanischen Kordilleren; es zieht sich von der Sierra de Guadarrama nördlich von Madrid in Richtung Süd/Südwest. In der Beira Alta trennt der Rio Zézere das Gebirge in zwei parallel verlaufende Züge: die Serra da Estrela (bis 1991 m, Portugals höchstes Gebirge) an der Nordseite und die Serra da Gardunha (bis 1227 m) an der Südseite. Die Serra da Estrela wie der gesamte Grenzraum zu Spanien ist spärlich besiedelt. Anders die Nordwestseite, wo mehr Regen fällt und die Böden fruchtbar sind. Der sich aus der Serra da Estrela schlängeln-

Landeskunde

de Rio Mondego ist der längste in Portugal entspringende Fluß.

Die Beira Litoral (»Küstenrand«) reicht von den Ausläufern der Serra da Estrela bis zur Küste und bildet dort einen größeren Abschnitt. Der Küstenstreifen ist wenig strukturiert; fast überall säumen Sandstrände und dahinter Dünengürtel den Atlantik. Die Lagune Ria d'Aveiro ist 50 km lang (Nord-Süd-Achse). Landeinwärts nimmt die Topographie die für Nordportugal typische Vielfalt an: Nach jedem Hügel, jedem Berg bietet sich ein neuer überraschender Ausblick auf Täler, Senken und Anhöhen: 50 % der Flächen des Nordens liegen über 400 m Seehöhe, im Zentrum und im Süden sind es ganze 3 %.

Klima

Nordportugal ist nicht die Algarve. Trotzdem spricht man auch hier von mediterranem Klima, weil es wie in den anderen Ländern Südeuropas einen heißen Sommer gibt und der Regen vorwiegend im Winter fällt. Der Atlantik sorgt freilich für Abwechslung: Wolken und auch Nebel sind im Küstenbereich nicht selten. Hier ist der Temperaturunterschied zwischen Tag und Nacht gering. Er nimmt zu, je weiter man ins Landesinnere kommt. Weite Teile des Trás-os-Montes und der Beira Alta besitzen iberisch-kontinentales Klima: Die Tag-Nacht-Unterschiede sind groß, im Sommer ist es heiß und trocken, kalt und regnerisch dagegen im Winter – die Kontraste sind kraß.

Topographische Merkmale wie Flüsse, Gebirgszüge und Bodenarten beeinflussen die lokalen Mikro-Klimate. Natürlicherweise stauen sich an den Serras die Wolken. Auf der Luvseite (Nordwest) fällt mehr Regen als auf der windabgekehrten. Wo Schieferböden die Wärme besser speichern als Granit- oder Kieselböden, wird es im Hochsommer heiß: bis zu 50 °C.

In den vergangenen drei Jahren hat es weniger geregnet als im langfristigen Jahresmittel. 1992 gab es den ganzen Winter über kaum Niederschlag. Erst im Mai/Juni kam der Regen. Wie sich weltweite Tendenzen auf das Klima Nordportugals auswirken, bleibt abzuwarten.

Flora und Fauna

Auch die Pflanzenwelt ist in Nordportugal mediterran. Nur im oberen Norden gibt es laubabwerfende Bäume, darunter die endemische lusitanische Eiche, Korkeichen und Steil- oder Sommereichen. Birken, Espen, Akazien, Kastanien und Bu-

Olivenhain ▷

Landeskunde

chen wachsen neben Kiefern und Fichten. Eukalyptusforste ersetzen immer häufiger die traditionellen Pinienwälder.

Verheerende Brände haben in den vergangenen Jahren den Waldbestand allerdings drastisch reduziert (vgl. S. 18). Auf den Hochflächen wuchert Macchie, ein mediterranes, nicht verholzendes Gebüschgemisch aus Stechginster, Farn und Heidekraut, das bis zu zwei Meter hoch wächst und im Frühjahr die Bergrücken gelb und rosafarben aufleuchten läßt.

Das günstige Klima des Nordens bescherte diesem Gebiet den Titel ›Garten Europas‹, weil hier fast 3000 verschiedene Pflanzen wachsen, viele davon nur noch hier. Über 100 endemische Pflanzenarten sind darunter. In einigen Parkanlagen gibt es rare Baumarten, die die portugiesischen Seefahrer einst aus allen Teilen der Welt mitbrachten.

Typisch für das Landschaftsbild des Nordens ist der von den Mauren eingeführte Terrassenbau. Viele Berghänge sind von der Symmetrie der Olivenhaine geprägt, von Mandelplantagen und neuerdings auch von Walnußhainen. Bei vielen einsam gelegenen Orten findet man einen *Castanheiro* (Kastanienwald). Bis zur Einführung der Kartoffel waren Kastanien neben Reis das wichtigste Grundnahrungsmittel.

Fast überall im Minho und am Douro wachsen die Trauben für den spritzigen *Vinho Verde*. Oft ranken die Reben an hohen Pergolas und umgrenzen die Terrassenfelder oder die Gärtchen an den Ufern der Flüsse und Bäche. Selbst in einsamsten Gebirgen sieht man Taleinschnitte, in denen der angeschwemmte Boden intensiv bebaut, meistens auch künstlich bewässert wird. Dann bildet das lebendige Grün der winzigen Wiesen und Gärten einen unvergeßlichen Kontrast zur schroffen Felslandschaft ringsum.

Die freilebende Tierwelt ist bedroht: Straßen werden oft zu Todesfallen. Davon zeugen überfahrene Marder, Schlangen, Kaninchen und Igel. In entlegenen Gebieten gibt es freilich noch viele dieser Tiere. Freies Rehwild kommt nur noch in den Reservaten der Naturschutzgebiete vor, wo es zahlreiche Wölfe, Füchse und Adler, bei Gerês sogar Wildpferde gibt.

Bevölkerung

In Nordportugal sieht man blonde Menschen mit blauen Augen, andere mit schwarzem Haar und kastanienbraunen Augen. Die Geschichte des Landes spiegelt sich im Aussehen seiner Bewohner: Es erlebte ständige Zuwanderungen. Phönizier, Kelten, Griechen und Römer, Juden und Araber, Franzosen und Deutsche ließen sich hier nieder und vermischten sich mit

SPRACHE UND RELIGION

den Einheimischen; wo die Portugiesen hingingen, taten sie Gleiches.

Im Norden Portugals wohnt auf etwa einem Drittel der Landesfläche die Hälfte der Einwohner. Portugal hat 92 000 qkm, so viel wie Bayern und Hessen zusammen, bei einer Einwohnerschaft von 10 Mio. auf dem Festland und je 250 000 auf Madeira und den Azoren. Der Minho ist besonders dicht besiedelt. Hier wohnen pro qkm doppelt so viele Menschen wie in Trás-os-Montes und dreimal so viel wie im Grenzraum südlich des Douro. Erheblich über dem Durchschnitt der portugiesischen Bevölkerungsdichte (um 110) liegen die Städte Aveiro (290), Braga (270) und Porto (690). Diese Ballungszentren ziehen viele Landflüchtige an. Zusätzlich dünnen seit den sechziger Jahren die Agrarregionen aus, weil Hunderttausende nach Frankreich und in andere Länder emigrieren. Obwohl die Statistik einen Geburtenüberschuß ausweist – in Minho den höchsten Portugals – nahm die Bevölkerung bis zur Revolution 1974 kontinuierlich ab. Seit 1977 beträgt der Jahreszuwachs 1,4 %. Der Rückstrom von fast einer Mio. Portugiesen *(Retornados)* in den Jahren 1974/75 als Folge der Unabhängigkeit der afrikanischen Kolonien beanspruchte den Süden des Landes mehr als den Norden. Die mittlere Lebenserwartung liegt bei 72 Jahren.

Sprache und Religion

Landessprache ist natürlich das Portugiesische. König Dinis erklärte im 12. Jh. den in Porto gesprochenen Dialekt des volkstümlichen Latein zur Hochsprache. Diese ist seither fast unverändert geblieben und gilt als eine der ältesten Hochsprachen Europas (älter z. B. als Deutsch, Spanisch oder Italienisch). Weltweit sprechen mehr Menschen Portugiesisch als Französisch oder Deutsch: über 140 Mio. davon allein in Brasilien. Es rangiert damit an siebter Stelle der Weltsprachen. In wenigen weit abgelegenen Dörfern Nordportugals

Sonntagmorgen in der Beira Alta

Landeskunde

Brandstiftung
Portugals Wälder werden abgefackelt

Nordportugal mit seinen weitflächigen Wäldern und dem heißen Sommerwetter hat mit Bränden naturgemäß schwer zu kämpfen. Daß man aber an einem einzigen Sommertag gleich mehrere Brände sieht, macht denn doch stutzig. Camper und Picknicker sind ja als leichtsinnig verschrien, doch drängt sich eine andere Erklärung förmlich auf: Brandstifter sind am Werk. Ein übler Verdacht, der nicht von ungefähr kommt: Bei einem Feuer verkohlt nämlich nur die Rinde; der Stamm bleibt zu 90 % unbeschädigt, sein Verkaufswert aber sinkt um die Hälfte. Sind Möbel- und Papierfabriken etwa die Initiatoren dieser serienmäßigen Umweltverbrechen? Ein Feuer zu legen ist ja nicht schwer: Nach wochenlanger Trockenheit reicht ein Zündholz, und ein Forst verwandelt sich in ein Flammenmeer. Die Polizei hat Vermutungen, selten aber Beweise, die zu einer Verhaftung ausreichen.

Wie ›heiß‹ das Problem tatsächlich ist, zeigt ein Blick in die Statistik: Im Kreis Vieira do Minho etwa (15 000 Menschen leben hier auf einer bergigen und weitgehend bewaldeten Fläche von 22 000 Hektar) gehen täglich im Schnitt 15 Notrufe ein, drei davon wegen Feuer. Von diesen wiederum entfallen 90 % auf Waldbrände, die zu 99 % auf Brandstiftung zurückzuführen sind. Zwischen dem 19. Juli und dem 20. August 1992 verloren sieben Menschen im Feuer ihr Leben.

In den vergangenen Jahren kam die Wahrheit über die Brände allmählich ans Tageslicht. João Ribeiro, Kommandeur der Vieira-Feuerwehr, nimmt täglich an einem Naturprogramm des lokalen Radiosenders teil. Die wachsende Sensibilisierung der Öffentlichkeit und die überraschenden Regenfälle im Hochsommer '92 führten zu einer Halbierung der Waldbrände in diesem Jahr. Zwei Männer wurden auf frischer Tat ertappt. Sie gestanden, die Feuer gelegt zu haben, bei welchen im Juli vier Menschen den Tod fanden.

Brände sind indes für Senhor Ribeiro – wie für seine 50 000 Kollegen im ganzen Land – nicht das größte Problem. Das ist vielmehr die Finanzierung ihrer Arbeit. Vieiras Feuerwehr besteht aus vier bezahlten Mitarbeitern im Winter, zehn im Sommer, neben 60 freiwilligen Feuerwehrmännern und 20 Kadetten. 12 Fahrzeuge stehen bereit. Ein neues kostet 100 000 Mark. Die Regierung zahlt 65 000 und überläßt es der Wehr, den Rest zu finden. Schafft sie es nicht, verfällt die Subvention. Portugiesische Feuerwehren sind deshalb mehr als glücklich über jedes

ÖKOLOGIE

Brandschäden in der Serra do Alvão 1989

in reichen Ländern ausgediente Fahrzeug, das hier noch seine Dienste tut. Wer museumsreife (und herrlich schöne) alte Chevrolet-, Dodge- oder Mercedes-Feuerwehrfahrzeuge sehen will – hier findet er sie in jedem Ort.

Im September 1992 veröffentlichte die Zeitung *Publico* eine Untersuchung der zahllosen Waldbrände. Ergebnis: der Staat vernachlässigt Feuerwehren und steht kommerziellen Interessen nicht im Wege. Diese Anklage traf die Portugiesen nicht als Schock – jeder kennt die Zusammenhänge.

Die Feuerwehren sind aber nicht bloß zum Löschen da – sie bilden im ganzen Land Zentren sozialer Aktivitäten. Ein Großteil der Einnahmen kommt nämlich aus Dorffesten, Umzügen und Straßensammlungen. Das neue Löschhaus in Vieira wird 2,5 Mio. Mark kosten. Der Staat schießt 950 000 zu. »Wir können die Bauarbeiten nur zahlen, wenn wir das alte Haus verkaufen!«, stöhnt Senhor Ribeiro. Er ist stolz, ein *Bombeiro* (Feuerwehrmann) zu sein: »Wir sind eine Familie, von der Algarve bis zum Minho; egal wohin ich gehe – überall werde ich als Freund empfangen. *Somos pobres e alegres*« (›wir sind arm und fröhlich‹). – Und tatsächlich: Nirgendwo haben die Feuerwehren Nachwuchsprobleme. Er hat wohl recht.

Landeskunde

gibt es sogenannte Mikrodialekte auf der Basis uralter Stammessprachen.

95 % der Bevölkerung sind römisch-katholisch, zumindest nach der Geburtsurkunde. Die Kirchen sind aber – anders als in Deutschland – auch zwischen den Messen gut besucht. Die Religion spielt in Nordportugal immer noch eine dominierende Rolle, vielleicht, weil heidnische Bräuche einflossen, die ihrer Ausübung einen folkloristischen, sehr menschlichen Rahmen geben. So werfen die Leute bei Wallfahrten seltsam geformte Wachsstücke ins Kerzengrab: Beine, Brüste, Herzen, Leber. Sie tun es in der Erwartung, analoge kranke Körperteile mögen gesunden.

Die Kirche muß ohne staatliche Unterstützung auskommen – eine Folge der Französischen Revolution. Im Zuge des Liberalen-Sieges über die Absolutisten 1832–34 wurden die letzten Klöster säkularisiert. Nach dem Republikaner-Wahlsieg 1910 setzte man den antiklerikalen Kurs fort und trennte Staat und Kirche komplett (aus dieser Zeit stammt das Ehescheidungsgesetz). Diktator Salazar, der im Priesterseminar von Coimbra erzogen wurde, setzte auf die Kirche und sicherte sich so ihre Kooperation: Sie kritisierte die inhumane Staatsführung nicht. Selbst den Horror der Kolonialkriege verschwieg die Kirche den Gläubigen. Nach der Revolution 1974 änderte sich das; linksradikale Kräfte hielten Einzug in den Kirchendienst.

Weil es keine Kirchensteuer gibt, sind Hochzeiten, Taufen, Bestattungen und die Feste Weihnachten und Ostern Sammeltage nicht nur für die Kirche, sondern für die Pfarrer persönlich.

Die Protestanten bilden mit 40 000 Gläubigen die zweitstärkste religiöse Gruppe. Hinzu kommen bekennende Juden und eine kleine islamische Gemeinschaft. Aus Nord- und Südamerika kommende Sekten fassen langsam Fuß.

Verwaltung

Portugal ist in 18 Distrikte unterteilt, davon umfaßt der Norden die folgenden acht: Viana do Castelo, Braga, Porto, Vila Real, Bragança, Guarda, Viseu, Aveiro. Jeder Distrikt besteht aus zahlreichen *Conselhos* (Kommunen), wobei jeder Conselho weitgehend unabhängige Entscheidungsgewalt hat. Den Distrikten obliegt hauptsächlich der Bereich Sicherheit (Polizei, Ambulanz, Krankenhäuser).

Historische Provinznamen wie Minho werden häufig verwendet, haben aber keine verwaltungstechnische Bedeutung mehr. Der Zentralisierung des Staates will man mit dem Zusammenschluß mehrerer Distrikte zu ›Regionen mit begrenzter Autonomie‹ entgegenwirken. Die Archipele Azoren (neun Inseln) und Madeira (zwei Inseln) haben seit 1976 beschränkte auto-

WIRTSCHAFT

nome Finanz- und Verwaltungshoheit. Dort wählt die Bevölkerung ihre eigene Regionalversammlung. Sie ist auch bei nationalen Wahlen stimmberechtigt; ähnliches schwebt den Regionalpolitikern für Nordportugal vor. Die Integration in die EG hat solche Pläne zum (vorläufigen?) Stillstand gebracht.

Das portugiesische »Wirtschaftswunder«

»Nur Japan hatte in der zweiten Hälfte der achtziger Jahre ein höheres Wachstum als Portugal«, stand im amerikanischen Wirtschaftsmagazin *Newsweek* zu lesen. Wer durch Porto schlendert, sieht den Glanz einer hoffnungsvollen Wirtschaft in den Protzbauten der Banken, den Schaufenstern von Autohändlern, die BMW, Mercedes und Jaguar präsentieren. Auf den weißen Nummernschildern prangt der europäische 12-Sterne-Ring. Wie über Nacht wandelte sich das allein für seine Landschaft und den Portwein berühmte Land zu einem modernen Staat in der Garde des neuen Europa.

Seit dem Beitritt zur EG im Jahre 1986 (zusammen mit Spanien) haben die Einwohner Portugals einen völlig unvorhergesehenen Wohlstand erreicht. Die Regierung forcierte mit Nachdruck ausländische Investitionen in die wacklige Industrie, um jene Schrunden zum Vernarben zu bringen, die der Ruf als sozialistisches Land in den 80er Jahren eingebracht hatte. Sie begann mit der Privatisierung der verstaatlichten Schlüsselindustrien: Chemie, Banken, Versicherungen. Mit dem Erfolg, daß sich ausländische Beteiligungen bis 1992 im Vergleich zu 1986 verdreißigfachten. Selbst in der Talsohle des weltweiten Rezessionsjahres 1991 meldete Portugal eine reale Wachstumsrate von 2,7 %. 1991 kam es zu 3500 Investitionsprojekten. Sie bezeugen das Vertrauen ausländischer Kapitalanleger in Portugal. Die Inflation, bis dato das Kernproblem der Wirtschaft (1984 lag sie noch bei 30 %) soll 1992 auf 8 % fallen. Zu diesen Erfolgszahlen korrespondiert der Rückgang der Arbeitslosigkeit: 1986 lag sie noch bei 11 %, 1992 bei 4,8 % – die niedrigste in Europa (ausgenommen Luxemburg)! ›Schuld‹ ist der rauschartige Bau neuer Straßen und öffentlicher Bauten, womit man die Infrastruktur auf europäisches Niveau anheben will. Die weit abgelegenen Städte im bergigen Norden wurden tatsächlich viel rascher erreichbar. Die EG pumpte 6 Milliarden Mark in kofinanzierte Projekte. Noch umfassendere Investitionen werden für die nächsten Jahre erwartet.

Das alles hört sich wunderbar an. Die Kehrseite ist die: Das rasante Wachstum geht voll zu Lasten der Natur. Man freut sich förmlich über jeden neuen Quadratmeter Waldboden, der mit Asphalt zugedeckt wird. Das Umweltempfinden

Landeskunde

Portugal
braucht aggressives Unternehmertum

Ich traf José Salcedo bei einer Wanderung im Minho, als ich sein Seegrundstück betrat. Er kam auf mich zu, und mit einem Handschlag wischte er meine Entschuldigung (»das Haus schien unbewohnt«) zur Seite. Als es zu regnen begann, holte er eine knallgelbe Ölhaut aus seinem Jeep. Der breitschultrige Mann mit dem schmalen Kopf und der randlosen Brille forderte mich auf, ihn beim Hundausführen zu begleiten.

Er zeigte mir drei neue Häuser (»eins für uns, die beiden anderen für unsere Kinder«), und wir sprachen über den See, Umweltprobleme in Nordportugal und Entwicklungen in der Erziehung. Ich begann mich zu fragen: Woher kriegt dieser Mann seine Ideen? Woher so viel Geld? Und diesen amerikanischen Akzent? Alle drei Fragen wurden mit einem Satz beantwortet: zehn Jahre Stanford University, Studium von Computer- und Laser-Technologie. Hatte er vor zurückzukehren.

»Überhaupt nicht! Die Bedingungen in Kalifornien, speziell die beruflichen, waren ideal. Aber dann wollten ein paar portugiesische Freunde und ich etwas für unser Land unternehmen – mit dem, was wir gelernt hatten. Wir machten uns Gedanken über ein Forschungsinstitut.«

Die beteiligten Wissenschaftler hatten ihre Erfahrungen im Ausland gemacht. Sie brachten sie in ein Portugal ein, das zu dieser Zeit (1980) akut verarmt war. José Salcedo gibt zu, daß die Anfänge des Instituts von enormen Schwierigkeiten gekennzeichnet waren: Sie mußten die Regierung überzeugen und die Finanzierung sichern. Und sie mußten durch den Morast portugiesischer Bürokratie waten. Damals nannten sie ihr Projekt »Sieg über Adamastor«; eine Anspielung auf eine mythologische Figur, die Unwissen und Angst symbolisiert.

Inzwischen sind sie ein gutes Stück auf dem Weg zu ihren Zielen vorangekommen. Die Top-Wissenschafts-Unis in Porto, Lissabon und

steckt noch ganz und gar in den Kinderschuhen. Nach jedem sonnigen Wochenende gleichen die Strände bei Porto einer Müllhalde. Die Textilunternehmen lassen Farbstoffe und Bleichmittel ungefiltert in blutrot oder tintenblau aufschäumende Bäche ab. Gesetze gibt es zwar, die das verhindern sollen, aber sie finden keine Anwendung.

WIRTSCHAFT

Coimbra sind an ihrem Institut direkt beteiligt, ebenso die weltgrößten Telekom-Unternehmen und andere führende Firmen. Das *Instituto de Engenharia de Sistemas e Computadores* (INESC) beschäftigt jetzt über tausend Menschen und bewältigt 70 % der Umstellung auf Computertechnik in der portugiesischen Industrie.

INESC ist eine gemeinnützige Organisation und funktioniert als Bindeglied zwischen Universitäten und Herstellern der Computertechnik: Firmen sponsern eine hervorragende Ausbildung für künftige Spitzenleute, die bei diesen Firmen dann auch ihre Anstellung finden.

José Salcedo: »Unsere Ziele sind abgesteckt. Ausbilden und entwickeln – ohne die Fehler, die man im Ausland machte. Wenn uns ein Textil-Familienbetrieb um Rat fragt, welches Computersystem zu kaufen sei, erklären wir ihnen ausführlich, daß Computertechnik allein keine fallende Firma rettet. Wir haben nichts zu verkaufen, vertreten keine Interessen – deshalb hören uns die Leute zu. Leider können wir für die Mehrheit der traditionellen Industrien nicht viel tun. Viele werden im neuen Europa mit seinem Wettbewerb dichtmachen müssen.«

Auf der anderen Seite formt INESC so etwas wie einen Trichter für neue Firmen mit viel Potential, arrangiert die Finanzierung, stellt Geschäftsverbindungen her, bildet aus, gibt Richtlinien. Eine Glanzbroschüre verkündet: »Portugal braucht aggressives Unternehmertum.« Jährlich bildet das Institut 1200 junge Leute aus. Die meisten haben ein abgeschlossenes Grundstudium und machen ein Berufsjahr, bezahlt aus einem Fundus, dem alle INESC-Mitgliedsfirmen jährlich 60 000 Mark zuschießen.

Daneben gibt es Weiterbildungskurse für Firmen, die umfassende Modernisierungen vornehmen. Das ›strategische Training‹ ist für Manager und Politiker, damit sie mehr von den organisatorischen Problemen verstehen, die mit der Computertechnik einher gehen.

José Salcedo betont, daß Portugal einfach qualifizierte Arbeitskräfte bieten muß, will es ausländische Firmen zum Ansiedeln bringen. Er und seine Freunde wollen alles unternehmen, um dafür die richtigen Leute zu finden und auszubilden.

Jessica Leslie

So manche Korruption hilft Umweltsünden vertuschen. Es gibt keine Bürgerinitiativen, und die Presse übt sich nicht im Aufdecken von Skandalen dieser Art.

In der Industrie haben 70 % aller Unternehmen weniger als zehn Beschäftigte. Der Mittelstand ist zwar stabiler als so mancher Konzern, aber die kleinen Firmen sind dem

Landeskunde

Wettbewerb im neuen Europa nicht gewachsen. Außerdem entziehen sich viele geschickt der steuerlichen Kontrolle. Großindustrie gibt es rund um Porto, Aveiro und Braga, wo viele Firmen immer noch auf die niedrigen Lohnkosten setzen. Der Ausbildung von Fachkräften widmen sie sich nicht, der Staat tut es auch nicht. Seit der Goldenen Ära Portugals (16. Jh.) haben es die Mächtigen des Landes versäumt, eine kreative Wirtschaft zu entwickeln. Bis zum Ende der Salazar-Diktatur beuteten sie die Kolonien aus und lebten großartig auf deren Kosten. Die heimischen Rohstoffe wurden dagegen nicht genutzt. Das soll nun anders werden: Im Norden Portugals gibt es die größten Vorkommen Europas an Zinn und Wolfram (wichtig für die Stahlveredelung), außerdem Eisenerze und Blei.

Energie muß dagegen teuer eingekauft werden. Devisen bringen nur die Geldüberweisungen der Emigranten und die Touristen. Die mit Beton zugebaute Algarve, vor wenigen Jahren noch Europas schönster Strand, hat sich charakterlos zur irren Beach verwandelt. 1992 waren die 5-Sterne-Hotels in der Hochsaison zu ganzen 30 % ausgebucht. Der Pleitegeier kommt im Gleitflug. Im Norden will man diese Fehler vermeiden und setzt auf die Entwicklung der Kleinbetriebe und den Ausbau von *Quintas* zu Mini-Hotels.

Feldarbeit bei Chaves

Landwirtschaft

Die portugiesische Landwirtschaft kann die Bedürfnisse des Innenmarktes nicht befriedigen. Logistische Probleme (Terrassenbau, keine Maschinen) sind akut. Ganze 8 % des Bruttoinlandproduktes erbringt die Landwirtschaft, obgleich jeder vierte Erwerbstätige hier arbeitet – ein eklatantes Mißverhältnis. Sie gilt zurecht als rückständigste Europas. Für den Touristen sieht es hübsch aus, wenn Bauern morgens mit Esel- oder Ochsengespann aufs Feld ziehen. Für den Bauern ist diese Arbeit tagtäglich eine kaum ergiebige Knochenmühle. Sicher: Die Portugiesen erzeugen Europas bestes Obst und Gemüse. Doch damit decken sie kaum den nationa-

WIRTSCHAFT

len Bedarf. Viele Bauern im Norden verkaufen indes überhaupt nichts. Sie arbeiten für den Eigenbedarf. Nur Bauern, die größere Flächen mit Oliven oder Roggen bebauen, tragen zum Handel bei.

Milch- und Zuckerprodukte sowie Fleisch muß man zum überwiegenden Teil importieren. Mit dem Abbau der Einfuhrbestimmungen kommen aus den anderen EG-Ländern neue Obst- und Gemüsearten ins Land, die inzwischen auch angebaut werden. Solche Innovationen (wie Anbau von Kiwis, Kultivierung von Pilzen, biologischer Anbau etc.) können der Landwirtschaft bald erhebliche Verbesserungen bescheren – nötig hätte sie es allemal.

Fischerei und Forstwirtschaft

Die Fischereizone ist mit 1,6 Mio. qkm etwa siebzehnmal so groß wie das Land selbst. Sie reicht von der Küste bis zu den Azoren und Madeira. Diese Gewässer sind sehr fischreich. Trotzdem sind die Fangquoten seit 1990 rückläufig. Schuld sind die ungenügenden Fangflotten. Viele Schiffe sind alt. Häufige Motorschäden verhindern das Auslaufen. Die dicksten Fische gehen anderen ins Netz: Franzosen und Spaniern, die mit Superfangschiffen tief im Atlantik reiche Beute machen. Die meisten Fischer bleiben mit ihren kleinen Booten in Küstennähe, wo sie über 75 % des Fangs (vor allem Sardinen, die auch vom Ufer aus gefangen werden) erbeuten. In den letzten Jahren mußte Portugal sogar Fisch importieren, um den Marktbedarf zu befriedigen! Der Pro-Kopf-Verbrauch ist gleichwohl rückläufig: Im Zuge des ›neuen Wohlstands‹ essen die Leute lieber Fleisch; dem Fisch hängt der Geruch des Arme-Leute-Essens an. Nur wenn vielköpfige Familien die Sardinen zum Sonntagspicknick grillen, greifen alle zu. In Matosinhos bei Porto und in Aveiro ankernde Flotten fahren zum Kabeljaufang zu den Fanggründen vor Kanada, USA und Grönland. In Matosinhos selbst gibt es dafür große Konservenfabriken. Nirgendwo sonst auf der Welt dost man mehr Sardinen ein.

Die großen Wälder (Eichen, Kiefern, Pinien) sind für die heimische Möbelindustrie von größter Bedeutung. Viele Firmen sind im Großraum Porto angesiedelt. Seit einigen Jahren nimmt der Eukalyptus immer mehr Platz ein – und verdrängt andere Wälder. Sein Anbau ist ökologisch umstritten: Er entzieht dem Boden zu viel Wasser, außerdem trägt die Zellulose-Industrie (Eukalyptus wird ausschließlich zur Papierherstellung verwendet) zur Verschmutzung des Wassers bei.

Einkommensverhältnisse

Die .Gehälter sind nach unseren Maßstäben immer noch extrem niedrig. So verdiente ein Arbei-

Landeskunde

Wo der Portwein wächst

Acht Uhr morgens am Rio Douro. Im früh schon blendenden Sonnenlicht glänzen Millionen Tautropfen an den Weinblättern: Hier also gedeiht der weltberühmte (Ex-)Portwein. In endlosen Reihen formen die Rebstöcke auf den steinigen Schieferterrassen beidseits des Flusses symmetrische Muster. Schiefer speichert und reflektiert Wärme besser als jede andere Bodenart. Er treibt die Trauben zu einem Zuckergehalt an, der im Durchschnitt 13 % Alkohol erzeugt. Plötzlich klingt fernes Singen und Lachen den Hang hinauf – und bald entdeckt der einsame Wanderer eine Gruppe aus 40 Frauen und Männern, Jungs und Mädchen als dessen Urheber. Sie – wie Tausende anderer Dörfler aus dem Umkreis von 80 km – brauchen dringend einen Zusatzverdienst: Jeder verdient um die 25 Mark pro Tag. Natürlich schwänzen die Kinder die Schule...

Von morgens sieben bis abends sieben durchkämmen die offenbar frohgestimmten Pflücker die Rebreihen, zwicken die Trauben ab, legen sie in kleine Eimer. Aus diesen werden sie in große Körbe entleert, die kräftige Burschen zur nächsten Sammelstelle tragen. Am Abend schlafen alle in einem mit Hochbetten hergerichteten Saal und hausen im Hinterhof der Besitzer-Quinta, grillen Sardinen und feiern zusammen mit den vielen anderen Leuten, die in den Wochen der Weinherstellung die Quinta bevölkern. Mit einer Messe fing die Lese an, man betete für gutes Wetter, schoß Raketen in die Luft. Im Morgengrauen begann die Lese unten am Fluß. Dort wachsen die Trauben der Kategorie A.

Der Portwein gilt als einer der berühmtesten und besten Weine der Welt und wächst auf einer 250 000 Hektar großen Fläche hügeligen Weinlandes, durch das der Rio Douro als Rückgrat der ersten geschützten Weinbauregion der Welt fließt. Doch nur knappe 100 000 Hektoliter Portwein dürfen jährlich abgefüllt werden und gelangen in den nationalen wie den internationalen Handel.

Jeder Weinberg und jeder angebaute Flecken ist von der staatlichen Organisation *Casa do Douro* in eine der Kategorien A, B, C, D, E und F eingestuft. A als die beste wächst auf Hängen in Ufernähe des Douro und der Seitenflüßchen wie Rio Tua oder Rio Torto. Mit zunehmender Hanghöhe und je nach Steillage, Bodenqualität und Windrichtung sinkt die Qualität. Die besten Traubensorten sind Touriga Francesa,

WIRTSCHAFT

Barroca, Tinta Ruriz, Tinta Amarela und Tourica Nacional. Nur wenige Weingärten haben ausschließlich weiße Trauben, die man zur Herstellung des weißen Port verwendet. Dieser macht knappe 15 % des Absatzes aus, bei steigender Tendenz. Frankreich ist der größte Abnehmer der billigeren Weine, Großbritannien und USA folgen, wobei die Briten die besten *Vintage*-Weine kaufen. 20 Jahre alte kann man in jedem gut sortierten Laden kaufen, 50 Jahre alte sind schon rarer, und man traut sich kaum, ein ›Museumsstück‹ älter als 80 Jahre zu kosten. Und zu zahlen... Franzosen trinken Port als Aperitif, Engländer und Amerikaner als Dessert-Wein.

In Pinhão und Régua, den Zentren des Anbaugebietes, stellen nur wenige Firmen den Portwein her. Die meisten transportieren ihn direkt zu den Kellereien in Portos Nachbarstadt Vila Nova de Gaia, wo er mit 77 %igem Brandy und Aquadent versetzt 19–21 % Alkoholgehalt erhält. Die Farbe verrät Alter und Qualität: *Full* ist der junge und dunkelrote Wein. Nach längerer Lagerung in Eichen- und Kastanienfässern vermengt er sich völlig und wird klar. Er heißt jetzt *Tawny* oder *Ruby*. Der Faßwein unterliegt laufenden Kontrollen. Die besten Sorten – es gibt sie nicht in jedem Jahr – werden nach weiteren zwei Jahren in Flaschen abgefüllt und gelangen als *Vintage*-Weine mit Jahresangabe nach frühestens acht Jahren in den Verkauf. *Extra-Dry, dry, medium dry, medium sweet, sweet* und *very sweet* sind die Geschmacksbezeichnungen, die von der beigemengten Brandyart abhängen.

Warum englische Namen? Viele Leute glauben sogar, es sei ein original englisches Getränk, das Gentlemen und vornehme Damen beim Bridge-Spiel trinken. Es hat mit England in der Tat viel zu tun: Portugal und England erstrebten 1703 Handelserleichterungen mit dem Methuen-Vertrag. Die Engländer verfolgten ein politisches Ziel: Hatten sie bislang viel Wein aus dem (bis 1452 englischen) Bordeaux bezogen, so wollte man nun aufgrund veränderter Machtverhältnisse Frankreich schädigen und die Importe reduzieren. England ohne Wein lassen wollte man freilich auch nicht. Der Wein aus dem Land des Alliierten, aus Porto, war die Alternative. Der plötzliche Boom verführte viele Bauern zu verstärktem Weinanbau. Das endete ab 1750 in einem Zusammenbruch des Marktes. Nur kapitalkräftige Bauern überlebten – und solche, die mit englischen Händlern beste Beziehungen unterhielten.

Adlige Gutsbesitzer forderten nun ein geschütztes Anbaugebiet (das erste der Welt). 1756 legte der allgewaltige Minister Marquês Pombal die Grenzen der Portweinregion fest und setzte eine Monopolgesell-

Landeskunde

schaft (Vorgänger der Casa do Douro) zur Kontrolle ein. Kleine Bauern traten dagegen zum Aufstand in Porto an und trafen auf Pombal'sche Härte: 442 Bauern wurden verhaftet, 17 erhängt.

Im Lauf der Zeit konzentrierte sich der Weinhandel auf etwa 80 Firmen und 240 Marken. Laut Gesetz müssen sie ihre Keller in Vila Nova de Gaia haben, das mit Porto durch mehrere Brücken verbunden ist. Die meisten offerieren Besichtigungen der Keller und versuchen, ein traditionelles und familienhaftes Alt-Image zu erwecken. Bei solchen wie Croft, Kopke, Graham oder Rozes ist das gerechtfertigt. Einige, wie Sandeman gleich am Anfang der Uferstraße, haben dagegen touristische Abfertigungsverfahren entwickelt. Andere legen ihre Lagerungsmethoden bereitwillig offen und erklären, wie der Geschmack des Portweins durch Beimischungen und Lagerkonditionen manipuliert wird; sie erklären aber auch, woran man einen guten Portwein erkennt: an seiner Transparenz und dunklen Farbe.

Empfehlenswert ist der Keller von Ferreira. Calem unterhält eine hübsche Bar am Ufer. Bei Taylor gibt man bereitwillig Auskünfte und führt auch Einzelgänger rund. Für den kompakten Überblick über fast alle Weine lohnt sich der Besuch des Solar do Vinho do Porto. Diese Villa befindet sich dort, wo man sie eigentlich erwartet: in Porto.

ter 1992 etwa 500 bis 800 Mark netto im Monat. Ein Lehrer bekommt nach zehn Dienstjahren 1000 Mark, eine Krankenschwester 600 Mark, ein Universitätsdozent 1500 Mark, bei üblicherweise 14 Gehältern pro Jahr (ein zusätzliches an Weihnachten und eines für die Ferien im August). Bei diesen Gehältern ist man verblüfft über die Anzahl der neuen Autos, die durch hohe Steuern verteuert sind. Bis 1990 war Portugal ein Paradies für die Freunde alter Opel und Ford, Fiat und Peugeot. Nicht selten sah man Modelle der fünfziger Jahre. Doch binnen kürzester Zeit hat sich das verändert, weil die Banken ›großzügig‹ Kredite vergeben: Bei 20 % Zins! In einigen modernen Berufen (in den Bereichen Kommunikation, Versicherungen, Bankwesen) steigen die Gehälter weit über dem Durchschnitt. Auch in Portugal sind die Yuppies auf dem Vormarsch. Dies hat freilich andere Hintergründe als der nackte Materialismus in den mitteleuropäischen oder amerikanischen Ländern. Denn zum ersten Mal in der Geschichte Portugals sind kreativen Menschen und ihrer Eigeninitiative keine Schranken gesetzt. Der Nachholbedarf in Sachen ›Machen‹ ist gewaltig. Junge Leute, Akademiker wie Facharbeiter, toben sich vor lauter Lust an der Selbstverwirklichung regelrecht aus.

GESCHICHTE

Daten zur Geschichte

Vor- und frühgeschichtliche Zeit

100 000–40 000 v. Chr. Die ersten Bewohner des späteren Portugal sind Nomaden, Jäger und Sammler.

seit 5000 v. Chr. Die Menschen werden seßhaft, beginnen mit dem Kultivieren des Bodens, domestizieren Kühe und Hunde, nehmen Steinmühlen in Betrieb, polieren Beile, schmieden Sicheln. Das Klima wird wärmer: Flora und Fauna gedeihen.

ab 650 v. Chr. Metall wird wichtig, Bronze vor allem. Kelten kommen aus Süddeutschland via Frankreich und bringen Töpferei-, Schmiede- und Kunsthandwerk mit. Eckpfeiler ihrer Kultur sind Wehrarchitektur, Sippenverfassung (Clans) und Priester (Druiden).

ab 6. Jh. v. Chr. Phönizier und Griechen legen Handelsstützpunkte an, um Silber, Kupfer und Zinn zu erhandeln. Ihnen folgen die aus dem heutigen Tunesien stammenden Karthager.

Römische Herrschaft

ab 218 v. Chr. Die Römer vertreiben im Rahmen des Zweiten Punischen Krieges die Karthager von der iberischen Halbinsel. Sie gründen Städte und bauen Straßen. Die lateinische Sprache wird überall gesprochen. Neue Früchte verändern das Landschaftsbild: Oliven und Trauben. Wein wird gekeltert, Goldminen in Betrieb genommen. Reger Handel mit Glas, Keramik und Stoffen und intensive Jagd und Fischerei sorgen für rasche Anhebung des Lebensstandards. Der römische Reichtum basiert u. a. auf der Ausbeutung der Sklaven. Daran ändert auch die spätere Christianisierung nichts. Die von Kaiser Augustus vorgenommene Aufteilung in die Provinzen Lusitania, Baetica und Citerior bereitet die zukünftigen Grenzen Portugals vor.

139 v. Chr. Keltiberer in der Gegend des heutigen Viseu – von den Römern ›Lusitaner‹ genannt – wehren sich gegen die

Landeskunde

Fremdherrschaft. Viriato, ihr Anführer, wird nach einem Verrat ermordet und gilt seitdem als Volksheld (Denkmal in Viseu).

61 v. Chr. Julius Caesar läßt Kastelle errichten und setzt die Romanisierung endgültig durch.

Sweben und Westgoten

409 n. Chr. Völkerwandernde Sweben aus dem Ostseeraum erreichen Lusitania und schlagen die römischen Truppen vernichtend.

ab 550 Westgoten drängen nach, bevorteilt durch ein Zweckbündnis mit den Römern, denen die Macht aus den Händen gleitet.

585 Der Westgoten-König Leowigild besiegt die Sweben und errichtet in Toledo die Hauptstadt Iberiens. Im 8. Jh. kommt es zur Schwächung des Gotenreiches durch Streitigkeiten um die Thronfolge.

Maurenherrschaft und Reconquista

711 Ein islamisches Heer landet bei Gibraltar und erobert binnen 7 Jahren die iberische Halbinsel, mit Ausnahme der Gebirgsregionen im Norden.

ab 756 Cordoba in Südspanien ist Hauptsitz des Emirats. Unter den Mauren ist Christen und Juden Religionsfreiheit gewährt. Wissenschaft (Astrologie, Medizin, Navigation, Mathematik, Geographie) und Kunst (Architektur, Dekoration, Gesang, Instrumente) erblühen. Die Landwirtschaft erlebt Innovationen mit Terrassenbau, künstlicher Bewässerung (Schöpfrad), Reisanbau, Plantagen, Zitrusfrüchten, Feigen, Mandeln.

seit 750 Die Reconquista formiert sich unter westgotischer Führung mit dem Ziel, die Mauren zu vertreiben.

868 Der Verwaltungsraum Portucale – die Gegend um Porto – fällt unter die Herrschaft der Reconquista. Die Keimzelle Portugals pulsiert.

1095 Henrique, Graf von Burgund, kämpft wie so viele mitteleuropäische Ritter für die Reconquista und erhält Portucale als Lehen.

GESCHICHTE

Denkmal des Landesgründers Afonso Henrique in Guimarães

1128 Nach des Grafen Tod sagt sich sein Sohn Afonso Henrique von der León-Herrschaft los.

1139 Afonso Henrique besiegt das arabische Heer vernichtend und nennt sich König von Portugal. Hauptsitz wird Guimarães.

1143 Der König schließt mit Kastilien einen Friedensvertrag.

1147 Die Reconquista nimmt Santarem und Lissabon ein.

1179 Papst Alexander III. erkennt Afonso Henrique als König an.

1211 In Coimbra tritt die erste Ständeversammlung *(Cortes)* zusammen.

1223–48 Regierungszeit von König Sancho II. Mehrfache Schlachten im Alentejo und der Algarve.

1250 Sein Sohn Afonso III. vertreibt die Mauren aus dem Land, das seine heutigen Grenzen erhält.

1290 König Dinis (1279–1325), der erste König, der lesen und schreiben kann, erklärt den in Porto gesprochenen Latein-Dialekt zur Nationalsprache und gründet in Lissabon die erste Universität.

1312 König Dinis bietet aus Mitteleuropa und Spanien flüchtenden Tempelrittern Unterschlupf. Er benennt den Orden in ›Christusorden‹ um. Die Templer werden zur wichtigen Stütze der portugiesischen Königsmacht.

1325 Nach Dinis' Tod stürzt Thronfolger Afonso IV. das Land in kostspielige Kriege gegen Kastilien.

Landeskunde

Die Bürgerliche Revolution

14. Jh. In Portugal formiert sich das Handelsbürgertum, das Fische, Salz, Holz und Agrarprodukte an internationale Handelspartner in Flandern, England, Dänemark und an die deutsche Hanse verkauft. Dem Landadel, der Güter wie Wein und Oliven kontrolliert, ist der neue Stand ein Dorn im Auge. Nach einer Pestepidemie (1343–48) spitzt sich die Landflucht zu. Nach dem Tod Fernãos, des letzten Königs burgundischer Dynastie, übernimmt seine Frau Leonor die Regentschaft. Noch vor seinem Tod hat der König seine Tochter Beatriz mit Juan, dem König von Kastilien, verheiratet und die Vereinigung beider Länder in die Wege geleitet. Das Volk und das neue Bürgertum wehren sich, der Adel hält zu Kastilien. João, Fernãos ‹Bastard-Bruder›, wird von der Cortes zum Landesverteidiger und Gegenregenten ernannt.

1383 In der Schlacht von Aljubarrota schlägt João die vierfache spanische Übermacht und wird als König João I. proklamiert. Mit ihm avanciert das Bürgertum zur dominierenden Kraft im Lande.

1387 João intensiviert die Freundschaft mit England durch seine Ehe mit Philippa von Lancaster und erneuert den heute noch gültigen Vertrag von Windsor.

Die Zeit der Entdeckungen

1394 Prinz Henrique – man wird ihn später Heinrich den Seefahrer nennen – wird als 3. Sohn von João I. in Porto geboren.

1415 Unter Henrique überfallen die Portugiesen die nordafrikanische Handelsstadt Ceuta. Die koloniale Expansion beginnt.

1419 Henrique wird Gouverneur der kaum besiedelten Provinz Algarve. Er sammelt hauptsächlich jüdische Gelehrte um sich, die dem Prinzen in Sachen Navigation, Mathematik und Kartographie hilfreich sind. In Lagos läßt Henrique einen neuen Schiffstyp entwickeln – die Karavelle, die allen anderen europäischen Schiffen weit überlegen ist.

GESCHICHTE

1432	Die Azoren werden gefunden.
1434	Gil Eanes passiert nach 13 vorangegangenen vergeblichen Expeditionen das Kap Bojador, das bis dahin als das gefürchtete Ende der Welt galt.
1444	In Lagos wird der erste Sklavenmarkt der Neuzeit abgehalten.
1454	Papst Nikolaus V. erklärt die westafrikanische Küste südlich vom Kap Bojador zum portugiesischen Besitz.
1456	Bei einem Sturm abgetriebene Kapitäne finden die Kapverdischen Inseln. Portugal baut die erste Kolonie mit Sklaven auf und gewinnt einen wichtigen Stützpunkt für weitere Entdeckungen.
ab 1477	Spanier dringen immer häufiger auf der Suche nach Gold und Sklaven in das ›portugiesische‹ Westafrika vor, provozieren kriegerische Auseinandersetzungen.
ab 1480	Viele Juden fliehen auf der Flucht vor der spanischen Inquisition nach Portugal.
1484	Christoph Kolumbus schlägt König João II. eine Seeroute nach Indien über den Atlantischen Ozean vor. Hofrat und König lehnen ab.
1487/88	Bartolomeu Dia umrundet das Kap der Guten Hoffnung.
1492	Kolumbus (nun in spanischem Dienst) landet auf der Rückfahrt seiner erfolgreichen Entdeckungstour in Lissabon und löst einen Schock bei den Portugiesen aus.
1494	Portugal und Spanien schließen unter Mitwirkung von Papst Alexander VI. den Vertrag von Tordesillas. Er teilt die westliche Hemisphäre am 46. Längengrad in eine spanische und eine portugiesische Interessenzone. Der Vertrag sichert Portugals Besitzansprüche auf Brasilien, das 6 Jahre später entdeckt wird.
1497–99	Vasco da Gamas Indienreise öffnet Portugal den direkten Zugang zu den Reichtümern (Gold, Gewürze) aus dem indischen Ozean unter Umgehung der arabischen, türkischen und venezianischen Zwischenhändler. Binnen weniger Jahre wird Lissabon die reichste Metropole Europas.
1502	König Manuel I. will die Tochter des katholischen Königspaares Ferdinand und Isabella heiraten und wird per Ehevertrag zur Einführung der Inquisition gezwungen. Juden verlassen fluchtartig das Land, weil sie nach einer Mißernte zu Sündenböcken gestempelt werden.

Landeskunde

1557 Portugal pachtet von China den Handelsstützpunkt Macau, kann aber den Unterhalt eines Weltimperiums, das von Afrika über Indien und Japan bis nach Südamerika reicht, weder finanziell noch organisatorisch bewältigen.

1578 König Sebastian zieht mit einer Armada nach Marokko aus, um Alcácer-Quibir zu erobern. Die Niederlage ist verheerend, das gesamte Heer und der König werden getötet. Die Ständeversammlung wählt unter den drei Enkeln König Manuels I. den spanischen König Filipe II. aus.

1580 Filipe II. von Spanien wird in Personalunion König Filipe I. von Portugal, gefolgt von zwei gleichnamigen Königen. Das portugiesische Imperium bröckelt, weil das Land in die englisch-spanischen Kriege hineingezogen wird.

1588 Vernichtung der spanischen Armada. Viele ostasiatische Stützpunkte gehen an Holland und England verloren.

Das Haus Bragança

1640 Am 1. Dezember (seitdem nationaler Feiertag) schüttelt eine Revolte die Fremdherrschaft ab. Der Herzog von Bragança wird als König João IV. zum König erklärt. Die Dynastie wird bis 1910 den Thron halten.

bis 1668 In den anschließenden Restaurationskriegen gelingt es ihm, die Spanier fernzuhalten, wobei die Engländer aufgrund des Alliiertenvertrages helfen müssen. Spanien und Portugal schließen einen Friedensvertrag. Ceuta wird spanisch.

1699 In Brasilien werden Unmengen von Gold gefunden. Die Löcher im portugiesischen Staatshaushalt werden gefüllt, Paläste schießen wie Pilze aus dem Boden.

1703 Portugal und England schließen den Methuen-Vertrag ab. England sichert sich damit die Ausfuhr von Textilien, Portugal kann mehr Wein ins Inselreich exportieren. Die Folgen sind für Portugal negativ: Billige englische Kleidung überschwemmt den portugiesischen Markt, der lukrative Portweinhandel gerät in britische Hände.

1750 Marquês Pombal wird Außenminister, 6 Jahre später Ministerpräsident.

GESCHICHTE

Marquês Pombal

1755 Ein Erdbeben zerstört Lissabon und weite Teile des Landes. Pombal läßt die Hauptstadt wieder aufbauen. Im Stile eines Diktators setzt er umfassende Reformen durch, die das öffentliche Leben modernisieren sollen. Pombal gerät mit der Kirche (Säkularisation der Klöster) und dem Adel (Abstriche von Privilegien) in Konflikt; in Porto wird ein Volksaufstand niedergeknüppelt.

1777 Nach dem Tod König Josés wird Pombal entmachtet. Der wirtschaftliche Aufschwung ist beendet.

ab 1805 Englands Sieg über die französische Flotte bei Trafalgar folgt General Junots Überfall auf Portugal. 1807 steht er vor Lissabon. Das Königshaus ist ein Jahr zuvor nach Brasilien ins Exil gezogen. Den Krieg auf portugiesischem Boden dirigieren englische Generäle. Sie werfen die Franzosen bei allen drei Invasionen zurück. Portugal muß als Preis den Engländern uneingeschränktes Handeltreiben in Brasilien erlauben, und bis 1820 übt der britische General Beresford eine Art Diktatur aus.

1820 Hohe Offiziere entwerfen die erste Konstitution für eine Republik und erheben eine Revolution in Porto.

1822 Die erste Verfassung wird proklamiert. Sie verspricht Pressefreiheit und allgemeines Wahlrecht und verbietet die Inquisition. João VI. akzeptiert und kehrt nach Portugal zurück. Sein Sohn Pedro bleibt in Brasilien und ruft die Unabhängigkeit der Ex-Kolonie aus. Der Goldfluß nach Portugal kommt endgültig zum Erliegen.

Landeskunde

1828	Pedros Bruder Miguel agiert als Regent für die minderjährige Tochter und Thronfolgerin und setzt die Verfassung außer Kraft. Er führt die absolutistische Macht wieder ein und läßt die Liberalen verfolgen.
1832–34	Bürgerkrieg zwischen den reaktionären Miguelisten und den Liberalen unter Pedro. Die Regierungen von Spanien, England und Frankreich unterstützen die siegreichen Liberalen, Miguel geht ins Exil.
ab 1850	Eine Epoche der Erholung *(Regeneração)* beginnt. Spärliche Industrialisierung.
1878	Die Deutschen und Briten fordern in einem Zusatz zu den Berliner Verträgen Portugal auf, die Landbrücke zwischen den Kolonien Moçambique und Angola zu räumen. In der Folgezeit verschärfte Konfrontationen zwischen Republikanern und dem Königshaus.
1891	Ein Aufstand der Republikaner wird in Porto brutal niedergeschlagen.
1908	König Carlos und der Kronprinz werden in Lissabon bei einem Attentat getötet.

Die erste Republik

1910–26	Am 5. Oktober wird die erste Republik ausgerufen. Die Regierung verkündet die Trennung von Staat und Kirche, beschließt Streikrecht und Pressefreiheit und erläßt ein Gesetz, das die Ehescheidung ermöglicht. Wirtschaftliche und soziale Reformen bleiben Stückwerk. Adel und Kirche intrigieren. In 16 Jahren gibt es 45 Regierungen. Im Ersten Weltkrieg kämpft Portugal an der Seite Englands. Die weltweite Rezession der zwanziger Jahre bringt Portugal an den Rand des Staatsruins.

Zweite Republik und Faschismus

1926	Militärputsch von General Gomes da Costa am 28. Mai.
1928	General Fragoso Carmona wird bei einer manipulierten Wahl Staatspräsident. Sein Finanzminister António de Oliveira Salazar bringt mit sofortigem Ausgabenstop den Staatshaushalt in Kürze ins reine.
1932	Salazars Amtszeit als Ministerpräsident beginnt.

GESCHICHTE

Salazar,
der Diktator

1933   Eine ständische Abgeordnetenkammer ersetzt das Parlament. Syndikate ähnlich der ‹Deutschen Arbeitsfront› lösen die Gewerkschaften ab; die Geheimpolizei verbreitet Angst durch Folter, Mord und Verschleppung in Konzentrationslager auf den Azoren und den Kapverdischen Inseln.

1936–39   Im Spanischen Bürgerkrieg bleibt Portugal neutral, unterstützt jedoch insgeheim die Franco-Kräfte. Republikanische Spanien-Flüchtlinge erwartet an der Grenze die Exekution durch portugiesische Nationalisten.

1939–45   Im Zweiten Weltkrieg bleibt Portugal neutral, erlaubt aber 1942 den Alliierten die Einrichtung einer Luftwaffenbasis auf den Azoren. Lissabon wird zu einem der wichtigsten Häfen für aus Europa fliehende Juden.

1949   Portugal wird Gründungsmitglied der NATO.

Landeskunde

Die Nelkenrevolution

40 % Analphabetentum am Ende der Salazar-Ära belegen die Bedeutung, die der Diktator der Ausbildung beimaß. Daß die Industrie nicht wuchs, kümmerte den Diktator wenig – er sah in Arbeitern ohnehin potentielle Kommunisten. Eine Handvoll Familien kontrollierte Banken, Versicherungen und Industrie. Die extrem niedrigen Arbeitslöhne führten in den fünfziger Jahren zu allgemeiner Verarmung und zur zunächst illegalen, dann geduldeten, schließlich erwünschten Auswanderung von Millionen Portugiesen in den sechziger Jahren. Ganze Dörfer starben aus. Die Geldüberweisungen der Emigranten brachten dem Land Devisen, und der Staatshaushalt stimmte, auch weil immer noch erhebliche Einnahmen aus den Kolonien ins Mutterland flossen.

Doch in den Kolonien brodelte es: 1961 bemächtigte sich Indien der ›portugiesischen Städte‹ Goa, Diu, Daman. Ein Jahr zuvor waren 17 Länder Afrikas in die Unabhängigkeit getreten. Die UNO kritisierte Salazar, der 1963/64 einen Krieg gegen Freiheitskämpfer in Moçambique und Guinea-Bissau startete. 1968 kam das Ende der Misere in Sicht, als den greisen Diktator ein Gehirnschlag traf. An seine Stelle trat Marcelo Caetano, der das Regime mit Konzessionen an die Demokratie retten wollte. Jetzt nahm die Opposition Formen an: 1970 entstand der Gewerkschaftsbund. Viele Soldaten, die in Afrika kämpften und die bizarre koloniale Ausbeutungsrealität kannten, lehnten den Krieg aus wirtschaftlichen, philosophischen und moralischen Gründen ab.

Die Jugend Portugals ging auf die Straße. Universitäten wurden geschlossen, afrikanische Aufständler verhaftet. Mit Liedermacher José Afonso wurde die Musik zum Katalysator des Widerstandes, dem neben Tausenden von Studenten die Intellektuellen angehörten, aber auch Arbeiter, Angestellte, Journalisten, Beamte, Militärs. Aus hochrangigen Offizieren, die sich gegen den sinnlosen Kolonialkrieg wandten, rekrutierte sich 1974 eine *Bewegung der Streitkräfte* (MFA). Zur Überraschung der Nation wie des Auslandes übernahm sie bei einem Militärputsch die Macht.

Frühling 1974. Die MFA, offiziell als Offiziersvereinigung deklariert, plant einen Staatsstreich. Trotz heftiger Emotionen – die beiden populären Generäle Spínola und Costa Gomes waren entlassen worden, weil sie Caetano die Unterstützung verweigerten – ist man sich einig: Unblutig soll die Revolution sein. Man will der Welt zeigen, daß Portugal mit Kultur, nicht mit Kanonen siegt. Die Ideale der Hippiezeit sind

GESCHICHTE

Mai 1974: Marinesoldaten demonstrieren

lebendig, vermischt mit den Ideologien sozialdemokratischer und kommunistischer Philosophien.

An den Iden des März (15. 3.) verläuft die erste Aktion chaotisch und wird kleinlaut eingestellt, bevor sie Schaden anrichtet. Major Otelo Saraiva do Carvalho bereitet nun den Staatsstreich für Ende April vor: 25. April, 0.30 Uhr. Der christliche Sender Radio Renascença strahlt ein Lied aus, das auf der schwarzen Liste der Zensur steht: José Afonsos *Grândola – Vila Morena*.

Um diese Zeit hören nicht viele Leute Radio – nur wenige wundern sich. Doch für die ungeduldig wartenden Mitglieder der MFA ist es das ersehnte Startzeichen zum minutiös vorbereiteten Coup. Im Handstreich besetzen sie Schlüsselpunkte der Hauptstadt: Regierungsgebäude, Sender, Fernmeldezentren, Kasernen. Alles fällt ohne Widerstand, ohne daß ein einziger Schuß fällt, in die Hände der Revolutionäre.

Über Radio erfahren die Lissaboner, daß auch das Zentrum der bewaffneten und regierungstreuen Polizei GNR am Largo de Carmo im Zentrum der Stadt von Revolutionären umlagert sei. Die Leute sollen zuhause bleiben und die Ereignisse abwarten. Und was machen Tausende? Sie eilen genau dorthin, umringen die Soldaten der Revolution und jubeln und schreien sich die Kehlen heiser – und umarmen auch die Soldaten der Regierung.

Landeskunde

> Welcher junge Soldat (er hat vielleicht Freunde oder Brüder unter den Demonstranten gesehen) will da losballern? Für Stunden ist alles ungewiß, doch Lissabon tanzt schon. Und hinter verschlossenen Türen zieht Ministerpräsident Caetano die Konsequenzen: Telefonisch übermittelt er die bedingungslose Kapitulation und übergibt die Staatsgewalt an General António de Spínola.
>
> Die Nachrichten verbreiten sich rasch über das ganze Land und werden teils euphorisch aufgenommen, teils mit großer Skepsis. Ein halbes Jahrhundert Faschismus ist nicht über Nacht vergessen. In Lissabon ertönt stundenlang ein Hupkonzert aus allen Autos der Welt, so scheint's, die Blumenläden werden ihrer Nelken entledigt, und jedem Soldaten stecken die Leute, Frauen voran, das Symbol der Freiheit in den Gewehrlauf. In Porto scheinen Polizei und Militär uneins. Am Praça da Liberdade fallen am 25. April Schüsse, und die Leute wissen nicht, wer wofür zuständig ist, und hin und her wiegen die Massen, die sich bis zum Spätnachmittag im Zentrum Portos einfinden. Das Militär rückt

ab 1961	Angola erklärt sich 1961 unabhängig, zwei Jahre später folgt Guinea-Bissau, 1964 Moçambique. Portugal antwortet mit Krieg.
1968	Salazar erleidet einen Gehirnschlag. Sein Nachfolger Marcelo Caetano versucht zaghafte Reformen.

Demokratie

1974	Sturz des Faschismus durch den Militäraufstand vom 25. April. In der Folgezeit bereiten linke Militärregierungen Portugals Weg in die Demokratie vor.
1974–76	Die Kolonien (bis auf Macau) erhalten ihre Unabhängigkeit.
1976	Die demokratische Verfassung tritt in Kraft. Erste freie Parlaments- und Präsidentschaftswahlen. General Ramalho Eanes wird Präsident (bis 1986).
1986	EG-Beitritt Portugals. Mit Mário Soares ist erstmals seit 50 Jahren wieder ein Zivilist Staatspräsident.
1987	Der seit 1985 regierende Sozialdemokrat Cavaco Silva erringt bei Parlamentswahlen die absolute Mehrheit.
1991	Silva wird als Ministerpräsident wiedergewählt.
1992	Portugal führt für sechs Monate den EG-Vorsitz.

mit Schlangen von Mannschaftswagen ein. Blasse junge Burschen in Tarnanzügen stehen auf den Pritschen, und sie wissen nicht mehr als die Leute, an denen sie vorübergleiten, und auf die sie eventuell schießen sollen. Plötzlich heben ein paar Menschen ihre Hände und klatschen rhythmisch, immer mehr fallen ein, Tausende applaudieren, die Gesichter der Leute beginnen zu strahlen, und die Soldatenbuben strahlen erleichtert mit. Noch gibt es keine roten Nelken – davon hört man erst im Radio und wiederholt den Blumensieg einen Tag später: Jetzt tanzt auch Porto.

Die Revolution zeitigt sofortige Früchte: Alle politischen Gefangenen werden befreit, die Geheimpolizei PIDE aufgelöst, die Führer der Diktatur ins Ausland abgeschoben. Bis zum 1. Mai treffen die bislang im Exil (hauptsächlich in Paris) lebenden Sozialisten und Kommunisten in Portugal ein. 18 Monate kontinuierliche Revolution folgen. Die Politisierung in der Bevölkerung ist extrem hoch, gekoppelt mit aktiver Anarchie. Doch der ›normale Portugiese‹ draußen auf dem Land, »den man jahrhundertelang in Apathie und Passivität gehalten hatte, konnte nicht plötzlich ein kritisches Bewußtsein ausbilden. Das konnte auch ein Amerikaner nach dem Krieg in Vietnam nicht. Das haben nicht einmal die Franzosen im Algerienkrieg zuwege gebracht« (Zitat von José Afonso).

Spínola entpuppt sich den Revolutionären als zu gemäßigt, weil er behutsame Reformen einleiten will. Er scheitert an der eigenen Organisation, der MFA, die sozialistisch-kommunistisch gesinnt ist. Am 11. März '75 inszeniert er einen neuen Putsch – und scheitert.

Die Linke setzt eine radikale Agrarreform durch und die Verstaatlichung der Banken und Schlüsselindustrien. Die Folge: verheerende Kapitalflucht und Investitionsstop des Auslands. Und mit der Unabhängigkeit der Kolonien fällt eine der größten nationalen Einnahmequellen aus.

Nach einem dilettantischen Putschversuch der Ultralinken am 25. November 1975 ziehen die gemäßigten Militärs einen Schlußstrich unter armee-interne Querelen und Saraivas Träume von einer ›verbrüderten Armee‹. Hierarchie ist wieder angesagt, nachdem man dem Volk die Revolution doch auf dem Präsentierteller hingelegt hatte. Vorübergehend werden die wichtigsten Entscheidungen wieder von einem kleinen Kreis der Mächtigen getroffen. Am Zweiten Jahrestag der Revolution erreichen die Parteien rechts der Kommunisten die Mehrheit – die Revolution ist endgültig beendet. Aber sie hat gefruchtet: Der Demokratisierung des Landes sind die Tore geöffnet.

Gesellschaft

Gesellschaft und Alltag

Leben mit der Demokratie

Nach Einführung der Demokratie im Anschluß an die friedliche ›Nelkenrevolution‹ vom 25. April 1974 hatten die Portugiesen einige Probleme, sich in dem ungewohnten Freiraum zurechtzufinden. Ähnlich wie die osteuropäischen Länder nach dem Kollaps des Kommunismus, wachten die Portugiesen nach fast einem halben Jahrhundert Unterdrückung auf und stellten fest, daß sie nichts und niemandem zustimmen konnten.

Über hundert politische Parteien gruppierten sich im ersten Jahr der Freiheit, doch die meisten waren so kurzlebig, daß sich bei der ersten Wahl ein Jahr später nur 14 Parteien stellten. Die wichtigsten wurden die Kommunisten (*Partido Comunista Portugues,* PCP), die unter ihrem Führer Álvaro Cunhal dem Diktator Salazar bereits heftigen Widerstand geleistet hatten; die liberal-konservative christlich-demokratische Partei (*Centro Democrato Social,* CDS); die weniger konservative, aber antikommunistische sozialdemokratische Partei PSD und die sozialistische Partei PS, die der seinerzeit im Pariser Exil lebende gegenwärtige Präsident der Republik, Mário Soares, im Jahre 1972 gründete.

Die Diskussionen über das Wie bei der Einführung der Demokratie schienen endlos. Einige der Militärs, die die Revolution mit in die Wege geleitet hatten, wurden ungeduldig. Am 25. November 1975 versuchte der extrem links stehende Otelo Saraiva do Carvalho (er hatte den April-Coup ein Jahr zuvor mitgeleitet), die Macht an sich zu reißen: Portugal stand kurzfristig am Rande eines Bürgerkriegs. Der Vorfall ging aber friedlich von statten und brachte das Ende der Revolution.

1976 gab es die ersten freien Wahlen, und ein paar Jahre ›Kinderkrankheiten der Demokratie‹ folgten, mit elf Regierungen in vier Jahren, euphorischen Manifesten, Streiks, Aussperrungen, Agitationen und sogar Terrorismus. Jede Haus- und Fabrikwand zwischen dem Minho und der Algarve war mit politischen Sprüchen bemalt, und jedes Wochenende zog es Abertausende auf die Straßen – zum Diskutieren und Protestieren.

Von den elf Regierungen schaffte es keine, das dringende Problem der Modernisierung anzugehen, weder in der Verwaltung noch in der Industrie, in der Erziehung oder im Sozial- und Gesundheitswesen.

1977 wurde evident, daß die ehemaligen Kolonien Moçambique und Angola auf harter kommunistischer Schiene fuhren – und fast

DEMOKRATIE

Politische Slogans an einer Hauswand in Porto

eine Million portugiesische Staatsbürger *(retornados)* kehrten ›heim ins Mutterland‹. Der schlagartige Bevölkerungszuwachs von 10 % verschlimmerte den postrevolutionären Schlamassel, doch das Land meisterte zur eigenen Verwunderung das Problem: Kein einziger Heimkehrer wurde zurückgewiesen.

1980, als die sogenannte ›Demokratische Allianz‹, eine Koalition von Zentrums- und rechten Parteien, 44 % der Parlamentssitze errang, standen die Chancen für eine stabilere Regierung gut, doch wurde der charismatische Führer Francisco Sá Carbeiro (PSD) bei einem Flugzeugabsturz getötet. Auf politische Stabilität mußte das Land weitere fünf Jahre warten.

Zwischen 1980 und 85 gab es gewisse wirtschaftliche Fortschritte, doch Portugal wartete immer noch auf inneren Frieden. Und auf Modernisierung. Erst mit dem Beitritt in die EG (1. Januar 1986, zusammen mit Spanien) kam Portugal auf die Füße und setzte auf einen geradlinigen Kurs Richtung Zukunft.

Generell läßt sich feststellen, daß kein Land Europas so tiefgreifend durch die Mitgliedschaft in der EG verändert wurde wie Portugal. Der neue Premierminister Ánibal Cavaco Silva (PSD) konzentrierte alle Kräfte auf das Modernisieren und das Einholen europäischer Maße. Der Wirtschaftsprofessor machte kein Hehl aus seiner antikommunistischen Gesinnung, und den Portugiesen gefiel's. Zehn Jahre Liebelei mit Marx und Lenin und Träume vom einzigen sozialistischen Land Westeuropas waren aus und vorbei, und bei den Wahlen in den Jahren 1987 und 1991 gewann Silva die absolute Mehrheit.

Die sozialistische Partei hat die alte Stärke nach dem Verlust ihres Führers Mário Soares nicht zurück gewonnen: Er wurde 1985 zum Präsidenten der Nation gewählt (1990 bestätigt) – und somit intensiver Parteiarbeit entzogen. Mário Soares und Cavaco Silva sind heute ›der Präsident fürs Herz‹ und ›der Ministerpräsident fürs Geld‹, und diese unbequeme Ehe wird bis zur Neuwahl 1995 andauern. Soares wird zweifelsohne sein Veto jedes

Gesellschaft

Die Medien Portugals

Die Revolution vom April 1974 hatte auch große Auswirkungen auf das Pressewesen. Nach einem halben Jahrhundert Diktatur und einem ganzen Jahrhundert Zensur wurde die Presse frei; ihre wichtigsten Organe wurden nationalisiert. Weil sie den großen Banken gehörten und diese verstaatlicht wurden, gehörten indirekt auch die wichtigsten Zeitungen *O Jornal Notícias*, *O Tempo* und *Diário Popular* dem Staat. Das geschah im Jahr 1975. Funk und Fernsehen, die schon im Besitz des Staates waren, verblieben dort.

Auf diese Art und Weise konnten die Journalisten nun sagen, was und wie sie es für richtig hielten, aber die fortgesetzte Staatszugehörigkeit der Medien führte nun zu einer anderen Form von Beeinflussung: Die Direktoren der Zeitungen, Radiostationen und der beiden Fernsehprogramme RTP 1 und 2 wurden mit jeder neuen Regierung ausgewechselt, und weil zwischen 1978 und 1985 die Regierungen so rasch aufeinander folgten, konnten zwei oder mehrere Direktoren unterschiedlicher politischer Couleur zur gleichen Zeit den gleichen Posten einnehmen.

Die Situation wurde nachgerade konfus. Aber zwei neue und wichtige Zeitungen zogen Nutzen aus der Freiheit und dem Fehlen jeder Zensur: *Expresso* geht bald seinem 20. Geburtstag entgegen und verkauft sich immer noch gut. Das andere Kind der Revolution war die Zeitung *O Jornal*, die in den Jahren der politischen Purzelbäume eine wichtige

Mal einlegen, wenn Cavaco Silva die Arbeitsgesetze antasten will. Die Kommunistische Partei ist inzwischen geschrumpft und bringt es noch auf eine Handvoll der 223 Parlamentssitze.

Mit der schwächsten Wirtschaft aller zwölf EG-Länder profitierte Portugal erheblich von der Entwicklungsstrategie dieser Gemeinschaft (etwa 830 Millionen DM werden jedes Jahr in das Land gepumpt), vor allem für Straßenbau und andere infrastrukturelle Maßnahmen. Man kann jetzt schnell von Lissabon in den Norden fahren, das Telefon funktioniert endlich, und einige Bauern bewässern mit modernen Installationen.

Heute ist Portugal nicht mehr das schwächste Land in dem Bund der Zwölf, und das Bruttosozialprodukt hat sich seit 1986 mehr als verdoppelt. Die EG half dem Regierungschef auch beim Zerschlagen aller Pläne für eine zentralisierte Wirt-

DEMOKRATIE

Rolle spielte. Vor Weihnachten 1992 schloß die Zeitung ihre Drehtüre und erklärte ihre Mission als »Einführer und Verteidiger der liberalen demokratischen Debatte in Portugal« für beendet.

Die Jahre 1988–91 sahen zu guter Letzt das Ende der Staatskontrolle. Die Druckmedien wurden entnationalisiert und große und kleine Zeitungen alsdann von privaten Investoren herausgegeben.

Portugiesische Journalisten sind sich heute mehr denn je ihrer wichtigen Rolle für das Funktionieren einer modernen Demokratie bewußt. Die Redaktionsarbeit wird derzeit auf die modernste Computertechnik umgestellt. Die in Porto erscheinende *Jornal Notícias* ist eine Fundgrube für lokale und nationale Neuigkeiten und die meistgelesene Tageszeitung im Lande, gefolgt von der in Lissabon/Porto erscheinenden *O Público* (Tagesauflage ca. 70 000), die für breite und analysierende Reportagen renommiert ist. *Expresso* ist nach wie vor die führende Sonntagszeitung, aber das Fußballblatt *A Bola* (Der Ball), das dreimal wöchentlich erscheint und wahrscheinlich die am besten verfaßte Zeitung Portugals ist, verkauft mehr als alle anderen.

1991 begann die Privatisierung des portugiesischen Fernsehens, und einige neue Radiosender nahmen die Konkurrenz zu den staatlichen auf. Schon wenige Wochen nach der Einführung des privaten Fernsehsenders SIC im Herbst 1992 blies den beiden alten Staatskanälen RTP 1 und 2 der kalte Wind der Konkurrenz ins Gesicht. Ein weiterer privater Sender wird von der Katholischen Kirche finanziert. Er ist der Heiligen Jungfrau der Empfängnis gewidmet (das ist kein Scherz!) und soll ab 1993 im ganzen Land empfangen werden.

Eva Brigitte Henningsen

schaft, und die 1975 verstaatlichte Schwerindustrie ist fast komplett reprivatisiert, seit 1991 auch einige Banken. Bei der Auswahl der Entwicklungsprojekte mit EG-Geldern begünstigte man die ärmeren Regionen. Das heißt: mehr Geld für den Norden.

Noch 1985 war Portugal ein ›Schwellenland zur dritten Welt‹ und wegen seiner kolonialen Kriege aus der Zeit vor der Revolution völlig verarmt. Mit der EG-Mitgliedschaft schaffte man gerade noch das Aufspringen auf den Zug nach Europa. Im November 1992 ermöglichte eine Zweidrittelmehrheit im Parlament eine Änderung in der Landesverfassung, womit Portugals voller Beitritt in die Europäische Gemeinschaft sichergestellt ist und der Vertrag von Maastricht ratifiziert werden kann.

Eva Brigitte Henningsen

Gesellschaft

Gesellschaftsstruktur

Etwa die Hälfte der 10,5 Mio. Einwohner ist offiziell berufstätig, drei Viertel davon in den Bereichen Industrie und Dienstleistung, ein Viertel in der Landwirtschaft. Deren Anteil ist wegen Emigration und starker Landflucht rückläufig. Der überwiegende Teil der Industrie ist im Küstenraum angesiedelt (Textil, Fischkonserven, Papierfabriken, Keramik). Es gibt ländliche Regionen, wo alle erwerbsfähigen Einwohner auf dem Feld arbeiten, und nur Lehrer, Polizist und Gemeindeschreiber Gehälter beziehen. Viele Vorgänge in abgelegenen Dörfern entziehen sich freilich den Beobachtungen der Statistiker. Offizielle Zahlen über Arbeitslosigkeit sind mit Vorbehalt zu genießen, weil die Bauern im Norden oft gar nicht wissen, daß und welche staatlichen Unterstützungen ihnen zustehen. Folglich stellen sie keine Ansprüche und schlüpfen zum Vorteil der Regierung aus dem Zahlennetz.

In Südportugal – im spät besiedelten Alentejo und der Algarve – erhielten Adlige vom König riesige Ländereien. Nach der Säkularisierung der Klostergüter und Kirchenbesitze Ende des 18. Jh. profitierten ausschließlich ohnehin schon reiche Familien vom vakanten Land. So erklärt sich die gewaltige Kluft zwischen Großgrundbesitzern oder ›Latifundien‹ auf der einen und be-

sitzlosen Arbeitern in unmittelbarer Abhängigkeit vom Landbesitzer auf der anderen Seite.

Im Norden gestaltet sich die Besitzstruktur völlig anders. Fast jede Familie besitzt ein Stückchen Land, und das wird genutzt, gleichgültig wie schwer dafür gearbeitet werden muß. Ihre Terrassenfelder sind so schmal und schwer zugänglich, daß der Einsatz von Traktoren selbst bei vorhandenem Kapital kaum möglich wäre. Aber Kapital haben die Kleinbauern nicht. Viele leben wie vor Jahrhunderten. Mit Hackschaufeln ausgerüstet und in Be-

FRAUEN

Bauernfrauen in Trás-os-Montes

nicht Europas. Sie fassen es nicht als Beleidigung auf.

Die Familie ist den Portugiesen heilig. In den Dörfern ist es selbstverständlich, daß Familien zusammenbleiben. Also sieht man Kinder, Eltern, Großeltern und nicht selten Urgroßeltern unter einem Dach wohnen. Erst mit der eigenen Hochzeit ziehen die Nachkommen aus, um in direkter Nähe ein eigenes Haus und eine neue Familie aufzubauen. Derartige Großfamilien bieten ihren Mitgliedern Sicherheitspolster. Kaum jemand nimmt die ohnehin minimalen Sozialleistungen des Staates (Arbeitslosengeld, Arbeitsunfähigkeit und Ausbildungsbeihilfe) in Anspruch, eben weil die Familie hilft.

gleitung von Eseln ziehen sie im Morgengrauen auf die Felder, Männer wie Frauen.

In einigen Dörfern konnten sich kollektive Ernte- und Besitzformen bis heute erhalten. Weitgehende Autarkie halten viele Familien nach wie vor für erstrebenswert, auch wenn es mit schier unglaublichen Mühen verbunden ist. Daran ändert die Einkehr von Fernsehen und Kühltruhe nicht viel – die traditionellen Werte sitzen tief. Überhaupt sagt man den Nordportugiesen nach, sie seien der rückständigste Menschenschlag Portugals, wenn

Frauen in der Gesellschaft

In den landwirtschaftlichen Regionen ist alles beim alten geblieben: Mit dem Tag der Eheschließung sind die Frauen für die drei großen Ks zuständig: Kinder, Kochtopf, Kirche. Für die Arbeit im Stall wie auf dem Feld, fürs Wäschewaschen im Dorfwaschhaus, fürs Brotbacken, Kleidernähen. Wenn Frauen am Fließband von Textil- oder Keramikfabriken arbeiten, müssen sie zusätzlich die Bürde der oben aufgezählten Arbeiten tragen. Daran

Gesellschaft

Alice im Bauernland

Sommer in der Serra de Montemuro: Zwei Kühe schaukeln grasend den Hang hoch. Eine bleibt stehen, um mit rauher Zunge einen Busch nach frischen Blättern abzustreifen. Eine Frau ruft einschüchternd »*Oisch Oisch*«. Drohend schwingt sie einen Stock, wirkt angsteinflößend. Doch wenn sie einen plötzlich sieht, leuchtet ihr sonnengebräuntes Gesicht auf. Obwohl sie jetzt nur ein paar Schritte entfernt ist, schreit sie »*Alface!*« und verschwindet in ihr schiefergedecktes Haus. Mit einem Berg frisch aus dem Boden gerupfter Salatköpfe kommt sie zurück.

Die vierjährige Carina ist fasziniert, aber schüchtern. Ihre braunen Augen, tief wie Brunnen, lugen hinter dem Rock der Mutter hervor. Alice und Carina sind immer zusammen, vom Aufstehen in der Morgendämmerung bis zum Zubettgehen nach Sonnenuntergang. Sie bauen alles Gemüse für den heimischen Kochtopf selbst an: Kartoffeln, Kohl, Salat, Zwiebeln, Mais. Die Arbeit auf den Terrassenfeldern wird nur von den Mahlzeiten unterbrochen, dem Füttern der Tiere und dem gelegentlichen Kaffeetrinken und Tratschen in der 3 km entfernten Dorfbar. Alice würde gern öfter zur Kirche gehen. Aber die Natur unterbricht ihren Zyklus nicht. Nicht einmal an Sonntagen.

Das Leben geht seinen stetigen Gang – kein Streß, keine Autos. Die autarke bäuerliche Existenz wirkt auf den müden Stadtbewohner idyl-

ändern auch die progressiven Gesetze nichts, die Frauen völlige Gleichstellung sichern. Schon 1910 wurde in Portugal als erstem katholischen Land die Scheidung möglich. Auf dem Land wird sie aber kaum praktiziert – ein Gesetz für Stadtmenschen. Was Nordeuropäer

FRAUEN

lisch, und Alice und ihre Familie bestärken diesen Eindruck. Selbst an den seltenen Tagen, wenn António nicht vor elf Uhr nachts von seiner Arbeit als Straßenarbeiter nach Hause kommt. Dann warten Alice und Carina auf das Knattern des Mopeds, und man sieht die drei in ihrem kleinen Haus entschwinden: Hand in Hand in Hand.

Eins aber mag Alice nicht: die Langeweile im Winter. »Regen, Regen, Regen. Wir sitzen im Haus, schälen Kastanien, schlafen, essen – ich genieße die harte Arbeit im Frühling und Herbst!« Alice wirkt nicht nur zufrieden und ausgeglichen – sie ist es. Sie hat keine Illusionen. Fragt man sie, was sie für Carina wünscht, sagt sie: »Bessere Ausbildung! Ich hatte nur vier Jahre Schule. Carina kann mit dem Bus zur Zentralschule fahren, später zum Liceum. 25 km. Wenn sie nach Lissabon oder Porto gehen will – und ich hoffe sie will! –, werden wir ihr dabei helfen.« Auch António hatte nur vier Jahre Schule. Jetzt ist er 31, hat zwölf Jahre lang die Straßen mit Teer und Kieselsteinen geflickt und bekommt als Angestellter des öffentlichen Dienstes trotzdem nur das Minimal-Gehalt von 44 000 Escudos. Das sind knapp 520 Mark im Monat. Man versteht ihre Gefühle.

Raso ist ein winziges Dorf, bestehend aus Alice und ihren Verwandten. Insgesamt neun Leute. Kann sie sich vorstellen, je woanders zu leben? »Hab ich schon! Zehn Jahre wohnte ich in Lissabon!« Sie ist 26 und hat sich keinen einzigen Tag von António getrennt, seitdem sich die beiden auf einer Festa kennenlernten. Damals war sie 14. Sie erspart mir das Rechnen und fügt hinzu: »Als wir wegzogen, war ich sechs Monate alt!« Sie erinnert sich gut genug an das Stadtleben, um sich vorstellen zu können, wieder dort zu leben. Für António wäre es schwer, meint sie. Er wohnte noch nie außerhalb des Dorfes und ist verständlicherweise stadtscheu.

Trotz der vielen Arbeit, die für Tiere und Feld aufzubringen ist, haben sie gerade genug für sich. Außer Eiern – die nämlich gibt es im Überfluß. Manchmal legen ihre fünf Hühner jeden Tag ein Ei (und sonntags auch mal zwei?): »Das sind 35 die Woche! Und wenn ich sie nicht brauche, verschenk' ich sie halt«. Und das tut sie mit einer Generosität, die einen fragen macht, was Reichtum eigentlich ist.

Jessica Leslie

zur Zeit durchboxen – Bestrafung für Vergewaltigung durch Ehepartner – ist in Portugal seit Jahren möglich, wird aber selbst in Städten kaum realisiert. Abtreibung ist seit 1984 bei medizinischer Indikation und nach Vergewaltigung legal. Auf Verwaltungsebene und im

Gesellschaft

Staatsdienst findet man zahlreiche hochrangige Frauen. Die parteilose Halbnonne Maria de Lurdes Pintasilgo wurde 1979 Ministerpräsidentin. Sie konnte sich für ein halbes Jahr auf die hinter ihr stehende Kirche stützen, danach übernahmen wieder die Männer das Ruder. Top-Jobs in Banken und Industrie sind für Männer reserviert.

Bildungswesen

Portugal hat die höchste Analphabetenquote Europas. Sie liegt bei circa 16 %. Zum Ende der Salazar-Diktatur lag sie gar bei 40 % – die Situation im Bildungswesen hat sich also stark verbessert. Man kann sogar von einem Bildungsboom sprechen. Die staatlichen Universitäten können die Studienberechtigten längst nicht mehr aufnehmen – private Unis und Akademien schießen aus dem Boden. 1992 öffneten die Universitäten des Landes ihre Pforten mit neuen und leichteren Aufnahmebedingungen weiter als jedes andere Land Europas.

1987 wurde die Schulpflichtdauer auf neun Jahre erhöht. Nach der Primarstufe (vier Jahre) folgt die Sekundarstufe. Ähnlich wie in Deutschland können die Schüler im Alter von etwa 11 Jahren auf die Höhere Schule *(Liceu)* überwechseln. Die Hochschulreife ist nach 12 Jahren erreicht. In Nordportugal gibt es staatliche Universitäten in Aveiro, Braga, Guimarães, Ovilhã, Porto und Vila Real.

Emigration

Die Stadt mit den meisten Portugiesen nach Lissabon ist: Porto? Nein: Paris. Dort und in ganz Frankreich leben über eine Million Portugiesen, 120 000 sind es in Deutschland, 200 000 in der Schweiz. Fragt man in einem männerlosen Dorf, wo die Herren der Schöpfung sind, hört man immer die gleiche Antwort: Sie arbeiten im Ausland oder in Lissabon; oft in der gleichen Stadt, weil ein Agent sie dorthin vermittelte, oder weil einer den Vorreiter spielte und die Verwandten folgten. Dann wird eine der Frauen stolz aufzählen, in welchen Ländern Portugiesen arbeiten: USA, Venezuela, Kanada, Südafrika, Luxemburg, Spanien, Frankreich, Deutschland, Holland. Die meisten Emigranten kommen aus dem Minho und Trás-os-Montes.

Drei Millionen Portugiesen leben in der Fremde, um sich und ihre Familien zuhause über Wasser zu halten. Ihre Geldüberweisungen helfen nicht nur dem eigenen Anhang – der Staat profitiert tüchtig mit. Der regelmäßige Devisenfluß deckt fast ein Viertel der nationalen Warenimporte.

Die Gründe für den permanenten Exodus liegen auf der Hand: Fa-

BILDUNG/EMIGRATION

briken im Ausland locken mit phantastisch anmutenden Löhnen. Bei ihnen kann ein Arbeiter fünfmal so viel verdienen wie in Portugal. Natürlich arbeiten sie in der Fremde dann rund um die Uhr, und bald besitzen sie ihren Daimler und legen sich die Statussymbole der fremden Gesellschaft zu.

In vielen Dörfern sind fast alle Frauen schwarz gekleidet, auch die jungen: Man glaubt sie in Trauer. Doch Schwarz tragen auch die Frauen, deren Männer im Ausland sind. Kommen diese endlich für die Ferien nach Hause, legen die Frauen das Schwarze ab und ziehen das kurze Bunte über, sie leben auf. Ganze Dörfer erwachen dann wie aus einem Dämmerzustand. Doch nun durchschneidet eine gut sichtbare Grenze diese Kommunen: Geld. Der Lebensstandard der Emigrantenfamilien liegt weit über dem der anderen, und das Erreichte wollen sie auch vorweisen. Womit geht das auffälliger als mit einem neuen Haus? Die meisten Neubauten glänzen leider in atemberaubender Häßlichkeit, abkopiert von der Architektur des Landes, in dem die stolzen Besitzer ihr Geld verdienen.

Das weist auf das sozialpsychologische Dilemma der Emigranten hin: Sie wollen sich mit dem Land ihrer Wahl identifizieren. Für sie ist Französisches oder Deutsches hundertmal besser als alles Portugiesische. Doch in Köln oder Lyon bleiben sie Außenseiter der Gesellschaft. Ihre Kinder integrieren sich dort und wollen hingegen lieber im neuen Land bleiben, während die Eltern nach Jahrzehnten des Abrackerns zu ihren Prachthäusern im Minho oder Trás-os-Montes zurückkehren. Jetzt aber können sie mit noch so viel Geld um sich werfen – sie gehören nicht mehr dazu. Sie sitzen zwischen den Stühlen. Nur mit aktiver Rückeingliederung können sie ihren neuen Platz in der alten Heimat finden: Die meisten Kneipen, Taxis und Bauunternehmen gehören Ex-Emigranten. Die Zahl der Rückkehrer belief sich 1991 auf über 30 000.

Auswandern hat Tradition in Nordportugal. Schon im 16. Jh., als trotz des schnellen Reichtums der Krone und der Kirche die Bevölkerung verarmte, emigrierten Tausende von Nordportugiesen in die Kolonien in allen Teilen der Welt. Auch im 18. Jh. kam es zu massenhaften Auswanderungen, vor allem nach Brasilien. Die Zahlen dieses Jahrhunderts übertreffen alles Vorangegangene: bis 1950 waren über 1,4 Mio. Portugiesen nach Südamerika gezogen, samt Kind und Kegel. Die Emigration nach Mitteleuropa ist ein Kapitel der letzten 30 Jahre und hat die Zwei-Millionen-Marke längst übertroffen.

Kultur

Kunst und Kultur

Kunsthistorischer Überblick

Frühzeit, Antike und Mittelalter

Aus der Zeit von 5000 bis 2000 v. Chr. stammen zahlreiche Hünengräber (*Antas* oder *Dolmen*) der Ureinwohner in der kupferzeitlichen Ära (die jüngste der Jungsteinzeit). Ab 800 v. Chr. erlebte der Norden Portugals den Zuzug indogermanischer Völker, welche Wehrdörfer (*citânias*) bauten. Bestes Beispiel: die **Citânia de Briteiros**. Mehrfache Mauerringe zeugen von der ständig bedrohten Existenz, Dorfbrunnen, Badehäuser und Kanalisation von handwerklicher Bravour. Auch die *Porcas* (Wildschweine als Fruchtbarkeitssymbole) in Trás-os-Montes stammen aus dieser Epoche.

Die **Römer** lösten enorme Bautätigkeiten aus: Bauern legten einsame Höfe an, und um sie herum gruppierten sich die Häuser nachkommender Familien. Eine viel dichtere Besiedlung nahm ihren Lauf. Marktorte bildeten die Mittelpunkte der von den Römern gründlich verwalteten Provinzen. Römische Bauten findet man in Nordportugal in den zahlreichen Römerstraßen (wie im Nationalpark da Peneda-Gerês) und Brücken (wie in Chaves).

Von der Baukultur der **Westgoten und Sweben** gibt es kaum Relikte. Die vorhandenen Spuren sind die ersten Kirchen aus der Zeit, da die germanischen Völker den christlichen Glauben annahmen (6. Jh.). Die eindeutige Identifizierung westgotischer Elemente bleibt zweifelhaft. Trotzdem geben die Kirchen São Frutuoso bei Braga, São Pedro de Balsemão (bei Lamego) und die Igreja de Cedofeita in Porto (erbaut 556) vage Eindrücke von der westgotischen Baukunst.

So glanzvoll die Bauten der **Maurenzeit** auch gewesen sein mögen: Kaum etwas ist übrig, denn nach der Rückeroberung (*Reconquista*) des seit 711 von den Arabern beherrschten Iberiens zerstörten die Christen alles, was an die vorangegangene Zeit erinnerte, oder sie nutzten das Grundmauerwerk von Moscheen, entfernten islamische Dekorationen aus den Innenräumen und verwandelten sie somit in Kirchen. In Gegenden östlich der Serra da Estrela findet man etwa in Sortelha original arabische Elemente in den Häusern. Die an prominenten Positionen erbauten Burgen der Muselmanen baute der Landesgründer Afonso Henrique zu Grenzfestungen aus.

Dolmen bei Vila Flôr ▷

KUNSTGESCHICHTE

Romanik und Gotik

Afonso Henrique, Sohn eines burgundischen Herzogs, öffnete französischen Rittern und Ordensleuten den Zugang zu dem Land, das eben erst den Muselmanen entrissen worden war. Im 12. Jh. gründete allein die burgundische Abtei von Cluny über 100 Klöster in Nordportugal. Daneben gewann die ›**Romanik der großen Pilgerkirchen**‹ (ausgehend von der galicischen Kathedrale Santiago de Compostela) an Bedeutung, die unter dem Einfluß der französischen Auverne (Saint-Sernin in Toulouse) stand. Prototyp der burgundischen Romanik ist die Kathedrale von Braga; die Kathedralen von Porto und Coimbra sind Erstlingswerke der Auverne-Romanik. Anders als ihre französischen Vorbilder sind sie wuchtig und wehrhaft – diese Kirchen waren immer auch Bastionen der Verteidigung gegen die einfallenden Spanier. Romanische Kapellen (bei Lamego, in Bravães bei Ponte de Lima oder in der Burgkapelle Carrazeda de Ansiães) haben reich geschmückte Portale von rarer Schönheit.

Ab Mitte des 13. Jh. kann sich die **Gotik** ausbreiten und erlebt unter dem Einfluß der englischen Königsgattin Filipa einen enormen Auftrieb, der mit der Kathedrale von Batalha (in Mittelportugal) seinen Höhepunkt in einem der schönsten Gotikbauten Europas findet. In Nordportugal wurden fast alle Kathedralen (wie Braga, Guarda, Lamego, Viseu) in der Gotik umgebaut bzw. erst errichtet. Die **Grabmalkunst** entfaltet sich zu hoher Blüte (Sarkophag von Erzbischof Pereira in der Kathedrale zu Braga).

Kultur

Die **Malerei** blieb bis ins 15. Jh. anonym und gleichsam spartanisch – sie stand unter der Kontrolle der Franziskaner-Abteien. Erst unter dem Einfluß flämischer Maler (sie zogen als Portraitisten von Königshof zu Königshof und sorgten mit Prinzessinnen-Bildern für einen gesteigerten internationalen Heiratsmarkt) schüttelte sie ihre religiösen Fesseln ab. Nuno Gonçalves gilt neben dem Maler Grão Vasco (schon Renaissance) als Hauptvertreter der Schulen von Viseu und Coimbra. Diese Malerei entfaltete sich zu einer Zeit, da sich ein neuer Architekturstil breitmachte, nämlich der **Manuelismus**. Der Name geht auf König Manuel I. zurück (er regierte 1495–1521). Damit gemeint ist mehr ein Dekorations- als ein Baustil. In ihm spiegelt sich die ›Lust am Entdecken‹ – Portugal ist seit 1497, seit dem Öffnen des Seewegs nach Indien, auf dem Wege zur Weltmacht. Referenzen an die Seefahrt sind unübersehbar. Anker, Knoten, Globus, Seile, Tang, Netze, Zirkel und Winkelmeßgeräte tauchen in Stein gemeißelt in prachtvollen Bauwerken auf. Auch indische und maurische Elemente werden integriert. Wichtigste Bauwerke findet man in Tomar, in der ›unvollendeten Kapelle‹ in Batalha und im Hieronymus-Kloster in Lissabon. Auch im Norden hat der Manuelismus zahlreiche Spuren an Kirchenportalen hinterlassen.

Friedhof bei Fão

Frühe Neuzeit

Die **Renaissance** setzt sich ab 1520 durch und findet in den Kirchen der Misericórdiabewegung (z. B. Aveiro) ihre Glanzpunkte. Die Kirche Nossa Senhora de Conceição in Tomar (in Mittelportugal) gilt als schönster Renaissancebau der iberischen Halbinsel, und in Nordportugal ist Viana do Castelo für seine Renaissancedenkmäler berühmt.

Manierismus: Die ausgehende Renaissance des späten 16. und frühen 17. Jh. (Portugal ist in dieser Zeit unter spanischer Hoheit) ist geprägt von strengen Außenformen, während im Kircheninnern der Prunk keine Grenzen kennt (Kathedrale Miranda de Douro). Marmor wird Mode; mehrfarbige Azulejos und großflächige Wand- und Deckengemälde (teils in Kassetten) bereiten die nächste Epoche vor: Unübersehbar sind die Zeugnisse

KUNSTGESCHICHTE

des **Barock** in Nordportugal, wo der italienische Architekt Nicolo Nasoni nicht nur in Vila Real den Palast Mateus kreierte, sondern auch das Bild von Porto (Clérigos-Kirche) mitgestaltete. Im Innenschmuck kommt eine neue Mode auf: Talha Dourada – vergoldete Schnitzereien, darunter vorzügliche Statuen in Lebensgröße und pausbackene cherubinische Engelchen. In der zweiten Hälfte des 18. Jh. wird der Barock üppiger, wird zum **Rokoko:** Bei Braga zeugen die 600 Stufen zur Pilgerstätte von Bom Jesus von der Macht und dem Reichtum der Kirche. Nur mit ihr geht's in den Himmel, soll dieser ganz und gar verschnörkelte Stil wohl sagen. Der Rokoko verdankt einen Teil seiner Popularität den Nachwirkungen eines Desasters, dem Wiederaufbau nach dem Erdbeben von 1755, das vor allem Lissabon und den Süden traf.

19. und 20. Jahrhundert

Das 19. Jh. hat keine einheitlichen Trends aufzuweisen. Mit Verspätung (Wirren in der nachnapoleonischen Zeit) trifft der Klassizismus ein, gelangt aber zu keiner Blüte. Man greift auf Altes zurück: ›Neo-Maurisches‹ (etwa der ›Maurische Saal‹ in der Börse von Porto) tritt neben Manuelinisches und Barockes. Neben der sakralen Architektur werden in der zweiten Jahrhunderthälfte öffentliche Bauten bedeutend: Märkte und Bahnhöfe (São Bento in Porto). Gustave Eiffel konstruiert diverse Brücken (in Porto und Barcelos). Portugals **Bildhauerei** findet in Soares dos Reis (1847–1889) den wichtigsten Vertreter. Weitere nennenswerte Maler sind Silva Porto, José Malhão und der Kubist Sousa Cardoso.

In Porto kommt es in den zwanziger Jahren dieses Jh. zu reger

Kultur

Bautätigkeit unter dem Einfluß des floralen Stils. Private Häuser, aber auch Cafés und Bürohäuser sind davon betroffen. Ab den dreißiger Jahren gelangt mit Diktator Salazar die Kunst des ›Neuen Staates‹ zu monumentaler Häßlichkeit und Größe. Die ›Utilitaristen‹ gewinnen an Einfluß. Die Anleihen am imperialistischen Stil Mussolinis und Hitlers sind unverkennbar. Im Zuge der Revolution blüht nicht nur die Musik unter dem geistigen Einfluß von José Afonso, der Persona Grata des Widerstandes, auf, auch die Malerei geht mit Plakaten und Wandbildern ›auf die Straße‹, die Theater experimentieren und werden voll. Mit der Ausstellung »*After Modernism*« (1978) zieht **Modernes und Postmodernes** in Portugal ein, wo das neue Stilempfinden in der vorwiegend akademischen ›Mittelklasse‹ begeisterten Zuspruch findet. Nach dem Beitritt in die EG beginnt ein ungeheuerlicher Bauboom, der vor allem den Straßenbau betrifft. In den Städten beginnt die Renovierung alter Häuser in großem Stil. Tomas Taveira wird gefeierter Weiser der architektonischen Zukunft.

Musik

Portugals reiche musikalische Kultur hat ihre Ursprünge in den mittelalterlichen Troubadour-Liedern, den Balladen des 15./16. Jh. und dem Fado. Diese Elemente lassen sich bis in die Songs aktueller Popgruppen hinein verfolgen. Und natürlich wirken sie in den Liedern fort, die bei den unzähligen Volksfesten gesungen werden. Die hohe Qualität der Liedtexte verstärkt die Eigenständigkeit der portugiesischen Musik. Zu Salazars Zeiten kam solchen Liedern – als Ausdruck des Widerstands – eine konkret politische Bedeutung zu. Nach der Revolution führten sie den Dialog und die Kritik fort, außerdem haben seitdem die Rhythmen und Melodien Brasiliens und der Ex-Kolonien Afrikas ihren Einzug in die Musik des einstigen Mutterlandes gehalten. Die traditionellen Instrumente sind Harmonika, Akkordeon, Flöten, Dudelsack (*gaita*, aus Ziegenleder, keltischen Ursprungs), dazu diverse Schlaginstrumente (*tampor* – Trommel; *adufe* – rechteckige Schellentrommel) und Saiteninstrumente: die mandolinenförmige 12-saitige ›portugiesische Gitarre‹ und sechs Varianten der ›Geigen-Gitarre‹, die man nirgendwo sonst in Europa findet. Die bekannteste ist die kleine viersaitige *cavaquinho*. Eine traditionelle Musikanten-Formation ist die für den Minho typische *zés-pareira* und im ganzen Land die *rancho*, bestehend aus Gitarre, Geige, Klarinette, Harmonika und Akkordeon.

Musik ist nicht allein den Künstlern vorbehalten. Nach jedem sonntäglichen Essen wird einer in der Runde aufstehen und a capella ein Lied anstimmen. Nicht selten

Die Musik zur REVOLUTION

José Afonso, der ›Vater der neuen portugiesischen Musik‹, wurde 1929 in Aveiro geboren. Wie so viele Kinder aus Beamtenverhältnissen lebte er (von 1933 bis 36) einige Jahre in Moçambique und Angola. »Wenn mich etwas prägte, dann Afrika«, erklärte er später, als sein Name jedem Portugiesen längst geläufig war.

Als Student in Coimbra verdiente er sich ein paar Escudos als Zubrot, wenn er abends in den Studentenkneipen Fadolieder sang. Coimbra-Fado unterscheidet sich vom Lissabon-Fado durch vielschichtigere Texte, die mit Aphorismen und Symbolen beladen sind. Doch dieser Musik wurde er bald überdrüssig. Vor allem, als er nicht mehr in Coimbra lebte, sondern als Lehrer in Belmonte (Serra da Estrela) und Setubal arbeitete.

Außerdem wurde der Fado von der Diktatur zum Einlullen der Bevölkerung mißbraucht. Deshalb studierte José Afonso Balladen und alte Liedformen aus der Provinz Alentejo. 1964 erschien seine erste Platte *Balades e Cançôes*. Im gleichen Jahr nahm er eine Stelle als Lehrer in Moçambique an und blieb drei Jahre lang in Afrika, um die afrikanische Seite der portugiesischen Kultur besser verstehen zu lernen.

Er war erschüttert: Nichts erinnerte mehr an die Idylle der Kindheit. Wo er hinschaute, sah er die Auswirkungen von Macht und Diktatur auf die Menschen. Als er nach Portugal zurückkehrte, sah er sein Land mit anderen Augen: »Alle Menschen scheuen sich, lügen, betrügen, intrigieren, denunzieren, heucheln«, stellte er singend fest, oder: »Hier gibt es keine Freundschaft, keinen offenen Geist, keine Bildung!« Aber er wollte seine Landsleute nicht bloß kritisieren – er wollte sie aufwecken: »Ich will kein Liedermacher sein, sondern Lehrer und Agitator, ich will Judo und Gitarrespielen unterrichten und Entwicklungshelfer in Afrika sein.«

Seine Lieder wurden ergo immer aufdeckender. Wie mit Röntgenstrahlen durchleuchtete er Situationen, Stimmungen, Sehnsüchte. Er traf damit den portugiesischen Zeitgeist wie es niemand sonst konnte in

Kultur

dem Land, das von Diktatur und Zensur geknebelt war. Der Sänger trat bei verbotenen Gewerkschaftstreffen auf und nutzte sogar Hochzeitsfeiern zum Verbreiten kritischer Fragen. Klar, daß Salazars Geheimpolizei ihn verfolgte. Mehrmals wurde er verhaftet und für drei bis sechs Wochen ohne Anklage festgehalten. Seinen Posten als Lehrer hatte er längst verloren.

Mit seinen neuen Platten *Cantigas do Maio* (1971), *Eu vou ser como a Toupeira* (1972) und *Venham mais cinco* (1973) verknüpften inzwischen Zigtausende von Portugiesen – insbesondere Studenten – Hoffnungen auf eine freiere Zukunft.

In der Tat trugen diese Lieder viel dazu bei, die subjektiven Voraussetzungen für die Revolution zu schaffen. »Sie werden ohne Erklärung verstanden und bringen Wirkungen hervor. Nur durch Worte und Musik, durch einfachste Mittel, ohne Effekte – wir machen ja keine ›Shows‹. Oft genug mußten wir durchs Fenster abhauen, wenn die Polizei kam...«

Die legendäre portugiesische ›Nelkenrevolution‹ wurde mit dem Ausstrahlen des Liedes *Grândola–Vila Morena* eingeleitet. José Afonso begründet es so: »Bei einem Konzert Anfang 1974 in Lissabon war ich neben vielen anderen Sängern eingeladen, durfte aber, so war die Absprache mit der Zensur, kaum etwas sagen. Da beschloß ich, das Lied *Grândola–Vila Morena* auf die alte Alentejaner Art zu singen: ohne Instrumente. Alle stellen sich hin, legen die Arme auf die Schultern des nächsten und singen mit, alle. Unter den 6000 Zuhörern waren natürlich auch viele Männer der Geheimpolizei, und sie sangen mit... Und Offiziere der Vereinigung der Streitkräfte... Die vereinigende Kraft dieser Musik muß den Revolutionären damals die Idee gegeben haben, das Lied für ihre Pläne zu benutzen.«

Von der Revolution erfuhr er, als er wie so oft bei einem Freund auf der Flucht vor der Geheimpolizei untertauchte. Der Freund kam am 25. April 1974 frühmorgens über den Flur gelaufen, schrie »Ein Staatsstreich!« und weckte das halbe Haus; er merkte nicht, daß er splitternackt war.

José Afonso glaubte zunächst, der Staatsstreich käme von Ultrarechts. Die Nelkenrevolution – Kultur statt Krieg – überraschte ihn wie die ganze Welt.

Nach der Revolution erschienen weitere Platten wie *Enquanto há força* (1978), *Furu Furu* (1979), *Ao Vivo no Coliseu* (1983). Die letztgenannte wurde bei Afonsos erstem großen Auftritt nach der Revolution aufgezeichnet – er vermied große Säle und Hallen und bevorzugte das

Singen bei Gewerkschaftsversammlungen, Kooperativen und Verbänden.

Die Zuschauer waren begeistert – und schockiert: José Afonso – es war unübersehbar – war schwer krank. Der Muskelschwund zehrte seinen Körper, doch nicht seinen Geist auf.

Inzwischen erkannte ihn auch der Staat an und gönnte ihm eine Pension von 150 Mark im Monat. Doch allein die Medikamente kosteten 50 Mark pro Tag. Aber er reiste weiter und sang weiter. Als die Stadt Setubal ihm eine Auszeichnung überreichen wollte, erschien der Künstler nicht. Stattdessen sang er bei einer Werftarbeiterversammlung und redete mit den Männern, die seit Monaten keinen Lohn erhalten hatten. Wer seinen Arbeitsplatz erhalten wollte, mußte sich vor ein paar Jahren noch solche Behandlungen gefallen lassen.

José Afonso starb im Februar 1987 in Setubal. Zehntausende der ehemaligen Mitstreiter für eine bessere Gesellschaft, darunter inzwischen wohletablierte Gutverdiener, trafen sich zum Gedenken an diesen streitbaren Kulturschaffenden, der dem Land so wichtige Impulse hatte geben können.

Text des Liedes ›Grândola–Vila Morena‹

Grândola, du Stadt im Süden,
Land der Schwestern und der Brüder.
In deinen Mauern hat das Volk die Macht
den alten Herren abgenommen.
An jeder Ecke seh ich Freunde,
auf jedem Antlitz seh ich Gleichheit,
Grândola, du Stadt im Süden,
Land der Schwestern und der Brüder.
In dem Schatten einer Eiche,
deren Alter niemand kannte,
schworen wir uns als Genossen,
Grândola, zu Dir zu stehen.

Kultur

fallen die anderen mit ein, zumindest zum Ausklang des Liedes. Die Texte handeln vom Zyklus der Natur, vom Duft der Orangen, von der Ernte der Oliven etc. Die Melodiebögen klettern an, als suchten die Töne irgendwo Halt. Die Harmonien sind dem Mitteleuropäer fremd. Unter den traditionellen Tänzen findet man *Modas, Despique, Chulas, Rusgas, Ciorridinhos, Viras* und Walzer und den rituellen *Pauliteiros* von Miranda de Douro. Dazu tragen die Männer Kilts, ähnlich wie in Schottland.

Fado: Portugals berühmteste Musik ist gleichzeitig die am schwersten verständliche, weil sie ihre melancholischen Harmonien eher arabischen als europäischen Einflüssen verdankt. Diktator Salazar erinnerte sie an moslemischen Fa-

MUSIK

Azulejo-Wand in Viseu

afrikanischer Sklaven, andere in der Musik der Mauren, wieder andere in einer im 16. Jh. entstandenen Mischung all dessen. Lyrisch ist sie in jedem Fall, in Lissabon eher sentimental. Das Wort *Saudade* (etwa ›wehmütige Liebe‹, ›unstillbare Sehnsucht‹) charakterisiert sie am besten. In Coimbra blieb sie ein ›Kunstlied‹ mit anspruchsvollen Texten. Nördlich von Coimbra wird der Fado wenig gesungen, aber gerne gehört.

Balladen: Gegen Ende der Diktatur galt der Fado in linksintellektuellen Kreisen als fast schon nationalistische Musik (obgleich Salazar ihn doch ablehnte). In Coimbra und Porto versuchte man deshalb, moderne Lyrik in alte Lieder einzubringen, kümmerte sich um soziale Mißstände, Minderheiten und politische Miseren. Die Musiker **José Afonso** und Luis Gois widmeten sich der Wiederbelebung alter Musik. Sie veröffentlichten die ›August-Balladen‹ und zogen damit Texter wie Ary dos Santos und Manuel Correia an. Mit José Afonsos Platte *Cantares do Andarilho* (Straßenlieder) war 1968 die neue Ballade geboren. Sie sprach weite Kreise an. Und wurde verboten. Im Untergrund gedieh sie weiter und mündete ein in die **Neue Musik**: Neue Melodieformen und Rhythmen kamen hinzu, Neues schlechthin. Nach der Revolution kehrten Musiker wie Sérgio Godinho und José Mário Branco aus dem Exil

talismus. Solcher konnte der Volkswirtschaft nicht dienlich sein – also verbot er diese Musik, die trotzdem in den 50er und 60er Jahren in Coimbra zu einer Kunstform aufblühte, beeinflußt durch französische Chansons. Sie wird meist von einem Sänger und ein oder zwei begleitenden Gitarristen vorgetragen. Einige Musikhistoriker sehen die Ursprünge in den Klageliedern

Kultur

zurück, und mit ihnen internationale Einflüsse für die **politische Musik**, die auf künstlerischen Veranstaltungen mehr gefragt war als alles andere. Jetzt konnten sich die Musiker allein von ihrer Musik ernähren und sie weiterentwickeln. Ihre Popularität ist bis heute ungebrochen. Sie hat sich mit der neuen Volksmusik verbunden und hat in Gruppen wie *Trovante* ihre hochqualifizierten Ausführenden. Trovante sucht die Integration historischer Elemente wie die Einbindung afrikanischer Rhythmen, swingt brasilianisch, trällert wie ein Troubadour.

Im **Rock, Jazz und Folk** hat Portugal nicht solche Größen wie bei den Balladen hervorgebracht, aber Gruppen wie *Madredeus, Rui Veloso, Radio Macau* und *Mafalda Veiga* haben ihren kompakten eigenen Stil gefunden und nehmen es an Popularität mit den Stars aus Großbritannien und USA auf. Solisten wie Rão Kyão (Saxophon) oder María João (eine Stimme wie eine Orgel) sowie der Pianist António Pinho Vargas haben internationale Bedeutung erlangt.

Nirgendwo außer in Paris kann man so viele **afrikanische Gruppen** sehen wie in Portugal. Musiker von den Kapverdischen Inseln, aus Moçambique, Guinea-Bissau und Angola treten in Clubs, Hallen und bei Rock-Festivals auf. Im Norden dauerte es länger, bis sich diese Gruppen durchsetzen konnten, doch in Porto sieht man sie des öfteren in gutbesuchten Konzerten.

Literatur

»Mein Vaterland ist die Portugiesische Sprache«: Das Zitat von Fernando Pessoa zeugt von der modernen Unbehaustheit dieses ganz auf seine Kunst zurückgezogenen Schriftstellers, verdeutlicht aber auch die treue Liebe der Portugiesen zu ihrer Sprache. Die eigenständige Literatur nahm wie der Nationalstaat ihre Anfänge im Norden. Sie begann zunächst mit den Minneliedern, den Dichtungen der Troubadoure, zu denen im 12. Jh. auch Landesgründer König Afonso Henrique zählte. In ihnen verherrlichten die Sänger die Ehre und die Liebe zu Frauen, vergötterten Heldentaten. Das Streben über das irdische Dasein hinaus in die Sphäre ästhetischer und ethischer Vollkommenheit sollte bis in die Neuzeit die portugiesische Literatur mitprägen.

In der ›Goldenen Epoche‹ ragt **Gil Vicente** (1465–1536) als Begründer des portugiesischen Theaters heraus. Seine 44 Bühnenstücke werden heute noch aufgeführt. Mit seinen Dichtungen beeinflußte er Shakespeare ebenso wie Molière oder Lope de Vega. Mit seinem aktiven Kampf gegen den Antisemitismus machte er sich freilich bei den Mächtigen unbeliebt. Seit 1559 stand er in Spanien auf dem Index, in Portugal wurde er ignoriert.

Als Portugals größter Dichter gilt **Luís de Camões**, 1524 in Coimbra geboren. Sein Leben gleicht einem

LITERATUR

Die Künstler-Kooperative Árvore

»Als ich jung war, durfte man sich ohne Genehmigung nicht zu mehr als zu zweit unterhalten. Außerhalb des Hauses sprachen die Leute mit gepreßter Stimme. In unserem Café saß üblicherweise ein Informant, immer in Grau gekleidet, sein Gesicht hinter der Morgenzeitung versteckt. Wenn zwei Leute sich stritten, konnte das Probleme bringen. In der Kooperative Árvore trafen sich die Leute auf andere Art, zu zweit, dann im Dutzend, zweihundert. Árvore besaß eine innere Kraft, die aus unserer eigenen Kraft bestand, und sie gab sie uns zurück.«

Obige Zeilen von Álvaro Siza stammen aus den 60er Jahren. Die sich damals in einer halbverfallenen Quinta im Zentrum Portos trafen, waren Künstler, Schriftsteller, Architekten, Lehrer – denkende Kämpfer gegen eine Diktatur, die aus dem kulturellen Leben von Porto (wie von ganz Portugal) eine Wüste zu machen drohte. Gleichsam zur Bewässerung gründeten sie eine ganze Reihe kreativer Organisationen: den Cineclub Porto, das Experimentelle Theater Porto, Kulturbeilagen in Portos Tageszeitungen, neue Kulturmagazine *(A Serpente, Portucale)*. Árvore renovierte sogar die baufällige Akademie der Künste. Trotz terroristischer Akte gegen einzelne Mitglieder, trotz Illegalisierung aller kultureller Kooperativen, trotz eines Bombenanschlags nach Salazars Tod: Árvore knüpfte weiterhin Verbindungen mit anderen Institutionen (auch dem Goethe-Institut) und stellte die Räume sich formierenden Gruppen zur Verfügung. Wer ›Platz für Kultur‹ brauchte, wandte sich an Árvore, an Portos ›Raum der Freiheit‹ par excellence.

Inzwischen besitzt die Kooperative mit ihren 1900 Mitgliedern die herrliche *Quinta das Virtudes* (Quinta der Tugenden) aus dem 18. Jh. nahe der Universität. Die helle luftige Galerie (mit Blick über das Douro-Tal) ist für viele portugiesische Künstler Ort der Begegnung. Die Räume unterhalb der Galerie verwandelten sich nach und nach in Workshops. Mit einer Siebdruckerei fing es 1979 an. Dann kamen Keramik hinzu, Lithographie, Radierung und Graphik. Hier wirken und werken die 400 aktiven Mitglieder der Kooperative, die einmal jährlich in einer Gesamtschau ihre Arbeiten vorstellen.

Árvore heißt Baum. Ein allegorisches Bild, auf das sich die Mitglieder der Kooperative gerne beziehen. »Wir haben tiefe Wurzeln geschlagen, trotz des steinigen und kargen kulturellen Bodens. Unser Stamm ist stark, das Laubwerk sprießt. Der Baum gab und gibt Schatten für viele. Nun trägt er reiche Frucht«.

Jessica Leslie

Kultur

Abenteuerroman: Er verdingt sich als Soldat, verliert in Marokko ein Auge, verfolgt 1553 Vasco da Gamas Weg nach Indien, wird dort Verwalter, später wegen Unterschlagung verurteilt. Auf dem Weg zum Kerker von Goa erleidet er im Mekongdelta Schiffbruch, kann aus dem Wrack sein Manuskript der ›Lusiaden‹ (sein Hauptwerk) retten und sich freischwimmen. 1570 kommt er nach Portugal zurück, verkauft der Krone sein Werk und erhält dafür eine kümmerliche Pension. Völlig verarmt stirbt er 1572 an der Pest. Sein Werk aber lebt weiter: In den ›Lusiaden‹ verherrlicht er die Entdeckungen portugiesischer Kapitäne. Kein Ort in Nordportugal ohne einen Platz mit Namen ›Largo de Camões‹, keine Rede zur Eröffnung eines Rathauses ohne Zitat aus den Lusiaden.

In der Ära der Spanischen Fremdherrschaft von 1580–1640 werden Dichter verfolgt – die meisten, weil sie sich gegen die Inquisition wenden. **António Vieira,** ein Jesuitenpater (1608–1697), setzt sich für die lateinamerikanischen Indios ein. Mit Beginn des 18. Jh. fordert der Kampf gegen die Judenverfolgung weitere Opfer unter den Literaten: **António José da Silva** (geb. 1705 in Rio de Janeiro) wird 1739 auf dem Scheiterhaufen verbrannt. Seine portugiesischen Singspiele sind – diesem schrecklichen Tod zum Trotz – urkomische Spiegelungen ihrer Zeit.

Auch in der Romantik stehen Staat und Poeten auf Kriegsfuß: **Almeida Garrett** (1799–1854) gilt als herausragender Novellist dieser Epoche, wird für kurze Zeit Außenminister, wegen seiner liberalistischen Haltung aber flugs exiliert. Er gründet das portugiesische Nationaltheater, wobei er seine Sujets in der heroischen Geschichte findet. In einem historischen Roman orientiert er sich an Walter Scott. Das macht auch der zweite große Romancier des 19. Jh., **Alexandre Herculano** (1810–77), der der Bewegung zur Erneuerung Portugals angehört. Die Gegenromantik formiert sich in einer Gruppe von Autoren, die die ›Schule von Coimbra‹ bildet. Zu ihnen zählt **Eça de Queiróz.** Er gilt als Erneuerer der portugiesischen Literatursprache. In seinen Gesellschaftsromanen bemüht er sich um einen kritischen Realismus. Elegisch und spöttelnd zugleich nimmt er die Mißstände der Gesellschaft aufs Korn.

Das 20. Jh. steht unter dem Einfluß der französischen Symbolisten. Der eingangs zitierte **Fernando Pessoa** (1888–1935), wichtigster Repräsentant der Moderne, bezieht seinen Stil aus dieser Richtung. Er schreibt unter seinem richtigen Namen und unter vier Pseudonymen, wird zu Lebzeiten aber kaum bekannt. Die Nachwelt kennt ihn zunächst nur als Lyriker. Erst die Entdeckung seiner für die Truhe geschriebenen Prosaaufzeichnungen begründet 1982 seinen späteren Ruhm, macht seine Bedeutung sichtbar. Besonders *Das Buch der Unruhe*, das in assoziativ-fragmentarischer Form die Reflexionen des Hilfsbuchhalters Bernardo Soares (einer halb fiktiven, halb autobiographischen Figur) über die soziale Vereinsamung und transzendentale Obdachlosigkeit des modernen Menschen aneinander fügt, gilt als künstlerisches Werk ersten Ranges, zugleich als »das traurigste Buch Portugals«.

Auch eine volkstümlichere Richtung bereichert in diesem Jahrhundert die portugiesische Literatur: **Aquilino Ribeiro** (1885–1963) schreibt *Wenn die Wölfe heulen* und zeigt sich dabei als Sozialkritiker wie als meisterhafter Naturschilderer. **José Maria de Castro** gibt in Romanen wie *Die Auswanderer* oder *Der traurige Fluß* das Lebensgefühl der Salazar-Zeit authentisch wieder.

Sport

Lange Zeit schien es, als wären so ausgezeichnete Sportler wie **Carlos Lopes** und **Rosa Mota** richtungsweisend für das portugiesische Sportleben. Lopes hatte die ›moderne Ära‹ des nationalen Sports ausgelöst, als er 1976 in Montreal Silber über 10 000 Meter holte. Das spornte ihn zu weiteren Höchstleistungen an: 1984 holte er Gold im Olympischen Marathon für Männer – das erste Gold Portugals überhaupt. Vier Jahre später, in Seoul, ließ Rosa Mota die Flagge für Portugal wieder aufsteigen und setzte ihrer Serie aus europäischen und Welttiteln die Olympische Krone im Marathon auf.

Dann kam das böse Erwachen aus einem süßen Traum: Barcelona 1992. Die größte Delegation, die Portugal je zu einer Olympiade entsandte, zog aus, der Sagengeschichte weitere Episoden hinzuzufügen. Ohne Medaillen und voller Depressionen kehrte sie zurück. Die anschließende öffentliche Debatte über das olympische Debakel brachte keine praktischen Resultate, bis auf jene, die das olympische Komitee verlautbarte: die Journalisten seien schuld.

Die unzureichende Sportkultur Portugals wird bei einem solchen Anlaß grell beleuchtet und zeigt viel ernstere Probleme als den Mangel an Medaillen auf – ein Land, das am Ende des Zweiten Jahrtausends Schulen baut, ohne Sporthallen oder Sportplätze überhaupt in die Planung aufzunehmen, verdient einfach internationale Auszeichnungen nicht.

Ohne eine Grundlagen-Politik für den Sport – seit Jahren immer wieder versprochen und verschoben – beschränkt die Regierung ihre bescheidene Hilfe auf Finanzspritzen für die einzigen Körperschaften, die den Sport fördern: die Vereine.

Portugal hat mit die größten Clubs der Welt, wahre Giganten, die in einem kontinuierlichen Seiltanz versuchen, professionelles Management und Breitensport un-

Kultur

Eusebio

Fußball traten über Jahrzehnte die Stars ins europäische Rampenlicht. Kein Zweifel: **Eusebio** ist der größte unter ihnen. Er gilt als einer der besten Spieler, die jemals einen Ball ankickten. Er zählte zu der Benfica-Elf, die Europa auf legendären Erfolgstourneen durchquerte, und er feuerte seine Mannschaft zu einem dritten Platz bei der Weltmeisterschaft 1964 in England an. Er persönlich wurde bester Torschütze des Wettbewerbs und zu Lebzeiten zur Legende.

Magricos ist ein Name, den man ›heldenhaften‹ Teams gibt. Das geht auf eine Sage zurück, wonach im Mittelalter elf portugiesische Ritter gen England zogen und elf vornehme Damen retteten. So also nannte man das Team um Eusebio. 1984 holten die Portugiesen wieder einen 3. Platz, dieses Mal bei der Europameisterschaft in Frankreich. Zwei Jahre später sicherte sich das Nationalteam einen Platz bei der Weltmeisterschaft in Mexiko, doch der Erfolg blieb aus.

Heute ist die Eusebio-Ära längst vorbei, aber jeder erinnert sich an *Pantera Negra* (schwarzer Panther), wie man ihn nannte. 1991 fand im Lissaboner Stadium Luz (mit über 120 000 Plätzen das größte Stadion Europas) ein Ehrenspiel für Eusebio statt. Heutzutage sind die berühmtesten Spieler jene, die im Ausland spielen: Paulo Futre für Atletico Madrid, Rui Barros für Monaco, Artur Jorge für Paris Saint Germain. Im europäischen Fußball gewöhnt man sich allmählich an diese Namen.

ter einen Hut zu bringen. Auf der einen Seite winkt die Chance des Riesenprofits (oder Verlusts), auf der anderen die soziale Aufgabe, nämlich die Türen zu öffnen für die Jugend und für jedermann, der (oder die) Sport treiben will.

Benfica (Lissabon), Sporting (Lissabon) und FC Porto: Diese Namen kennt ganz Europa durch den Fußball. Benfica gewann den Europa-Cup in zwei aufeinanderfolgenden Jahren: 1961 und 1962 und verlor fünfmal im Finale. Auch das ist ein Rekord. Der FC Porto errang 1987 Glorie, indem er die damals hochfavorisierte Elf von Bayern München besiegte. Sporting gewann den Europa-Cup der Pokalgewinner anno 1964.

Fußball ist der bei weitem populärste Sport in Portugal. Nur im

SPORT

Der FC Porto
Die Seele Nordportugals

Als António Nicolau de Almeida im Jahre 1893 den Fußball-Club Porto gründete, konnte er kaum ahnen, daß daraus hundert Jahre später einer der führenden europäischen Vereine werden würde. Wenn man heute über die Wahrzeichen Portos spricht, muß man den FC an die Spitze stellen, gefolgt vom Portwein und dem Clérigos-Turm. In ganz Portugal gibt es kein zweites Mal derart entschiedene Anhänger, Leute, die solchen Anteil am Erfolg und Mißerfolg ihrer Elf nehmen. Bei großen Siegen (Meisterschaft oder Europa-Cup) treibt es den Großteil der Bevölkerung auf die Straßen. Gekleidet sind die meisten in den Clubfarben weiß und blau, und sie feiern die ganze Nacht durch, schreien die Anfeuerungslieder vor sich hin – und das Motto des Clubs *O Porto é uma nacão* (»Porto ist ein Volk«). Das Porto, das sie meinen, sind Stadt und Club zugleich, als wären sie ein und dasselbe.

Obwohl der Verein als erster in Portugal einen Trainer anstellte (Adolphe Cassaigne) und als erster gegen eine ausländische Mannschaft spielte (eine spanische) und zuerst an verschiedenen internationalen Wettbewerben teilnahm – nichts fruchtete. Bis endlich Anfang der 80er Jahre das Langersehnte erreicht wurde: die Rivalen aus Lissabon zu überflügeln. Die *Portistas* (Anhänger des Clubs) sagen, das sei längst überfällig gewesen, denn die politischen Kräfte hatten den Lissaboner Clubs Benfica und Sporting die nationale Weste übergehängt. Porto fühlte sich verachtet. Umso größer die Vehemenz, mit der heute die Begegnungen Lissabon–Porto ausgetragen und verfolgt werden.

Die Einweihung des Stadions *Estádio das Antas* im Jahre 1952 markiert einen Wendepunkt in der Geschichte des Vereins. Aber es waren vor allem zwei Männer, die für den Aufstieg des FC Porto auf die internationale Fußballbühne bedeutsam wurden. Der erste war der, den die Leute immer noch *O técnico* (»der Techniker«) nennen: José Maria Pedroto. 1977 begann er als Trainer, und im Jahr darauf gewann der Verein zum erstenmal seit 19 Jahren die nationale Meisterschaft. Bis 1980 führte Pedroto die Elf an. Damals stellte der Fußball der Blauweißen seine Hauptrivalen in Lissabon in den Schatten, wurde ›König des Sports‹ – ein Attribut, das alle Konkurrenten anerkannten.

Jorge Nuno Pinto da Costa, der 1982 gewählte und immer noch aktive Vereinspräsident, ist die andere Persönlichkeit, die für den Erfolg des Vereins verantwortlich zeichnet. Pinto da Costa transformierte den

67

> Provinz-Club zu einem der großen Europas. Seine Feinde beklagen, daß er keine Mittel scheut, Siege zu erreichen, aber für die Anhänger des Drachen-Clubs (das mythologische Tier ist Bestandteil des Vereins-Emblems) ist er schlicht und einfach »der König«, der Papst von Nordportugal, wie ihn viele nur zu gerne nennen.
>
> Andere Namen, die für das goldene Jahrzehnt des FC Porto stehen (seit Costas Wahl), sind der Trainer Artur Jorge, dessen Team den Europa-Cup der Landesmeister (gegen den FC Bayern München) und den Welt-Supercup holte; und Fußballer wie Furte, Rui Barros, Madjer und Kapitän João Pinto – Namen, die für die Geschichte eines Vereins stehen, der mehr als ein Verein ist: Er ist die Seele Nordportugals.
>
> *Luciano Álvarez*

Innerhalb der Landesgrenzen teilen sich Benfica und der FC Porto die Herrschaft – nicht nur im Fußball. Sporting Lissabon gewann die Meisterschaft zuletzt 1982, und seitdem sind es immer die vorgenannten, die sich den Lorbeer umhängen. Die Rivalität zwischen den ›Roten‹ aus Lissabon und den ›Weiß-Blauen‹ aus Porto ist wie ein endloser Krieg ohne Waffenstillstand, den einige unsportliche Begleiterscheinungen trüben, um es milde zu sagen.

Natürlich fristen die anderen Sportarten verglichen mit dem Fußball ein Schattendasein. Benfica weist aber auch ein vielversprechendes Basketballteam auf, das sich auf europäischem Niveau bewährt. Trotzdem ist man noch weit von der Spitzenklasse entfernt.

Noch einer soll nicht vergessen werden: **Mário Moniz Pereira** heißt der Trainer, der einst die ›portugiesische Schule für Mittel- und Langstrecken‹ kreierte. Er ist ein stiller Mann im Hintergrund, aber seine Schüler kennt die Welt: Carlos Lopes, den Olympiasieger; Fernando Mamede, einst ein Weltrekordhalter über 10 000 Meter; Domingos und Dionísio Castro, zwei der weltbesten Läufer, die jetzt im Schatten der Afrikaner rennen.

Der größte Athlet, den Portugal je vorweisen konnte, ist eine kleine Frau, die entlang der Ufer des Rio Douro und in den steilen Gassen Portos trainierte: Rosa Mota. Sie wurde die beste Marathonläuferin der Welt.

Die Portugiesen lieben ferner das Schießen, außerdem haben sie eine neue Generation guter Surfer – und jetzt auch Autopiloten: Pedro Matos Chaves erreichte als erster die Formel 1 (drang aber nie in Endausscheidungen vor); Diogo Castro Santos und Pedro Lamy sind in der Formel 3000 zu Hause, nach einem Jahr deutschem Formel-3-Zirkus, wobei Lamy den Titel gewann.

Fernando Luis

Routen durch Portugals Norden

Die wichtigsten Sehenswürdigkeiten im Überblick

Städte und Orte
- **Aveiro**, Altstadt
- **Braga**, kirchliche Bauten
- **Bragança**, Burganlage
- **Chaves**, Burg und römische Brücke
- **Guimarães**, historische Altstadt
- **Miranda de Douro**, Altstadt überm Rio Douro
- **Porto**, Ribeira und Altstadt
- **Viana do Castelo**, Praça da República

Kunstdenkmäler
- **Braga**, Pilgerstätte Bom Jesus
- **Bragança**, Domus Municipalis
- **Espinho**, maurische Burg Feira

- **Lamego**, Kathedrale
- **Marialva**, Burganlage
- **Mirandela**, Burg
- **Valença**, Fortaleza
- **Vila Real**, Palácio Mateus
- **Viseu**, Kathedrale und Grão-Vasco-Museum

Prähistorische Monumente
- **Guimarães**, große kelt-iberische Siedlung Citânia de Briteiros
- **Viana do Castelo**, Castro-Ruinen Santa Luzia

Naturparks
- **Montezinho**, entlegenste Region Europas
- **Peneda-Gerês**, einsame Serras und wilde Tiere
- **Serra Alvão/Marão**, Wasserfälle und mittelalterliche Dörfer
- **Serra da Estrela**, Wandererparadies

Porto

Steil sind die Hügel am Douro-Ufer. So steil, daß die alten Granithäuser übereinander zu stehen scheinen. Bunte Wäschestücke lockern, flatternden Farbklecksen gleich, die Fassaden auf; Palmen in versteckten Gärten verleihen Exotisches; mittelalterliche Kirchtürme markieren die Zentren der alten Stadtviertel. Diese Gesamtansicht macht das geschichtsträchtige Porto zu einer der schönsten Städte Iberiens und lädt den Reisenden ein, sich im Betrieb der engen Gassen wie der breiten Avenidas mittreiben zu lassen.

Geschichte

Portus cale nannten die Römer eine Keltensiedlung 5 km vor der Mündung des Douro. Der Ort wuchs unter Römern, dann unter Sweben und Westgoten an, wurde Bischofssitz. Um 715 fiel er in maurische Hände, nach hundert Jahren kamen die Christen wieder, bis sie den Mauren erneut weichen mußten. 997 eroberten Reconquista-Ritter aus der Gascogne die Stadt zurück und nannten sie *Portus Gallorum*.

Die ständigen Wechsel sind in der geographischen Lage begründet: Im Norden Iberiens trotzte das Königreich León-Asturien den Mauren, die von Cordoba aus Zentral- und Südiberien regierten. Das Gebiet zwischen Douro und Minho war ein Puffer zwischen den Herrschaftsräumen.

Zuvor hatten sich die keltiberischen Stämme mit den Sweben und Westgoten gründlich vermischt. Während alsdann die jeweiligen Landesherren einander die Klinke förmlich in die Hand gaben, wuchs ein starkes Zusammengehörigkeitsgefühl unter den Einheimischen. Kaum befreit, schweißten sich die Dörfer und Gemarkungen zur *Provincia Portugalensis* zusammen. Die Hauptstadt war Porto. Erstkönig Afonso Henrique startete um das Jahr 1130 von Porto aus seine Kriegszüge gegen die Mauren im Süden, die er 250 Jahre früher als die Spanier verjagte. Bischof Pitões überzeugte zufällig in Porto ankernde Kreuzritter, daß der Heilige Krieg nicht in Jerusalem, sondern auf europäischem Boden beginne. Englische, deutsche und französische Ritter zogen daraufhin gemeinsam gen Lissabon, um die Hafenstadt zu befreien. Als Lissabon schließlich erobert war, verlor Porto seine zentrale Funktion.

Jetzt widmeten sich die mächtigen Bischöfe Portos der Mehrung ihrer Reichtümer. Eigentlich ist der Name Bischofsfürsten richtiger, denn sie hatten gleichzeitig höchst weltliche Interessen zu wahren: Geld und Macht. Diese profanen Ziele verfolgten sie anscheinend mit mehr Nachdruck als die sakralen. Dabei eckten sie mit den ein-

STADTGESCHICHTE

Das Herz von Pedro

Mindelo ist der Name eines Fischerdorfes nördlich von Porto. Am 8. Juli 1832 landete dort ein Heer von 7500 Mann unter der Leitung des liberalen Pedro IV. Zehn Jahre zuvor hatte er die Ex-Kolonie Brasilien unabhängig und sich zum Kaiser des südamerikanischen Riesenlandes gemacht. Pedro war in die alte Welt von Portugal zurückgekommen, um seinen eigenen Bruder König Miguel I. zu bekämpfen. Der hatte die absolutistische Monarchie wieder eingeführt und belagerte das widerspenstige Porto mit 70 000 Mann. Doch Pedros Heer stärkte den liberalen Portuensern den Rücken. Sie hielten durch.

Im August 1833 zog sich Miguel plötzlich zurück. Andere liberal gesonnene Teile des Heeres, die Pedro die Treue geschworen hatten, brachten Miguel die endgültige Niederlage bei. Er ging 1834 in die Verbannung.

Porto zahlte teuren Tribut. In Ruinen lagen weite Teile der Stadt. Cholera und Typhus grassierten und forderten Tausende von Todesopfern. Öffentliche wie private Vermögen waren infolge der immensen Aufwendungen für den Unterhalt der Verteidigungstruppen zusammengeschmolzen.

Pedro IV. war mehr als gerührt. Als er im September 1834 starb, vermachte er testamentarisch der Stadt Porto sein Herz. Fünf Monate später wurde es in der Igreja da Lapa in einem schlichten Granitgrab ›bestattet‹. Zum 150. Jahrestag der Unabhängigkeit Brasiliens brachte man das Herz des *Imperador Pedro* 1972 nach São Paulo.

---

heimischen Kaufleuten ständig an. Die waren nicht weniger energisch und trotzten den Bischöfen ein Recht nach dem anderen ab. Sie erstritten einen ähnlich freien Status wie die deutschen Hansestädte. Der Adel durfte in der Stadt nicht residieren. Mit diesem Gesetz hielt man potentielle Konkurrenten aus Lissabon und dem Hinterland fern. Allmählich entfaltete sich ein liberaler Geist gegen Kirche und Krone unter den Portuensern, der bis heute ungebrochen ist. Keine Bevormundung! wurde ihre erste Devise, freier Handel die zweite.

Das merkantile Bürgertum war es, das die Stadt zu jener Blüte führte, die wir heute noch sehen und erspüren – in unmittelbarer Nähe zur Armut der breiten Bevölkerung. In und um Porto wurden die **Karavellen** gebaut. Von hier aus stachen königliche Flotten zu wichtigen Eroberungen in See. Der Ahnherr der Goldenen Ära Portugals erblickte

Porto

hier das Licht einer rasch ihren Horizont erweiternden Welt (wozu er ein gutes Stück beitragen würde): **Heinrich der Seefahrer**. Der Prinz war ein kommerzorientierter Renaissance-Mann, und gleichzeitig einer der letzten Ritter. Romantiker sehen ihn lieber als melancholisch über die Weite der Welt sinnierenden Denker. Als Heinrich mit der Königlichen Flotte nach Ceuta in Nordafrika aufbrach (das einzige Mal, daß er selber zur See fuhr), besorgten Portos Einwohner den Proviant. Wochenlang pökelten sie jeden Fisch und jedes Stück Fleisch ein. Sie selbst aßen nur Eingeweide. Selbst daraus machten sie etwas Köstliches: *Tripas á modo do Porto* (Kutteln nach Porto-Art) und ernteten folglich den Spottnamen *tripeiros* (Kuttelesser).

Auf Heinrichs Eltern geht die Verwandtschaft Portos mit England zurück: Vater-König João I. heiratete 1387 die Engländerin Philippa von Lancaster in Porto (nun hieß sie Filipa). Wann immer nun das Land in Krisen steckte, rief man die Briten um Hilfe. Als Anfang des 18. Jh. die Weinwirtschaft nach mehreren Mißernten und Blattlausbefall darniederlag, schloß man 1703 den **Methuen-Vertrag** und läutete den Portwein-Boom ein, aber auch den Ruin der nordportugiesischen Schafzüchter, denn spottbillige Wolle aus England überschwemmte jetzt den Markt und machte den Einheimischen die Preise kaputt.

Porto geriet im 18. Jh. immer mehr in englische Abhängigkeit. Sie zu reduzieren, kreierte **Marquês de Pombal** 1757 eine portugiesische Monopolgesellschaft. In einem Volksaufstand wehrten sich die Portuenser. Pombal ließ die Rädelsführer öffentlich hinrichten. Mehr Erfolg war ihm mit einer anderen Maßnahme beschieden: Er setzte Militärgouverneur João de Almada an Portos Spitze, um eine neue Ordnung im Stadtbild zu schaffen, die heute noch teilweise sichtbar ist. Die Anlagen der breiten Avenidas geht auf diese Zeit zurück. In bestimmten Straßen sollten sich bestimmte Berufe konzentrieren (Goldschmiede, Werkzeugmacher, Metzger, Stockfischhändler etc.); auch diese zunftgemäße Wohnordnung ist heute noch in Relikten erhalten.

Der Gouverneur ließ auch die fernandinische Stadtmauer (erbaut 1375) aufbrechen; Prompt wuchs Porto in alle Richtungen. Öffentliche Bauten in klassizistischem Stil schossen aus dem Boden.

Zu Beginn des 19. Jh. fiel Napoleon in Portugal ein. Die englischen Alliierten unter General Wellington schlugen die Franzosen. Jetzt formierten sich in Porto mehrere Freimaurerlogen und, weniger mythologisch gesinnt und mit griechischen Namen wie *Atheneum* versehen, einflußreiche *Clubs for Gentlemen*. Ganz nach Londoner Vorbild trafen sich hier die Herren, lasen, diskutierten. Und tranken: Tee die Damen im separaten Raum, Härteres die Männer.

Die Französische Revolution hatte Wellen geschlagen, die das gesamte geistige Europa durchrollten. Auch Porto blieb nicht unbewegt. Die erste Formulierung einer radikal-liberalen Verfassung kam nach der Revolution vom 24. August 1820 in Gang. Zwei Jahre später trat eine liberal-radikale Verfassung in Kraft und läutete das Ende der absolutistischen Monarchie ein. Doch König Miguel I. wehrte sich gegen die konstitutionelle Monarchie. 1832 belagerte er Porto, das Zentrum der liberalen Kräfte Portugals. Wütende Bürger setzten im Gegenzug das Franziskaner-Kloster in Brand, weil dieser Orden zu Miguel hielt. Hilfe kam endlich von Pedro *(s. Thema: »Das Herz von Pedro«).*

1834 rief man eine Handelsvereinigung ins Leben, 20 Jahre später eine Industriellenkammer. Mit dem Bau der Eisenbahnlinie Porto/Lissabon schnellte die Einwohnerzahl rasant in die Höhe: von etwa 60 000 um 1850 auf über 150 000 am Ende des 19. Jh.

Das Neujahr 1868 sah einen Volksaufstand, weil die Bürger Portos sich nicht mit Hilfe einer neuen

Das Brückenunglück

Am Anfang der Kaistraße, gleich neben der Brücke Dom Luís, mag man sich wundern über die meist schwarzgekleideten Frauen, die dort jeden Tag vor einem schwarzbronzenen Relief niederknien und Kerzen aufstellen. Es ist keine Kapelle. Kein Kreuz symbolisiert Heiliges – es ist ein Denkmal, das die Portuenser an ein Schreckensereignis aus dem Jahre 1809 erinnert. Das Relief stellt es dar: Französische Truppen belagern die Stadt. Die Lage ist hoffnungslos. Da entscheiden sich die Menschen zur Flucht auf die andere Douro-Seite, nach Vila Nova de Gaia. Die alte Brücke ist solchen Anstürmen nicht gewachsen. In ihrer Mitte bricht sie zusammen. Tausende stürzen in die kalten Fluten des Douro, werden im Strudel weggerissen, ertrinken.

Die Schuld gibt man in der Bevölkerung dem Gouverneurbischof. Der habe sich als erster abgesetzt, nicht ohne hinter sich ein paar Planken herausreißen zu lassen und das Geländer zu brechen. Dort staute sich dann der Menschenschub, das Geländer gab Platz, das Schicksal nahm seinen Lauf.

Mit ›Gedankenlosigkeit‹ erklären loyale Chronisten das bedenkliche Verhalten des hohen Herrn: »Daß die Leute so am Leben hingen und Porto verlassen würden, konnte er sich nicht vorstellen«. Während der Bischof drüben im Trockenen war, halfen die französischen Grenadiere beim Retten der Ertrinkenden.

Porto

Alltag an der Ribeira

Umsatzsteuer ausbeuten lassen wollten. Noch zorniger war man 22 Jahre später: Portugal entsprach den Forderungen des deutsch-englischen Ultimatums (s. Geschichte) und zog sich aus den Kernländern im Süden Afrikas zurück. Eine Republik hätte die Kolonien gehalten, empörte sich nun das Volk, der König wolle nur seinen Stuhl retten. Am 31. Januar 1891 versammelten sich Tausende und zogen in Richtung Kasernen – in die Gewehrsalven der Soldaten hinein. Die Straße ›31. Januar‹ ist nach diesem Ereignis benannt.

Fast zwanzig Jahre sollte es freilich noch dauern, bis die Republik Portugal ausgerufen wurde. 1927 rotteten sich die Portuenser aufs neue zusammen. Dieses Mal protestierten sie gegen die Militärdikta-

STADTGESCHICHTE

tur; der Aufstand wurde brutal niedergeknüppelt. Revolution hieß es dann wieder am 25. April 1974. Diesmal fielen nur ein paar Schüsse. Aus und vorbei: ein halbes Jahrhundert Salazar-Diktatur war zu Ende.

Schaut man in Porto mit Wehmut auf Glorreiches von anno dazumal zurück? Keineswegs. Schlendert man durch die Stadt und betrachtet die Menschen, diesen verquirlten Mix aus Arm und Reich, Ursprünglichkeit und Kultiviertheit, Spaß und Ernst, dann spürt man vor allem Optimismus, weniger Sentimentalität. Heute ist Porto das Zentrum der nationalen Stahl- und Metallindustrie, der Petrochemie und der Hersteller von Textilien, Konserven und Möbeln. Die Nachbarstadt Leixões ist Portugals zweitgrößter Hafen: Zeitweilig wurden hier die meisten Sardinenkonserven der Welt produziert.

Rundgänge durch die Stadt

Überall in Porto geht es bergauf, bergab, so wie in Lissabon. Den Vergleich mit der Hauptstadt mögen die Portuenser allerdings nicht gern hören, denn in fast allem sind sie nur zweiter. Porto selbst hat über 350 000 Einwohner, der Großraum zwei Millionen, Lissabon aber fast doppelt soviel. Selbst die Vorwahl 02 symbolisiert den tieferen Rang. Wenn aber der FC Porto Benfica Lissabon oder Sporting besiegt – und das kommt nicht selten vor –, dann jubeln die Portuenser jedesmal, als hätten sie einen Krieg gewonnen. In der Wirtschaft nimmt man es mit denen im Süden ohnehin auf. Porto produziert bei halber Einwohnerschaft mehr Umsatz als Lissabon. »Coimbra studiert, Lissabon gibt Geld aus, Porto verdient es«, hört man allenthalben. Geldverdienen ist das Allerweltsthema in Porto. In der Börse, wo das Gold glänzt, aber auch in den Gassen, wo die Armut Szenen birgt, die die Schilderungen jammervoller Existenzen im frühindustriellen England des 19. Jh. aus den Romanen von Charles Dickens ins Gedächtnis rufen.

Den historischen Stadtkern kann man an einem (anstrengenden) Tag erwandern. Um Porto besser kennenzulernen, um einige der phantastischen Museen zu besichtigen, die eine oder andere Kirche zu sehen, Einblicke in Portos Küche zu bekommen, vor allem aber, um sich treiben zu lassen im Wirbel dieser Stadt, braucht man ein paar Tage mehr. (Im Stadtplan sind wichtige Punkte analog zum Text numeriert, vgl. hintere Innenklappe.)

Die Altstadt zwischen Fluß und Kathedrale

Die Kaistraße heißt **Cais da Ribeira** (1). Sie ist nicht nur von Vila Nova de Gaia oder von der Brücke Dom

Porto

> ### Tip für Autofahrer
>
> Wer Porto nur auf der Durchfahrt besuchen will, sollte nicht versuchen, in der Stadt zu parken. Das Verkehrschaos ist extrem, die mangelnde oder sogar irreführende Beschilderung kann Stunden kosten. Besser vom Süden aus nach Vila Nova de Gaia fahren und dort in der Nähe des Ufers parken. Nur im August mangelt es an Parkplätzen. Von hier kann man in wenigen Minuten auf einem der schönsten Fußwege die Brücke Dom Luís I. überqueren und gelangt gleich ins Herz von Porto. Vom Norden und Osten aus die autobahnähnliche Umgehungsstraße nehmen und ebenfalls nach Vila Nova de Gaia fahren – ein Umweg, der sich auszahlt.

Luís I. aus gesehen eine farbenprächtige Front. Dutzende von Restaurants, Bars und schummrigen Läden reihen sich aneinander. Hier findet täglich ein kleiner Markt statt. Und laut geht es zu! In den Straßencafés kann man die Beine ausstrecken und die Blicke über den Douro schweifen lassen. Drüben in Gaia glänzen die riesigen Namenszüge der Portweinfirmen in der Sonne. Neben sich hört man Portugiesen, Engländer, Deutsche, Franzosen. So touristisch es hier auch geworden ist, so schön ist es immer noch.

Die Front der schmalen hohen Häuser zieht sich bis zur alten **Alfândega** (2) (Zollamt) hin. Sie wird derzeit zum Museum für Transportwesen umfunktioniert. Gegenüber den Arkaden der tiefliegenden Erdgeschosse gibt es Kneipen und Geschäfte. Die unscheinbare und blau gekachelte **Igreja de S. Pedro de Miragaia** (3) liegt, verlassen und vergessen, gleich um die Ecke. Sie birgt ein Altar-Triptychon aus dem 15. Jh. In der Nachbarschaft kann man den Schlüssel auftreiben.

Zurück Richtung Ribeira: Die **Igreja de São Francisco** (4) dominiert die Kreuzung der Rua Infante D. Henrique mit der Rua da Nova Alfândega. Die gotische Kirche zählt zu Portos schönsten Bauwerken, innen wie außen. 1383 wurde sie in Auftrag gegeben, um 1500 erneuert. Sie erlebte diverse Veränderungen in den folgenden Jahrhunderten. Von hinten wirkt sie unscheinbar – zum Fluß hin ist sie majestätisch. Der Innenraum glänzt vor brasilianischem Gold. Ende des 16. Jh. wurden Altäre, Säulen, Ornamente und Rundbögen vergoldet. Auch die Decke strotzt vor *Tâlha* (vergoldete Schnitzereien), die in einer fabelhaften Interpretation von Jesses Stammbaum gipfeln. Grausige Szenen gibt es: Da köpfen z. B. Marokkaner die portugiesischen Missionare. Aber Hand aufs Herz: Sehen sie nicht so nett und harmlos

DIE ALTSTADT

aus wie Comicfiguren? Wenn man schon einmal im S. Francisco-Komplex ist, sollte man einen Besuch des kleinen Museums nicht verpassen – und gleich ein paar Schritte hinüber zur Börse **Bolsa** (5) tun. Dieser Bau aus dem 19. Jh. (1844 auf dem Grund des abgebrannten Klosters errichtet) wirkt mit seiner neoklassizistischen Fassade sehr pompös (besonders im Kontrast zu den armseligen Wohnungen gleich um die Ecke). Werktags gibt es zwischen 9 und 12 sowie 14 und 17 Uhr Führungen. Der Wert des Goldes wird dann von einem Führer verkündet, und er schmeißt mit Namen nur so um sich. Im *Sala Árabe* hebt er Nase und Augen voller Stolz. Hier wollte man den maurischen Stil der Alhambra kopieren. Wenn ein Staatsgast Porto besucht, wird er in diesem Prunksaal empfangen. Kennedy war hier; Lady Diana kam 1987, um den 500. Jahrestag der Eheschließung Portugal-England (João-Philippa) zu feiern (später lauschte sie in der Kathedrale der Epistel). Ehrlich gesagt: Man muß die Führung nicht auf sich nehmen. Ein Blick in den Innenhof des Komplexes genügt – er ist ohnehin das Schönste.

Sagt man in Porto *Infante* (=Kind), dann weiß jeder, daß Prinz **Heinrich der Seefahrer** gemeint ist. Auf dem Platz neben der Bolsa ragt der berühmteste Sohn der Stadt als **Bronzestatue** (6) auf. Im Umfeld der stattlichen Häuser wirkt das Denkmal fast bescheiden, denkt man an die Bedeutung des Ver-

Am ehemaligen Karmeliter-Kloster

ewigten. Sein Ausdruck ist energisch, nicht träumerisch, und kommt seiner wahren Gestalt gewiß näher als die verkitschten Kopien eines Gemäldes von Nuno Gonçalves, das auf Postkarten, Bierdeckeln und Banknoten ständig wiederkehrt.

Eigentlich sollte das Denkmal viel größer werden: Zwei Ausländer, ein Deutscher und ein Engländer, wollten dem Ahnherrn der Weltentdecker eine monumentale Gedenkstätte errichten. Die Pläne waren bereits genehmigt, als das von den Portugiesen als Demütigung empfundene ›Ultimatum‹

Porto

(vgl. S. 36) bekannt wurde. Von einem Tag zum anderen galt alles Englische oder Deutsche als verachtenswert. Die Pläne waren null und nichtig. Später setzte man den jetzt sichtbaren Heinrich aufs Podest.

Ein paar Schritte weiter zum Fluß hin soll der Prinz in dem palastähnlichen Haus **Casa do Infante** (7) geboren worden sein. Jahrelang stritten die Historiker, ob dem so sei oder nicht. Erst vor kurzem erfolgte Untersuchungen vorangegangener Restaurationsarbeiten (bei welchen man Originales übermalt hatte) deuten darauf hin, daß er tatsächlich hier zur Welt kam. In diesem Haus befand sich seinerzeit die Münzprägeanstalt von Portugals Norden. Bei 1992 angestellten Ausgrabungen fand man in den Hausfundamenten außerdem umfangreiche römische Spuren.

Auf der anderen Seite des Platzes befindet sich der Markt **Mercade de Ferreira Borges** (8) mit strengen (und gekonnt restaurierten) Eisen-Glas-Fassaden. Ab und zu finden hier Ausstellungen statt.

Zur **Kathedrale** (9) (offen von 9–12, 14–17 Uhr) führen mehrere Wege. Besonders schön ist es, vom Fluß aus zu dem doppeltürmigen Koloß hochzusteigen. An der Kreuzung bei der **Brücke Dom Luís** (10) führt eine Treppe an einem leerstehenden Kloster vorbei und unter den Brückenstreben aufwärts und hinein in Portos Alltag: Wäsche hängt an den Leinen vor den Häusern, die Frauen putzen die Tische draußen vor der Tür, Kinder balgen sich, während zeitungslesende Männer an den Hauswänden lehnen. Die Steige endet auf dem Granithügel Pena Ventosa neben der Kathedrale. Viereckig ist sie, wuchtig. Die dicken Mauern sollten die Einwohner in Kriegszeiten schützen und mußten viele ›Modifikationen‹ über sich ergehen lassen. Einen imposanten Eindruck vom Innenraum gewinnt man aus der Nähe des Portals. Die mächtigen Säulen streben dem Himmel wie schwerelos entgegen. Interessant ist der Altar der Sakramentskapelle. Die nördliche Seitenloggia wurde 1736 installiert, nach Plänen des italienischen Baumeisters **Nicolo Nasoni**. Dieser Architekt scheint halb Porto auf dem Reißbrett barock skizziert zu haben. Trotz aller Schnörkel: Die Kathedrale hat etwas Bedrückendes an sich. Am schönsten ist und bleibt sie von außen.

Am Kathedral-Platz mit dem *Pelourinho* liegt der **Bischofspalast** (11) (kein Zugang), ein Nasoni-Bau mit herrlich schöner Barocktreppe. Von diesem Platz aus hat man einen ausgezeichneten Überblick über die Altstadt, hinüber zum Turm der Clérigos-Kirche und nach Vila Nova de Gaia. Gleich unterhalb liegt die **Igreja dos Grilos**, die als Seminarkirche der Jesuiten im 17. Jh. entstand, als der Orden dem Höhepunkt seiner Macht und Bedeutung zustrebte. Sie ist eine der ersten Barockkirchen Portugals. Zu ihrem sonderbaren Namen kam sie

ÖSTLICHE INNENSTADT

nach der Verbannung des Ordens durch Marquês de Pombal: 1780 wurde sie an die Barfüßigen Augustiner verkauft, die wegen ihrer braun-schwarzen Kluft im Volksmund *Grilos* (Grillen) hießen.

Die Rua de D. Hugo führt um die Kathedrale herum. An ihr liegt das **Museu Guerra Junqueiro** (13) in einem weiteren Nasoni-Barock-Bau.

Die östliche Innenstadt

Nur ein paar Schritte von der Sé entfernt geht es vormittags auf dem Markt ziemlich laut zu. In rostigen Wellblechbuden bieten schwarzgekleidete Marktfrauen Gemüse, Pantoffeln und Kochtöpfe an. Eine bunte Häuserzeile rahmt den Marktplatz teilweise ein. Von hier aus führt die Avenida Afonso Henriques zum nahen **Bahnhof São Bento** (14) (1915 nach 25 Jahren Bauzeit eröffnet). Die Halle ist mit Ajulejo-Szenen aus dem Transportwesen geschmückt, was das Warten auf die Züge leichter macht.

Um die Ecke steht am unteren Ende der Avenida dos Aliados das Denkmal für König Pedro IV. in der Mitte des Platzes **Praça da Liberdade** (15); hier schlägt das Herz von Porto. Jeden 24. Juni findet hier die *Festa São João* statt. Dann zieht es Hunderttausende an die Praça und in die umliegenden Gassen und Plätze. Die Nacht will nicht enden. Die tanzenden Menschenschlangen hüpfen auf der Brücke oben zum Platz Batalha, singen, hauen sich mit Schaumstoffhämmern gegenseitig auf die Köpfe, tanzen auf der Unteretage der Brücke zurück nach Gaia; der Geruch von gegrillten Sardinen zieht in Schwaden durch die Gassen, Feuerwerke zucken im Nachthimmel, bis er fahler wird. Im Morgengrauen macht ein kühles Bad im dreckigen Douro wieder nüchtern, bevor die alten Portwein-Schiffe *(barcos rabelos)* in der jährlichen Prunkregatta den Strom aufwärts segeln. Das Fest zieht sich über zwei Tage hin.

An der Praça da Liberdade kommen Straßen aus allen Richtungen zusammen. Am oberen Ende liegt das Rathaus **Câmara** (16). Der Granitbau aus dem Jahre 1920 mit seinen fast eleganten rosafarbenen Marmorsäulen wird von einem 70 Meter hohen Turm überragt. Auf gleicher Höhe befindet sich an der Avenida dos Aliados der **Turismo** (17). Hinter dem Rathaus ist die richtige Adresse für frische Tomaten und Orangen: der Markt **Mercado do Bolhão** (18) mit seinen überdachten Ständen und Läden. Hier kaufen sie alle ein, die Armen wie die Reichen.

Reichtum allein reflektiert sich in den palastähnlichen zuckerstilhaften Banken und Bürohäusern an den ›Ufern‹ der breiten Avenida dos Aliados. Von ihr führen mehrere Straßen links wie rechts die Hügel hoch. In den geschäftigen Straßen hocken Schuhputzer zigarettenrauchend am Boden und warten auf Kunden; Losverkäufer brüllen und werden doch nicht heiser;

Porto

ein zeitunglesender alter Herr stößt gegen eine Schaufensterscheibe, tausend Tauben flattern auf. Zu beachten sind auch die Apotheken und Stoffgeschäfte, wo die neuesten Holzregale, Kassen und Tresen 80 Jahre alt sind.

Jetzt eine Pause im **Café Majestic** (19; s. Farbt. 4) in der Rua de Santa Catarina, einer der wichtigsten Einkaufsstraßen Portos! Sie entstand vor 100 Jahren. Haus Nummer 112 birgt ein Café mit Originalausstattung von 1921: Von den Wänden bröckelt der Putz, Riesenspiegel und Dekor blättern ab, ein melancholischer Hauch weht mit majestätischer Grazie durch den rauchgedunkelten Raum.

Die Rua da Santa Catarina endet südwärts am **Praça da Batalha** (20), den eine kleine Kirche mit ihrer vollständig blaugekachelten Verkleidung ziert – die Igreja de São Ildefonso aus dem frühen 18. Jh. Drei Kinos rahmen den Platz an den anderen Seiten ein: Das Aguia d'Ouro wurde 1899 eröffnet, das São João ersetzte 1908 die abgebrannte Oper, Batalha zeigt sich im Stil der 40er Jahre. Die schnurgerade Avenida do Almada trennt den Osten vom Westen der Stadt.

Die westliche Innenstadt

Ein schlanker Barockturm verleiht Portos Stadtbild Unverkennbarkeit: der Turm der **Igreja dos Clérigos** (21). Mit 76 m ist er der höchste Kirchturm Portugals. Bei der Bestei-

gung der 110 Stufen gilt: Vorsicht, Kopf einziehen! In der Zwischenstufe hängen die Glocken nämlich so tief, daß sich mancher Stufenzähler schon scheußlich dicke Beulen holte. Oben hat man einen herrlichen Rundblick über die Stadt, über Gaia und das nahe Umland. Die Clérigos-Kirche hat einen ungewöhnlichen Grundriß. Sie ist oval, hell, ruhig, eine wahre Oase im Betrieb der Stadt. Und sie ist barock, erbaut von Nasoni 1732–48. Der vielbeschäftigte Architekt liegt hier begraben.

Ganz in der Nähe sind am Praça de Gomes Texeira die beiden Kirchen des ehemaligen **Karmeliterkonvents** (22) sehenswert. Die Kachelverkleidung der jüngeren (frühes 18. Jh.) zeigt die Eintrittszeremonie in den Orden, war also eine Art Public Relations-Darstellung und wurde im Jahre 1912 angebracht. Die benachbarte ältere Kirche ist aus dem frühen 17. Jh.

Sehr schön ist die kleine **Igreja da Misericórdia** (23) in der Rua das Flores. Leider ist sie oft verschlossen. Dann sind zumindest die Seitenfenster für einen Einblick offen. Oder man läßt sich nebenan in einem Verwaltungsbüro den Schlüssel geben. In der Kirche zeigt der *Fons Vitae* eine beeindruckende Darstellung von König Manuel I., seiner Frau Leonore und ihren 8 Kindern, kniend vor dem gekreuzigten Jesus. Es ist ein Bildnis aus dem 15. Jh., aus der Stilepoche des portugiesischen Realismus. Durch Europa reisende flämische Maler

WESTLICHE INNENSTADT

Portos Museen

Museu Nacional de Soares dos Reis, im Palácio das Carrancas (18. Jh.). Wohnsitz und Manufaktur zweier reicher Textilfabrikanten. Pedro IV. erwarb es als Stadtsitz der königlichen Familie. Großartige Sammlung von Fayencen und Silberschmuck, aber auch von Gemälden und Plastiken portugiesischer Künstler (darunter Soares Reis). Tägl. 10–13 und 14–17 Uhr. Mo u. Fei geschl. So 10–13 Uhr freier Eintritt.
Centro Regional de Artes Tradicionais, ein Kunstgewerbemuseum in der Rua de Reboleira (am Flußkai). Variierende Ausstellungen, der nordportugiesischen Volkskunst gewidmet. Dort kann man günstig sehr schöne Stücke kaufen. Tägl. 10–13.30 und 15–19 Uhr. Mo geschl.
Casa Museu Guerra Junqueira, Rua D. Hugo 32, hinter der Sé. Das Haus soll nach Nasoni-Plänen entstanden sein. Hier wohnte der Schriftsteller und Kunstsammler Guerra Junqueiro (1850–1923). Alles ist noch so wie damals: Einen authentischeren Einblick in das Leben eines kultivierten, privilegierten Portuenser Haushalts des zur Neige gehenden 19. Jh. gibt es nicht. Tägl. 10–12.30 und 14–17.30 Uhr. So, Mo u. Fei geschl. Sa Eintritt frei.
Museum für Moderne Kunst in der Rua de Serralves 977. Die elegante Villa der 30er Jahre war bis vor wenigen Jahren im Besitz eines Textilfabrikanten. Aktuelle Ausstellungen moderner portugiesischer und internationaler Künstler. Umrahmt von herrlichem Park nach manieristisch-französischem und landschaftsarchitektonisch-englischem Stil. Tägl. 14–20 Uhr. Mo geschl. Do Eintritt frei.
Völkerkundemuseum: Etnografia e História, am Largo de S. João Novo. Nasoni-Bau. Archäologische Funde. Mit Replikaten von Weinkellern, Webstühlen, Leinenherstellung. Spielzeug und Werkzeug zu dessen Herstellung. Tägl. 10–12 und 14–17 Uhr. So, Mo und Fei geschl.
Museum für Sakrale Kunst oder ›*Museu de Arte Sacra e Arqueológia do Seminário Maior*‹, am Largo Dr. Pedro Vitorinho 2, unterhalb der Sé. Sakrales, Madonnen etc., aber auch Münzen und Geschirr. Tägl. 14–16 Uhr. Sa, So, Mo geschl. Eintritt frei.
Romantisches Museum im gleichen Haus wie das Solar do Vinho do Porto, Rua Entre Quintas 220. So lebten die Reichen Portos im 19. Jh., mit deutschem, französischem und englischem Mobiliar. Hier starb Italiens König Carlos Alberto da Sardenha im Exil. Tägl. 10–12 und 14–17 Uhr. Mo u. Fei geschl.

Porto

> **Museu Fernando de Castro,** in der Rua Costa Cabral 716. Wohnsitz eines reichen Kaufmanns, der gleichzeitig Dichter und Kunstsammler von Antikem bis Zeitgenössischem war. Tägl. 10–12 und 14–16 Uhr. Sa, So u. Fei geschl.
> **Museu Teixeira Lopes** in der Rua Teixeira Lopes 32, Vila Nova de Gaia, impressionistische Gemälde. Tägl. 9–12.30 und 14–17.30 Uhr. So: 14–18 Uhr. Mo u. Fei geschl.

wie Van Eyck und Van der Weyden beeinflußten diesen Stil. So mancher König wählte eine ›freie‹ Prinzessin aus dem Gemälde-Katalog aus, den diese Maler zu Europas Höfen kutschierten.

Schlicht-romanisch ist die Igreja de Cedofeita (bedeutet ›rasch erbaut‹) am Ende der gleichnamigen Straße, die am Praça de Carlos Alberto hinter dem Karmeliterkloster beginnt. Man muß auf der geschäftigen Straße mit den unzähligen Läden noch ca. 1 km hinlaufen. Die Igreja soll nicht nur Portos älteste sein, sondern das erste auf der Pyrenäenhalbinsel errichtete Gotteshaus: Baujahr 556, Regierungszeit des Swebenkönigs Theodomir. Da an der Kirche im Verlauf der Jahr-

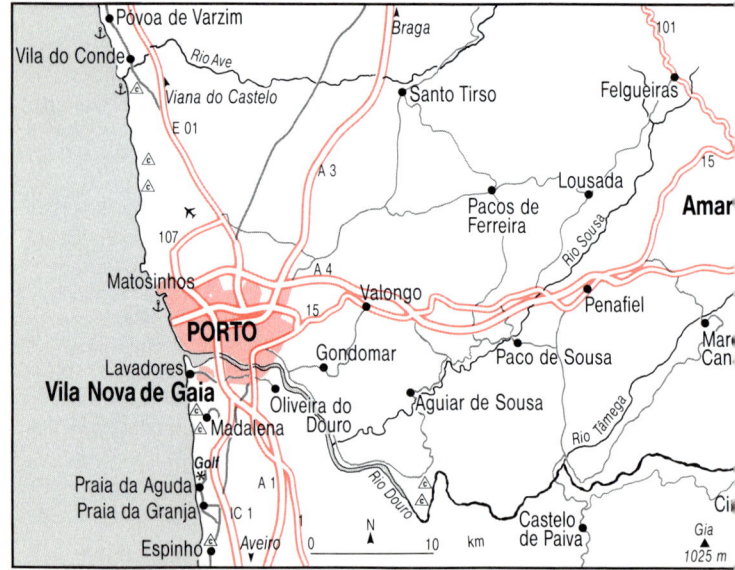

WESTLICHE INNENSTADT

hunderte viel verändert wurde, sind älteste Elemente nicht eindeutig zu identifizieren.

In der Nähe liegt das moderne Einkaufszentrum Centro Comercial de Brasilia am runden Platz Praça Mouzinho de Albuquerque (die Rua Boavista hinauf). In seiner Mitte überthront eine hohe Säule die umstehenden Bäume, gekrönt von einem Löwen, der einen Adler niederdrückt – das Symbol für den Sieg der englisch-portugiesischen Allianz über Napoleon.

Neben so viel kirchlicher Kultur – wo ist die weltliche? Sie zu finden, muß man vom Platz an der Karmeliterkirche (Praça de Gomes Texeira) Richtung Fluß gehen, an der **Universität** (24) vorbei in einen kleinen Park. Dahinter liegt die Gasse Rua das Virtudes, und an ihr die Quinta das Virtudes, Sitz der Künstlerkooperative Árvore (s. S. 63). Es gibt einige private Galerien, die vom neuen Reichtum künden, und es gibt in der Rua Galeria de Paris gegenüber von Clérigos die **Nasoni-Galerie** (25). Hier zeigt sich Portugals moderne Kunst. Es ist die erste Adresse im Land. Gleich um die Ecke läßt eine Buchhandlung den Atem stocken: In der Rua das Carmelitas 144 sind die Räume der **Editores Lello & Irmão** (26) ein wahres Kleinod. Das Geschäft wurde 1912 eingerichtet; die in den ersten Stock hochschwingende Freitreppe ist an Exzentrik nicht zu übertreffen.

Auf dem Rückweg zur Praça da Liberdade lohnt sich ein Blick in das **Hotel Infante de Sagres** (27), eines der besten Hotels Portugals. Alles ist alte Schule: Diener im Livree, Eingangshalle wie in einem Schloß. Wer sich 200 Mark die Nacht erlauben kann, schläft hier goldrichtig.

Weiter im Westen empfiehlt es sich nun, durch die **Rua S. Miguel** (28) zu gehen. Schaut man sich die Alltagsszenen in den Azulejo-Bildern am Eckhaus gegenüber der Kirche Nossa Senhora da Vitoria an, wundert man sich, wie wenig sich in manchen Teilen Portugals geändert hat: Die Bilder stammen aus dem 17. Jh. Via Rua das Taipas

Porto und Douro-Tal

Porto

(›Bretterzaunstraße‹, so genannt, weil man sie im 15. Jh. bei einer Pestepedemie in Quarantäne zäunte) und Rua Dr. Barbosa de Castro geht es zum kleinen Park Jardim de João Chagas und zum Hospital de Santo António – wir sind zurück am Platz vor dem Karmeliterkloster.

Alle schwärmen vom Portwein. Eine Probe in einem Keller in Vila Nova de Gaia ist also ›Pflicht‹ – aber kaum jemand kennt den *Solar do Vinho do Porto*. Dahin zieht es uns jetzt: Wir umrunden das Hospital de Santo António und gehen die Rua Manuel II. entlang. Kunstfreunde, vor allem die Freunde der modernen Malerei, werden einen Besuch im **Palácio dos Carrancas** (29) mit dem Nationalmuseum **Museu do Soares Reis** einlegen, wo Werke des Malers (lebte von 1847–1889 in Porto) ausgestellt sind. Hier gibt es aktuelle Ausstellungen moderner nationaler wie auch internationaler Künstler. Vorbei nun am Sportpalast **Palácio dos Desportos** (30) – ehemals eine Eisen-Glas-Konstruktion aus dem Jahre 1865 ähnlich dem Londoner Kristallpalast, jetzt ein runder Massen-Magnet für Großveranstaltungen. Die 1340 erbaute ehemalige Bischofsresidenz gegenüber dem Kristallpalast fällt kaum auf. Biegen wir nun in die steile Kopfsteinpflastergasse ein, dem Schild **Museu Romántico** folgend, und begeben uns in einen herrlichen Park. Brunnen plätschern, Bäume spenden Schatten – wir sind im Garten des Museums, aber auch dem des *Solar do Vinho do Porto*, des Portweininstituts. Die Keller dürfen keine Fabrikate empfehlen, wohl aber Auskünfte erteilen über jeden der 220 Portweine. Erstaunlich günstig sind die Preise: Von etwa DM 1,50 pro Glas, gut gefüllt, geht es mit dem Alter der *Vintage*-Weine aufwärts.

Vila Nova de Gaia

Drei Brücken führen hinüber in Portos Nachbarstadt, bald sind es vier. Die älteste ist die **Ponte Maria Pia**, eine nach Plänen von Gustave Eiffel konstruierte Eisenbrücke, die 1877 als letztes Teilstück der Bahnlinie Porto-Lissabon eröffnet wurde. Eine weitere Bahnbrücke ist gleich daneben im Bau. Eiffels Assistent Seyring plante die zweistöckige Auto- und Fußgängerbrücke Dom Luís I. Sie führt von Vila Nova de Gaia mitten in Portos Zentrum. Diese Brücke, eine Art querliegender Eiffelturm, ist von monumentaler Eleganz. Sie ist neben dem Clérigos-Turm das zweite Wahrzeichen Portos. Weiter westlich überspannt die Beton-Autobahnbrücke **Ponte de Arrábida** (erbaut 1963) den Douro kurz vor seiner Mündung in den Atlantik.

Von der Brücke D. Luís aus hat man einen guten Überblick, einen noch besseren von der Terrasse des ehemaligen Klosters **Nossa Senhora do Pilar**. General Wellington, englischer Sieger über Napoleons

VILA NOVA DE GAIA

Militärs, überquerte hier (für die Franzosen überraschend) den Douro. Die flachen Anbauten hinterm Ex-Konvent sind jetzt Militärbaracken. Die runde Kirche ist für Besucher geöffnet, nicht aber der in seiner Anlage sehr schöne runde (und restaurierte) Klosterhof.

Gaias Ufer ist gesäumt von den Ständen und Bars der Portwein-Firmen, die in unmittelbarer Nähe ihre Keller haben (Besichtigungen und Proben 9.30–12.30 und 14–17 Uhr). Der Blick hinüber nach Porto ist von unvergeßlicher Schönheit. Am Ortsende gelangt man zu Werften, wo auf traditionelle Weise alte Boote ausgebessert und neue gebaut werden. Von den Gärten oberhalb der Werft bieten sich schöne Ausblicke über den Fluß, Porto und Vila Nova de Gaia. Die Uferstraße führt weiter und weiter, an den Anglern vorbei, die nie Glück zu haben scheinen, obwohl im schmutzigen Flußwasser Schwärme von Fischen schillern. An jeder Wegkrümmung meint man, jetzt komme das Ende. Doch die holprige Uferstraße führt bis zum Fischerort São João an der Flußmündung und weiter zu den Stränden, die sich bis nach Aveiro erstrecken.

Gaias Oberstadt ist laut und modern. Neue Wohnviertel schießen an jeder Ecke aus dem Boden. Das Stadtgesicht erhält jedes Jahr neue Schrunden. Kunstliebhaber werden einen Besuch des kleinen Hausmuseums **Casa Museu de Teixeira Lopes** nicht versäumen (Eintritt frei, 9–12.30, 14–17.30 Uhr). Lopes, Schüler von Soares dos Reis, war zur Jahrhundertwende Dreh- und Angelpunkt eines Zirkels reicher englisch-portugiesischer Intellektueller. Auch deren Werke sind hier ausgestellt. Der Innenhof mit den vielen Skulpturen könnte schöner nicht sein. Einige andere Privat-Galerien in Portugal ließen sich davon inspirieren.

Die Umgebung von Porto

Nördlich...

Die schöne Landschaft ist vor allem an der Küste nördlich der Mündung arg verschandelt. Auch wenn tolle Strände angepriesen werden – gehen Sie zum Baden besser nicht nach Foz do Douro oder gar zur Industriestadt Matosinhos, denn das Wasser dort ist sehr schmutzig. Foz do Douro ist dagegen ein schönes Ausflugsziel, wenn man mit der alten Tram hinfährt (Linie 1, ab Rua Nova de Alfândega, Linien 18 und 19 ab Praça da Liberdade). An Sonntagen flanieren alle Liebespaare dieser Welt, so will es scheinen, unter den Uferpergolas entlang.

Weiter nördlich kommt man in Wochenendvororte von Porto, alte Fischerdörfer von beträchtlichem Reiz, von Betonklötzen umzingelt: Póvoa de Varzim und Vila do Conde. Die Strände sind teils sehr schön.

Porto

Südlich...

Praia de Lavadores ist sehr populär. Es hat trotz eines Prunkhotels seine ganz eigene Atmosphäre bewahrt. Hüttenähnliche Restaurants und Kneipen prägen das Bild. Die Strände sind sauber und von gewaltigen Granitfelsen übersät, die die Gezeiten zu riesigen Murmelsteinen wuschen. Mehrere kleine Küstenorte folgen, teils arme Fischerdörfer, teils Wochenendreviere der Besserverdienenden aus Porto: Madalena, Miramar, Praia da Aguda, Granja. In Miramar wallfahren Gläubige auf den Knien über den Sand zur Strandkapelle. Der hübsche Bahnhof liegt an der Bahnlinie Porto-Lissabon, die den Ort in zwei Hälften schneidet. Granja besitzt zahlreiche Häuser aus den ersten Jahren dieses Jahrhunderts, als eine gewaltige Bauwelle die Küstenorte über-

Zugreisen im Douro-Tal

Hier ein Auszug aus dem **Fahrplan 1992** – für die nächsten Jahre sind nur geringfügige Änderungen zu erwarten.

Hinfahrt:

ab São Bento	Régua	Pinhão	Tua	Pocinho
7.48	10.01	11.51	11.03	12.03
10.48	12.54	13.42	13.59	15.02
12.15	13.13	13.42	15.38	–
14.35	16.44	17.23	17.42	18.34
16.55	19.29	20.15	20.36	–
18.30	20.52	21.21	21.37	22.30

Rückfahrt:

ab Pocinho	an Tua	Pinhão	Régua	Porto
			8.34	10.30
6.20	7.16	7.36	8.09	11.18
9.25	10.23	10.45	11.15	13.35
–	12.20	12.40	13.16	15.18
–	–	–	14.50	16.37
–	–	–	15.07	17.42
14.02	15.04	15.23	15.50	18.30
	17.00	17.20	17.50	20.02
18.58	19.52	20.16	20.51	23.30

AUSFLUG INS DOURO-TAL

Bahnstrecke am Rio Douro

schwemmte, ähnlich wie heute. Auch gibt es dort einige schöne Restaurants. Das nahe Espinho zählt bereits zur Rota da Luz.

... und östlich ins Douro-Tal

Hier findet man mit die schönsten Landschaften Portugals: schluchtartige Täler, Pinienwälder, von Mimosenbäumen durchsetzt, von riesigen Granitfelsen besprenkelte Steilhänge sowie Tausende von Terrassen entlang des Douro und in den hügeligen Regionen südlich und nördlich des gestauten Rio charakterisieren diese Landschaft. Die Benediktiner legten sie im Mittelalter an; im weiten Umkreis unterhielten sie eine Reihe von Klöstern. Dörfer kleben wie Vogelnester an den Hängen oder kuschen sich zwischen die Terrassenfelder, auf denen eines mehr und besser als alles andere wächst: der Wein.

Das Dourotal und seine herrlichen Seitentäler lassen sich bestens erradeln und erwandern. Und erfahren, mit dem Auto oder im Zug. Auf den Straßen geht es selten mehr als 100 Meter lang geradeaus. Für das Kurvenfahren wird man mit grandiosen Aussichten belohnt. Südlich von Porto bei Oliveira de Douro ins Dourotal abbiegen und via Castelo de Paiva nach Cinfães und Lamego – unvergeßliche Aussichten ergeben sich hier.

Nördlich vom Rio Douro kurvt man ins Granitland hoch (Abstecher nach Aguiar de Sousa oder

Porto

Paço de Sousa möglich); unterwegs finden sich zahlreiche romanische Kapellen, die an markanten landschaftlichen Positionen liegen; an der Mündung des Rio Tâmega viel Pittoreskes; in Mensão Frio biegt die N 101 in Richtung Vila Real ab (schöne Strecke mit Blicken auf die Serra do Marão). Jetzt öffnet sich das Tal, behäbig liegen topfrunde Hügel, der Sonne hingebreitet, links und rechts vom Rio. Und überall wächst Wein – wir sind im Herzen der Portweinregion. Peso da Régua, der nächste Ort, ist ihr Zentrum. Die Strecke weiter östlich ist von seltenem Reiz. Bis Quinta da Cascalheira (ab 1993 Pferdeausritte in die Weinberge) am Douro entlang, dann wird das Tal so steil, daß für eine Straße kein Platz mehr ist – nur noch für die Bahn. Sie ist für die Entdeckung des Douro-Tals eine sehr gute Alternative.

Viele Dörfer und Haltestellen am und beim Douro sind winzig und locken mit nichts anderem als mit der Fahrt selbst – aber diese lohnt sich unbedingt. Weil es kaum Hotels und Pensionen gibt, sollte man die entsprechenden Züge für Anschlüsse oder Rückfahrten wählen. Ab Porto São Bento verkehren regelmäßig Züge nach Régua. Von dort lohnt die Fahrt ins Seitental mit der Tâmega-Linie nach Vila Real – ein Zugerlebnis vom Feinsten. Für die Weiterfahrt im Dourotal ist unter Umständen das Umsteigen in Régua nötig. Wichtiger nächster Halt ist Pinhão (hat zwei nette Pensionen, einige Restaurants und Portwein-Quintas; **** Hotel in der Port-Vila Taylor's). Weiter geht es bis Tua, von dort bietet sich eine grandiose Zugfahrt nach Mirandela an. Von Tua kann man am Douro entlang bis zur Endhaltestelle Pocinho weiterfahren (mit dem Bus weiter nach Miranda de Douro und Bragança). In gut vierstündiger Fahrt geht's zurück nach Porto.

Unterkunft: ***** Infante do Sagres, Hotelerlebnis in der Stadtmitte. Moderne **** Kettenhotels wie Sheraton und Meridien reihen sich in der Einkaufstraße Avenida da Boavista aneinander: Geschäftsleute unter sich. Grande Hotel do Porto für Nostalgiker sehr schön. D. Henrique mit Aussicht aufs Meer. Hotel Boavista an der Flußmündung gut. Billigste Zimmer gibt es beim Bahnhof São Bento im Rote-Laternen-Viertel. Empfehlenswerte (und günstige) Pensionen sind in der Stadtmitte das Monumental mit Riesenräumen (Av. dos Aliados) und gleich nebenan über dem Geschäft Bel Arte eine namenlose Pension; Novo Mundo und União in der Rua Conde de Vizela; França und D'Ouro, beide am hübschen Praça Gomes Texeira; Estoril in der Rua de Cedofeita. *** Pão de Azucar in der Rua do Almada. Urig ist die Pension Norte in der Rua Fernando Tomás, empfehlenswert die Pension Astoria in der Rua Arnaldo Gama.

Jugendherberge: Pousada de Juventude, Rua Rodrigues Lobo 98, (Busse 20, 35, 37, 52, 78 an Praça da Liberdade), groß, sauber, nüchtern.

Camping: Angeiras, Buslinie 76, an der Küste nördlich von Matosinhos, nicht der schönste Platz. Madalena, Buslinie 50 ab Rua Mouzinho da

PRAKTISCHES

Silva, an der Küste südlich von Porto, mit drei großen Plätzen und einigen netten Kneipen. Medas, Privatbusse regelmäßig ab Praça da Batalha, ruhigerer Platz am Douro-Ufer auf terrassiertem Grund. Im nördlichen Stadtbereich der ganzjährig offene Prelada, Buslinien 9 und 50. An der Küstenstraße südlich von Praia de Lavadores für Wohnmobile gute Stellplätze direkt am Strand.

Flughafen: Pedras Rubras, 15 km in Richtung Norden, Taxi nicht billig. Quittung *(recibo)* geben lassen, das reduziert die Gefahr, daß man übers Ohr gehauen wird. Fühlen Sie sich betrogen – mit Quittung zum Turismo gehen. Nur so können die Behörden etwas unternehmen. Oder Bus 56 nehmen, ab Praça de Lisboa beim Clérigos-Turm, hinterm Parkplatz.

Bahn: Es gibt 3 Bahnhöfe. Campanhã für alle Züge (Bummel- und Schnell-) in Richtung Lissabon, Douro-Tal (bis Pocinho), Minho (Viana do Castelo), Braga, Aveiro und auch internationale Züge nach San Sebastian / Bordeaux / Paris und Madrid. Etliche Nahverkehrszüge ab Bahnhof São Bento, der mit Campanhã in Verbindung steht – 5 Minuten Fahrt. Trinidade nördlich vom Rathaus für Züge nach Póvoa de Varzim und Guimarães.

Bus: Kompliziert. Es gibt viele private Unternehmer, viele Abfahrtsstellen. Die nationale RN am eigenen Terminal in der Rua Alexandre Herculano. **Städtischer Nahverkehr:** guter Service im Stadtgebiet. Plan beim Turismo geben lassen, auch für die herrlich schönen Trambahnen.

Autovermietung: Gleich am Flughafen buchen. 14 Büros, eines neben dem anderen. Preis für Opel Corsa, Renault Clio etc. pro Woche inkl. Versicherung, Personenversicherung, keine Kilometerbegrenzung bei den meisten Verleihern um 700 Mark. Budget gibt 20 % Rabatt bei Vorlage eines Flugtickets. Avis 30 % auf Normal-, nicht Pauschaltarife.

Bootstouren auf dem Douro: In der Hochsaison fahren bequeme Schiffe nach Régua und Pinhão in das Anbaugebiet des Portweins. Ein- und zweitägige Touren, in Verbindung mit

Bahnfahrt. Die zweitägige Tour kostet fast DM 300. Auskunft beim Betreiber am Praça da Ribeira 20d oder direkt an der Anlegestelle am Cais de Ribeira.

Restaurants: Hunderte. Für Liebhaber von Fischen und Krustentieren: Schlemmerrestaurant Don Manoel an der Avenida de Montevideu in Foz. Gute Fischlokale überall in Porto und Umgebung, auch in der Industriestadt Matosinhos, wo Langustenesser ins Os Kikas in der Rua Tomás Ribeiro pilgern, Fischesser ins Chanquinha oder O Garrafão nahe beim Yachthafen Leça da Palmeira. Viele billige und gute Restaurants rund um die Kathedrale, beim Bahnhof São Bento. Schön, günstig und sogar gut sind die pittoresk gelegenen Restaurants an der Ribeira. Das Antunes in der Rua do Bonjardim hat nordportugiesische Küche und bunte Klientel. Für das Nationalgericht Tripas empfiehlt sich besonders das O Mercador in der Rua dos Mercadores.

Cafés: Majestic in der Rua Sta Catarina, ein Hochgenuß. Studentischer ist das Piolho am Largo do Carmo, Zeitungsleser treffen sich im Brasilia.

Nachtleben: Recht smart ist es im Swing in der Rua Julio Dinis 766: im ersten Stock Pub, im Erdgeschoß Disco. Twins in der Rua do Passeio Alegre 1000 ähnlich, aber in anderer Gegend: bei der Mündung des Douro in Foz. Green's in der Rua Padre Luis Cabral ist ebenfalls Pub/Disco – mit Restaurant. Vornehm gibt sich The Olympia im Meridien Hotel, Avenida da Boavista 1466. Amnesia, 10 km außerhalb an der Praia Francelo gelegen, ist der letzte Schrei. **Fado:** Die nationale Musik im Lisboa- und Coimbra-Stil hört man am besten in der Casa das Mariquinhas, Rua São Sebastião 25. In vielen Tavernen in der Nähe der Ribeira gibt es an Wochenenden Live-Musik, z. B. im Postigo do Carvão, und im Aniki-Bobo gleich daneben Live-Jazz.

Einkaufen: Lederwaren, wie Schuhe, Handtaschen, Reisetaschen, Koffer. In der Rua da Cedofeita ein Geschäft neben dem anderen. Sehr schöner Gold- und Silberschmuck, Gold nicht so gelb wie in Nordeuropa, hauptsächlich Kopien aus dem 18./19. Jh. oder aus römischer Zeit, nicht unbedingt billig; günstig dagegen Gold- und Silberfiligran. Viele Juweliere in der Rua das Flores und der querlaufenden Rua dos Loios.

Stadtfest: A Noite de São João, Johannisnacht vom 23. auf den 24. Juni. Überall Stände, wo Basilikum in Töpfen verkauft wird (nur als Schmuck und zum Schnuppern – gegessen wird er nicht). **Stadttouren:** Bei Cityrama in der Rua Entreparedes 17 buchen (✆ 31 71 55).

Post: Diverse Ämter im Stadtbereich. Hauptpost am Praça Humberto Delgado beim Rathaus, auch Sa/So geöffnet.

Krankenhäuser: Hospital de Santo António beim Karmeliterkloster und São João an der Umgehungsstraße *(Circunvalação)*.

Polizei (PSP) und **Fundbüro:** Rua Augusto Rosa.

Turismo: Praça D. João I. und neben dem Rathaus in der Rua do Clube dos Fenianos 25, ✆ 02-32 33 03, Fax 38 45 48.

Südlicher Minho

Südlicher Minho

Die Städte kleben wie Rosinen auf einem sattgrünen Kuchen, zahllose Dörfer wie butterfarbene Streusel. Der südliche Teil der Provinz Minho, nördlich und nordöstlich von Porto gelegen, ist ein dicht besiedelter Agrarraum, eingerahmt von einer sandigen Küste und kolossalen Serras.

Die Küste südlich von Viana

Die Küste hat hier einiges von ihrem Zauber verloren. Vor wenigen Jahren sah man selbst im August an den weiten Stränden keine Menschenseele. Die hartnäckigen ›Fans‹ dieser Region halten den Küstenstrich immer noch für den schönsten im ganzen Land und lassen sich von den Nebelbänken nicht stören, die manchmal auch im Hochsommer wie graue Wände über dem Meer aufquellen.

Azurara ist ein kleines Fischerdorf, in dem die manuelinische Kirche Igreja Matriz auffällt. **Vila do Conde** wurde als Touristenzentrum längst entdeckt und hat seither einen Teil seines Charmes eingebüßt. Der knapp 20 km nördlich von Porto gelegene Ort ist trotzdem noch teils echtes Fischerdorf, hat lange, saubere Strände und ein bezauberndes historisches Zentrum mit alten Kirchen und Häusern und einer eindrucksvollen Burg. Viele Frauen üben das traditionsreiche Spitzenklöppeln vor ihren Häusern sitzend aus. Jedes Jahr findet hier gegen Ende Juli die wichtigste Kunsthandwerksmesse Portugals statt.

Das **Kloster Santa Clara** ist nicht zu übersehen: Es überragt den Ort als monumentales Denkmal und wurde im 14. Jh. gegründet. Gotisch ist hier nur noch die Stiftskirche. Die Zinnen an den Seitenwänden gleichen denen einer Burg; Renaissance-Grabmäler befinden sich in den Seitenkapellen. Hier ruht König Dinis' unehelicher Sohn Afonso Sanches mit Frau Teresa Martins. Das Klostergebäude (1778 begonnen) ist heute ein Fürsorgeheim. Ein schöner Garten umgibt es. Der Aquädukt trans-

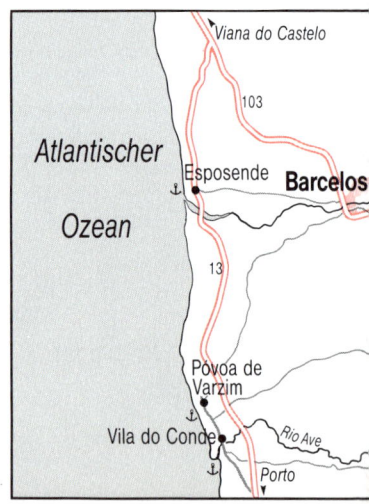

Südlicher Minho

VILA DO CONDE/PÓVOA DE VARZIM

portierte Wasser aus Póvoa de Varzim zum Klosterbrunnen. In der Ortsmitte kann man die Renaissance-Misericórdia-Kirche und davor den Pranger bewundern, in der Rua 25 de Abril den Neubau der Bank Borges & Irmão (wofür Siza Vieira mit dem Europäischen Architekturpreis 1988 ausgezeichnet wurde) betrachten und sich Gedanken über Modernes machen. Besser nicht freitags: Dann strömt halb Porto zum Wochenmarkt herbei.

Póvoa de Varzim liegt ein paar Kilometer weiter nördlich. Wie verloren stehen die Reste eines Forts am alten Hafen, weil Betonbauten die Umgebung verrammen. 30 000 Menschen wohnen hier, an Wochenenden sind es dreimal so viel. Deshalb besitzt dieser Ort so wenig Atmosphäre, auch ein Spielcasino kann sie nicht aufheizen. An Regentagen sorgen Fotos und ausgestopfte Fische im **Museu de Etnografia e História** für Unterhaltung. Oder man liest ein Buch des Schriftstellers Eça de Queiróz, der hier geboren wurde. Weiter nördlich gelangt man in die Region Costa Verde (nördlicher Minho). Dort wird es sogar an der Küste gemütlicher.

Unterkunft: In Conde: **** Estalagem do Braso; Motel Sant' Ana, Pension Manco d'Areira, Cantinho, Le Villageois, Beira Rio; in kleinen Orten der Umgebung einige neue Pensionen. Privatzimmer in Bars erfragen und auf weiße Zettel in Fenstern achten.

Camping: Árvore, 6 km südlich, privat.

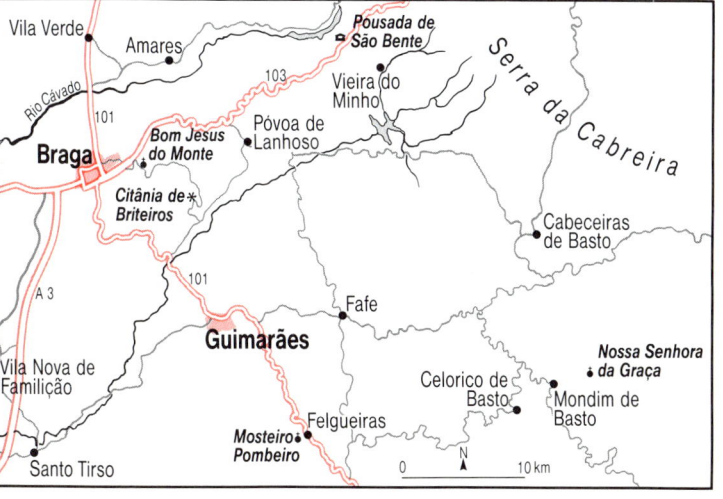

Südlicher Minho

Kinderarbeit
Die wunde Stelle Portugals

In Portugal sind 23 % der Bevölkerung unter 15 Jahre alt. 45 % der ländlichen Bevölkerung kann weder schreiben noch lesen, und die Schwarzarbeit blüht. Das Wirtschaftsblatt *Economist* setzt sie bei 10 % des Gesamtvolumens an. Von den 13 Millionen Staatsbürgern leben drei Millionen als Gastarbeiter in Frankreich, Brasilien, Deutschland, der Schweiz, Luxemburg, USA, Südafrika – wo nicht?

Diese Zahlen gelten für das ganze Land, aber weil der Norden weniger entwickelt und dichter besiedelt ist, sind Probleme wie Kinderarbeit, kinderreiche Familien, Emigration und Schwarzarbeit dort viel größer.

Die allgemeine Armut zeigt sich im schlechten Zustand der Häuser, in hoher Kindersterblichkeit und nicht zuletzt in der Ausbeutung von Kindern auf dem Schwarzarbeitsmarkt. Nach offiziellen Angaben arbeiten in Portugal 20 000 Kinder, aber die Gewerkschaften UGT und CGTP gaben 200 000 gegen Ende der achtziger Jahre an. Diesen Quellen zufolge stieg die Kinderarbeit vor wenigen Jahren (seit dem Beitritt zur EG) rapide mit dem Boom im Bau-, Textil- und Schuhmarkt an und ist seit 1991 wieder rückläufig.

 Bus: Nach Porto und Viana do Castelo.

 Turismo:
Rua 25 de Abril.

Besonders reizvoll ist der Küstenstrich bei **São Bartolomeu do Mar.** Wie die meisten Orte hat es wenig Augenfälliges zu bieten, einen Dorfplatz, eine hübsche Kirche, Cafés, Läden. Der Alltag dreht sich um Fischfang und Seetang. Ganze Familien holen den Tang mit Netzen aus dem Meer und verstreuen ihn zum Trocknen von Ochsenkarren aus auf den Strand. Wie in der Ria bei Aveiro, so ist auch hier der Tangfang bedroht. Chemie ersetzt immer häufiger den natürlichen Dünger aus der See.

Obwohl in diesem Küstenstrich strenge Bauvorschriften gelten, wurde in den vergangenen Jahren viel und wild entlang der Straßen gebaut. Notfalls zahlen die Bauherren (lächerlich geringe) Strafen, können dann aber weiterbauen und Häuser von bizarrer Häßlichkeit hinklatschen. Nicht so jedoch in der strenger geschützten Zone Área de Paisagem Protegida do Litoral de Esposende. Diese beginnt

ESPOSENDE

Eines der am schlimmsten betroffenen Gebiete ist Braga. In diesem Gebiet, das die jüngste Bevölkerung in der gesamten EG aufweist, arbeiten so viele Kinder, daß die Lehrer oft vor halbzähligen Klassen stehen. Oder die Kinder sind nach vier bis sechs Stunden Arbeit vor der Schule so müde, daß sie während des Unterrichts einschlafen.

Häufig sind es die Eltern selbst, die ihre Kinder zur Arbeit schicken. Typischerweise heimarbeiten die Mädchen mit ihren Müttern und nähen für schwarzarbeitende Zulieferer schwarzarbeitender Subunternehmen der Textil- oder Schuhfabriken. Jungs arbeiten in Steinbrüchen und schleppen Zement und Sand zu den Baustellen ihrer Väter, Brüder oder Onkel. Zehntausende arbeiten in den kleinen Agrarbetrieben wie Vollzeitbeschäftigte mit.

Ärzte und Politiker beklagen diesen Zustand seit Jahren, auch die Kirche und caritative Organisationen. Haben Kinder nicht das Recht zum Spielen? fragen sie, und Politiker warnen: Werden die Kinder nicht gut unterrichtet, fehlt bald die Basis für die Demokratie.

Zur Zeit versucht die Regierung kombinierte Strategien mit spezialisiertem Unterricht und Bustransport zu zentralen Großschulen. Auch werden Fabriken und Baustellen nach arbeitenden Kindern durchsucht. Nicht genug, sagen die Kritiker: Immer noch arbeiten in den nördlichen Provinzen fast 20 % aller Kinder zwischen 9 und 13 Jahren.

Eva Brigitte Henningsen

---

bei Sao Bartolomeu do Mar. Bei einer Küstenwanderung zum weiter südlich gelegenen Esposende wird man hier kaum einem anderen Menschen begegnen.

Esposende hat in den vergangenen Jahren einen unglaublichen Bauboom erlebt. Die alte Ortsmitte des Städtchens an der langgezogenen Mündung des Rio Cávado wirkt in ihrem ganz von Beton beherrschten Umfeld wie ein Freilichtmuseum. An der Nehrung stehen Männer mit sechs bis acht Meter langen Bambusstangen mit an der Spitze befestigten Vierzacken. Sie warten geduldig auf Meeraale *(Lambrella)*, eine kostbare Köstlichkeit. Am anderen Ufer ist Ofir ein purer Touristenort, leer im Winter, voll im Sommer, mit wunderbarem Strand.

Unterkunft: In Esposende: **** Hotel Ofir. *** Nélia; Suave Mar; Do Pinhal. ***** Estalagem Parque do Rio; Zende. Residencial Arcópole; São Remo. Privatzimmer lokal erfragen. **Turismo de Habitação:** Quinta do Matinho (TR) in Forjaes, ✆ 058-87 11 67. Afife, siehe Viana.

Camping:
In Fão bei Esposende.

Südlicher Minho

Essen: In Esposende zahlreiche Restaurants und Tavernen; populär ist Dom Sebastião, Rua Conde de Castro 3.

Turismo: Rua 1 de Dezembro in Esposende, ✆ 058-96 13 54.

Braga

Schon bevor die Römer gegen 280 v. Chr. anrückten, gab es hier gallo-keltische Siedlungen. Die Leute nannten sich *bracaros*; die Römer tauften die Stadt *Bracara Augusta*. Die aus dem Norden eingewanderten Sweben erhoben sie im 5. Jh. zur Hauptstadt von Swebisch-Galicien. Um 530 n. Chr. hielten sie hier ein Konzil ab und bekehrten sich zum christlichen Glauben, bauten Kirchen und Klöster, auch einen Bischofssitz.

›Portugiesisches Rom‹ wird die Stadt genannt. Das ist zweifellos übertrieben; aber es verrät etwas von der Ambition des hier residierenden Erzbischofs und seiner Vor-

Citânias nennt man die Relikte uralter Wohnstätten, die man im Minho in reicher Zahl findet. Die meisten stammen aus einer Zeit, als die Kelten hier eintrafen (600-500 v. Chr.), einige gehen auf noch ältere Epochen zurück. Besonders beeindruckend ist die Citânia de Briteiros: Diese kelt-iberische Festung soll die letzte gewesen sein, die den Römern erfolgreich Widerstand leistete. Von den über 150 Häusern und Hütten baute im 19. Jh. der Archäologe Martins Sarmento aus Guimarães zwei wieder auf und legte das Ruinenfeld frei. Mehrere Mauerringe umfassen die weitflächige Anlage auf einer Hügelkuppe. Die Ruinen häufen sich unter den eng beieinander stehenden Gebäuden, man erkennt Tierställe und Gärten, gelangt zu Zisternen und Brunnen. Das Wasser wurde in einem mysteriös dekorierten Bau gesammelt, in dem einige Historiker ein Grabmal, andere ein Dampfbad sehen. Die wichtigsten Fundstücke sind im Sarmento-Museum in Guimarães ausgestellt.

BRAGA

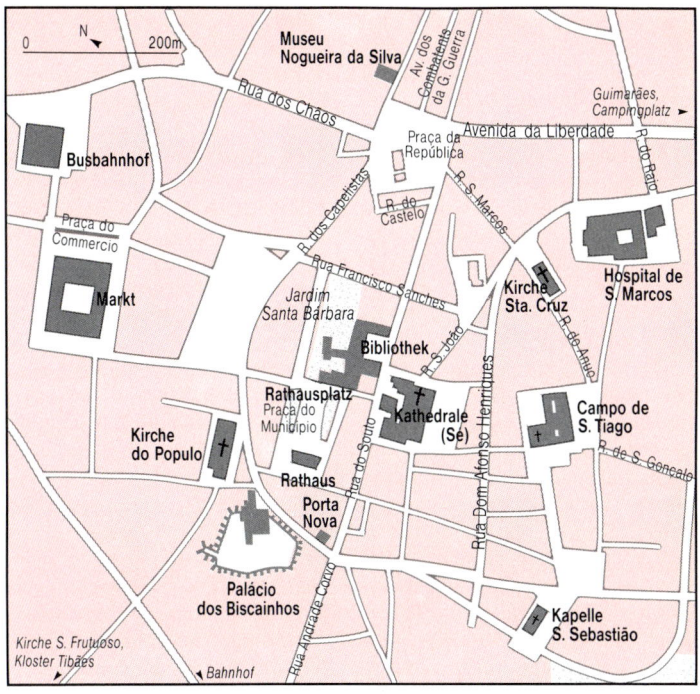

Braga

gänger. Daß sie ›Primate von Iberien‹ sein wollten, warf dem Unabhängigkeitsbestreben der Portugiesen manche Knüppel zwischen die Beine. Immer wieder mischten sich die Würdenträger in Staatsgeschäfte ein. Hier wurde auch jener Militärputsch vorbereitet, der 1926 Diktator Salazar den Weg zur Macht öffnete. Ein Jahr nach der 74er-Revolution führte der Erzbischof persönlich eine Massendemonstration zum Büro der Kommunistischen Partei. Seither herrscht Waffenstillstand mit dem **Rathaus**. Es ist jetzt von sozialistischer Couleur.

Vor dem Rundgang sollte man sich erstmal hinsetzen und in einem der vielen Cafés den Geist der Stadt erschnuppern. Man kann ihm kaum entkommen. Gleich beim **Praça da Liberdade** sind die beiden altmodisch-schicken Kaffeehäuser Astória und O Nosso mit ihren Spiegelwänden und Lederstühlen verlockend. Um die Ecke ist in der Rua Dom Marcos das Brasileiro.

Südlicher Minho

Tagsüber sitzen alte Männer und frisch frisierte Damen um verkratzte Tische, abends regiert rauchend die Jugend. Da wird politisiert, diskutiert, gestritten, gestreichelt.

Am besten läßt man sich durch die Gassen treiben und sucht die wichtigsten Punkte eher nach dem Zufallsprinzip, gleichsam als ›irrender Entdecker‹ auf. Hat man erst einmal den Torbogen **Arco da Porta Nova** (18. Jh.) hinter sich, so kann es losgehen.

Die Rua do Souto führt ins Herz der Altstadt: Auf einer Seite liegt der ehemalige **Bischofspalast**, heute eine Bibliothek, gegenüber die **Kathedrale**. Diese sah sich vielen Herren und Geschmäckern ausgeliefert. Der im 12. Jh. errichtete Hauptbau ersetzte einen Bau aus dem 9. Jh., nachdem Braga den Mauren entrissen und zum neuen Bischofssitz erklärt worden war. Der Eingang an der Südseite stammt aus dieser Zeit. Rundum ist er romanisch, mit rustikalen Szenen (wie aus ›Reineke Fuchs‹) bemeißelt. Kenner werden am Querschiff und am Kreuzgang noch mehr Romanisches identifizieren und sich über die Dekorationen an der Decke freuen, von Bragas bravourösem Bauherrn Erzbischof Diogo de Sousa in Auftrag gegeben. Der Künstler war João Castilho. Manuel I. berief ihn nach Lissabon, damit João den König im Kloster Hieronymus verewigte.

Die Kathedrale ist ein Labyrinth. Man irrt vorbei an verschlossenen Türen und Toren, bestaunt Gotisches am Vorbau und in der Hauptkapelle, Barockes im Chorgestühl und an der Orgel, Spätgotisches am Chor, an dessen Außenwand eine Statue der stillenden Maria *(Maria do Leite)* beeindruckt.

Gotisches dann wieder in der **Capela dos Reis**, einer der drei außen gelegenen Kapellen im Komplex. Sie beherbergt die Grabmäler des Fürsten Heinrich von Burgund und seiner Frau Teresa, den Eltern von Landesgründer Afonso Henrique. Neben ihnen ruht der mumifizierte Körper von Erzbischof Lourenço. Ruhte, muß man sagen: Im 16. Jh. öffnete man das Grab des kampflustigen Bischofs, der anno 1385 die Portugiesen bei der Schlacht von Aljubarrota anpeitschte. Dabei zog er sich eine Narbe zu, die er höchstpersönlich in Bragas Skulpturen mit seinen Abbildungen einritzte, sehr imagebewußt. Als man das Grab nun öffnete, soll der bischöfliche Körper »in bestem Zustand« gewesen sein. Jetzt liegt er staubfrei und hinter Glas in der ihm gewidmeten Kapelle.

Innerhalb des Komplexes findet man auch die **Misericórdia-Kirche**. Angesichts der klaren Renaissance-Linien kann man Luft holen. Die Schatzkammer ist als Museum hergerichtet. Eine stattliche Anzahl kostbarer Stücke aus acht Jahrhunderten wird präsentiert, jedoch ohne begleitende Information.

Auch wenn man sich über diese oder jene Details im Sammelsurium der Stile freuen kann: Der Kathedrale fehlt der Zusammenhalt.

BRAGA

Anders die Stadt. Etwa 140 000 Menschen wohnen in der zweitgrößten Kommune von Portugals Norden. Sie arbeiten in einer teils florierenden Industrie. Leider siedelt sich diese immer noch wegen der billigen Arbeitskräfte an: Leder-, Elektroartikel-, Metallfirmen führen das Feld an.

Auch Grundig und andere deutsche Unternehmen haben in und um Braga iberische Ableger. Krisenzeit herrscht in der Textilbranche. Im Sommer 1992 verloren zwischen Braga und Barcelos 30 000 Menschen ihre Arbeitsplätze in Firmen, die sich nicht rechtzeitig auf moderne Techniken und rasch wechselnde Moden eingestellt hatten.

Wollte ein Fürstbischof dem Volk mal etwas Gutes tun, dann ließ er einen Brunnen bauen. Besonders anmutig sind der Fonte do Pelicano am **Praça do Município** sowie der Chafariz am Largo do Poço. Der älteste ist der Fonte do Idolo, wahrscheinlich keltischen Ursprungs (Rua do Raio). In direkter Umgebung dieses Brunnens finden sich diverse Wohnpaläste. Der Palacete do Raio ist ein feines Beispiel portugiesischen Rokokos. Schön ist der **Palácio dos Biscainhos** (17. Jh.); man kann ihn besuchen (10–12 und 13–17.30 Uhr, kleines Museum). Interessant sind auch die Museen im **Campo de São Tiago** (10–12 und 14–17 Uhr, Mo geschl.) mit religiösen Stücken und in der **Casa Nogueira da Silva** (Avenida Central, 10–12 und 14–17 Uhr, So geschl.) mit Gemälden und Porzellan.

Gleichfalls besuchenswert sind die Kirchen **Santa Cruz** (17. Jh., rarer Rokoko; schöne Orgel) und die im Hospital **São Marcos**, die auf der gleichnamigen Kapelle (15. Jh.) basiert, erbaut im 18. Jh., mit acht Figuren von Aposteln in Lebensgröße. Der Burgturm sieht mittelalterlich aus, ist es aber nicht: Erbaut wurde er 1738. Die Kapelle Salvador gilt als nationales Monument, besitzt einen kleinen Tempel (17. Jh.); im 18. Jh. kamen ein vergoldeter Altar und Azulejos dazu. Die Kirche **Pópulo** mit ihrer sehr nüchternen Architektur besitzt schwarz-weiße Azulejos, außerdem wertvolle Gemälde.

Das **Rathaus** hat eine Fassade aus dem 18. Jh. und zählt zu den schönsten Barockbauten der iberischen Halbinsel; im Ratssaal bietet sich eine faszinierende antike Ansicht der Stadt.

Braga ist nun einmal für seine Kirchen berühmt, das merkt man auch in den Vororten: Uralt ist São Frutuoso in São Jeronimo Real. Sie stammt aus vorromanischer Epoche, Westgoten gelten als ihre Bauherren. Mitteltrakt und Ostflügel stammen aus dem 7. Jh. Die restlichen Teile wurden im 11. Jh. erbaut. Auffällig der byzantinische Stil mit griechischem Kreuz als Grundriß. Ist man schon einmal dort, lohnt der Abstecher zum nahen **Kloster Tibães**! Ursprünglich aus dem 11. Jh., wurde es im 18. Jh. erneuert. Es war der größte Benediktiner-

Südlicher Minho

bau Portugals, jetzt ist es nur noch baufällig; kahl zeigt sich das Riesenschiff der Kirche. In den Seitengebäuden lagern Weinfässer, im Haus des Abtes residiert ein altes Bauernpaar. Alles ist hier voller trister Schönheit, und manchmal soll es Besichtigungen geben (im Turismo in Braga erfragen).

Das Dreieck der Pilgerstätten

Nach Rom pilgert die Welt, nach Braga pilgern die Portugiesen. Im Zirkel von fünf Kilometern thronen auf den umliegenden dichtbewaldeten Hügeln drei Wallfahrtsorte. **Bom Jesus** ist der meistfotografierte unter ihnen. Zwar führt eine Straße hoch zur Kirche und den umliegenden Hotels, doch sollte man die 500 neoklassizistischen Stufen (Anfang 19. Jh.) hochsteigen, will man einen unmittelbaren Eindruck von diesem Bauwerk erhalten und die allegorische Bedeutung seiner sich kreuzenden Treppen (s. Farbt. 9) verstehen. Auf jeder Zwischenstufe plätschert ein Brunnen. Der erste stellt die Wunden Jesu dar, die nächsten fünf die Sinne des Menschen, die letzten drei sind den Tugenden gewidmet. Hie und da sind Kapellen in die tropfenden Mauern eingelassen; Heiligen-Statuen in Lebensgröße behüten den Pilger beim Anstieg. Weil man von hier oben einen grandiosen Ausblick auf das Land in Richtung Atlantik hat, bietet sich ein Picknick am Abend an. Die untergehende Sonne läßt Kirche und Treppe wie aus flüssiger Lava gebacken erscheinen.

Auch vom nahen Monte Sameiro ist die Aussicht herrlich; die Basilika Nossa Senhora wurde mit Beton und Gerüsten für die Pilgermassen fast verschandelt: schade. Viel schöner ist die granitbarocke Pilgerkirche **Santa Maria da Falperra** (18. Jh., 3 km weiter). Eine breite Treppe führt zu ihr hoch, kein Spalier von Heiligen, aber zwei Dutzend Feuerstellen und Bänke links und rechts unter Bäumen, wo die Leute das Pilgern mit dem Grillen verbinden: Braga-Barock live.

Die *Semana Santa* (Heilige Woche) ist Bragas (und Portugals) Gegenstück zu dem von Sevilla. Die ganze Stadt verwandelt sich vor Ostern in einen Blütenteppich. Blumen und blühende Zweige hängen an jedem Fenster und jedem Brunnen, und überall leuchten bunte Lichter. Überall stehen Podeste mit Heiligenschreinen, alle Kirchen sind herausgeputzt und mit lila Tüchern behängt, die Floristen schuften rund um die Uhr. Durch dieses Aufbäumen an Lebenslust und Freude führen sehr ernste Prozessionen (zumindest vorn im Umkreis des Bischofs geht es ernst zu) durch die Stadt. Die berühmteste Prozession ist die *Ecce Homo:* Tausende barfüßiger Bußfertiger tragen Fackeln durch die Gassen der Stadt. Ähnlich verläuft die Prozession *Enterro do Senhor* (Beerdigung Jesu).

BRAGA/BARCELOS

Ende Juni (23./24.) findet, wie in vielen Orten, ein weiteres großes Fest statt: *São João* (Johannisfest). Bei diesem Fest rückt das Religiöse in den Hintergrund, jetzt wird gefeiert, nach Lust und Laune, gesungen, getanzt. Zahlreiche uralte Riten der Sommersonnwende leben auf, trotz aller Versuche der Kirche, das vormals heidnische Fest zu christianisieren. Da gibt es dann eine Johannisprozession mit einem kleinen vierjährigen Schäfer als Führer, und in die vielen Sonnwendfeuer werfen die Leute Sträuße aus Kräutern als Symbol für eine Opfergabe. Die Leute schnuppern an Lauch, und als Liebesgabe verschenkt man eine Basilikumpflanze – nur zum Schnuppern, denn Basilikum findet in der portugiesischen Küche keine Verwendung.

Unterkunft: **** Hotel Turismo (Parque und Elevador, beide bei Bom Jesus). *** Caranda, ** João, Francfort, viel Patina und Charme. Sauber ist die Residencial Dos Terceiros; ein Dutzend Pensionen, recht billig, wie Económica (Largo João do Souto), Inacio Filho (Rua Justino Cruz) oder Marisqueira (Rua do Castelo 15).

Jugendherberge: In der Rua Margarida 6 bei der Avenida Central, schließt Mitternacht. **Turismo de Habitação:** Casa dos Lagos (TH) in Bom Jesus, ✆ 053-67 67 38; Casa da Pedra Cavalgada (TR) in Palmeira, ✆ 053-24 59 61.

Camping: Auf der Straße hoch nach Bom Jesus, neben dem Schwimmbad.

Essen: Weiß man kein Restaurant, irrt man herum. Conde Dom Henrique in der Rua do Forno ist gut, mitten in der Altstadt. Ordentlich Minhota am Praça do Comercio. Am Campo das Hortas Cruz Sobral und Bem-me-quer. Ceia in der Rua do Raio sehr populär.

Bus: Nördlich der Stadtmitte Busbahnhof *Central de Camionagem*. Von dort nach Lissabon, Porto und alle größeren Orte in Nordportugal, auch Gerês. Städtische Linie 4 verkehrt nach Bom Jesus.

Bahn: IC-Züge *(Alfa)* nach Porto–Lissabon. Ab Bahnhof Nine fährt die Linha do Minho (Porto-Viana-Valença).

Feste: Semana Santa (Heilige Woche) vor Ostern. Johannisfest vom 23.–25. Juni.

Turismo: Avenida Central. Informationen über Nationalpark Gerês im Hauptbüro Rua de São Geraldo 19, ✆ 053-2 25 50, Fax 61 29 31.

Barcelos

Abertausende strömen zum **Campo da República** und schieben sich an endlosen Reihen von Ständen vorbei: Markttag. Der **Wochenmarkt** von Barcelos ist nicht nur der größte in Portugal, sondern in ganz Europa. Dank der EG-Regulationen wird er für kommende Generationen zu einer Touristen-Attraktion verkümmern. Aber noch ist er lebendig: Da gibt es ganze Buden-

Südlicher Minho

straßen nur für Hühner, andere für Hasen; Berge von Gemüse und Obst türmen sich und duften süß; schwarz gekleidete Marktweiber thronen auf Hockern hinter ihrer Felderernte; die lokale Keramikindustrie präsentiert Brüchiges in Riesenstapeln; Korbwaren hängen von Bäumen und an Gerüsten neben leuchtend bunten Teppichen und glänzenden Schüsseln aus Messing. Der Geruch von gegrillten Sardinen schwebt in weißen Wolken heran.

Der **Hahn von Barcelos** (vgl. Vignette) ist Portugals Symbol. Er kräht von Fahnen, brüstet sich in Keramik gegossen und ziert Teller, Tassen und Tapeten. Mit ihm hat es folgende Bewandtnis: Ein Pilger auf dem Weg nach Santiago de Compostela, wegen Diebstahls zum Tode verurteilt, versicherte seine Unschuld dem Richter. Der saß beim reichen Mahl; vor ihm lag ein gerösteter Hahn auf der Platte. »Wenn der Hahn nicht auf der Stelle kräht, werde ich gehängt!«, prophezeite der Delinquent. Der Richter nickte, der Hahn krähte, der Herr hatte gesprochen – die Unschuld war bewiesen. Im Archäologischen Museum (verbunden mit dem Keramischen Museum, beide unterm Herzogpalast, tägl. 10–12 und 14–18 Uhr) erinnert ein Kreuz aus dem 14. Jh. an den oben beschriebenen *Galo de Barcelos.*

Die blühende Minho-Stadt hat natürlich eine Reihe von Kirchen. Hübsch ist die barocke achteckige Kapelle **Nosso Senhor da Cruz** (erbaut 1708) beim Campo in barockem Garten. Der dunkle Granit kontrastiert mit den weißen Mauerflächen in renaissancehafter Klarheit. Sehr schön ist die nahe Igreja de Terço (18. Jh.), mit Azulejo-Bildern bis zur Kassettendecke, ver-

Unter den Arkaden des alten Rathauses in Guimarães

goldeter Kanzel und Altar. Im Torre (16. Jh.) ist das Büro des Turismo etabliert. Beim Durchwandern des Städtchens stößt man bald auf einen pittoresken Platz am Rathaus, umrahmt von wappengeschmück-

BARCELOS/GUIMARÃES

ten Granithäusern. Bei der Brücke über den Rio Cávado (15. Jh.) sind die Igreja Matriz (13. Jh.) und deren Fensterrosette beachtenswert. Daneben liegen die Ruinen des Palastes der Herzöge von Bragança.

Das Erdbeben im Jahre 1755 zerstörte ihn. Der gotische Pelourinho und der Solar dos Pinheiros, ein stattliches Herrenhaus, liegen gleich in der Nachbarschaft. Gustave Eiffel, Konstrukteur einiger Brücken in Nordportugal, wohnte von 1885–87 auf der anderen Flußseite im Ortsteil Barcelinhos.

Unterkunft: **** Albergaria Condes de Barcelos; gute Pension Dom Nuno (recht teuer) und Arantes (beim Templo); sehr urig Bagoeira (Av. Sidónio Pais 57), urechtes uraltes Marktgasthaus, Do hoffnungslos überlaufen; Galo (2 km außerhalb). **Turismo de Habitação:** Casa dos Assentos (TH) in Quintiães, ✆ 053-88 10 60; Quinta do Convento da Franqueira (TH), ✆ 053-81 56 06; Casa do Monte (TR) ✆ 053-81 15 19; Casa do Eido (TR) in Nine, ✆ 052-96 12 54.

Essen: Bagoeira (s. o.). Furna, am Largo da Madalena, gegenüber der Markthalle, sehr populär.

Bus: Nach Braga, Viana, Ponte de Lima, Esposende und Ofir, Valença, Porto.

Bahn: Linha do Minho (Porto-Valença).

Turismo: Im Burgturm *Torre de Menagem*, ✆ 053-81 18 82 u. 8 12 35.

Guimarães

Guimarães leidet unter der Nähe des größeren Braga. Oder eifersüchtelt Braga, weil Guimarães die schönere Stadt ist? Auch hier dominieren Kirchenbauten und Klöster das historische Stadtbild, aber alles ist lockerer als in Braga. Der Grund liegt auf der Hand: In Guimarães fehlte (Gott sei Dank) die strenge Kontrolle des Bischofs. An Historie nimmt es die Stadt mit allen im Lande auf: *Aqui nasceu Portugal*

Südlicher Minho

steht in Riesenlettern auf einer Wand – »hier wurde Portugal geboren«.

Apropos Geburt: Im Taufbecken der romanischen **Kapelle São Miguel** soll Landesgründer Afonso Henrique anno 1106 getauft worden sein, nachdem er im nahen Castelo das Licht der Welt erblickt hatte. Die Kapelle ist schlicht. Der Boden besteht aus 42 Grabsteinen für Fidalgos – Ritter, die Afonsos Reconquista-Ruhmestaten ermöglichten. Das Castelo ließ die sagenumwobene galicische Gräfin Mumadona anno 960 zum Schutz eines von ihr gestifteten Klosters bauen. 1097 ernannte Afonso Henriques Vater, der Herzog von Burgund, Guimarães zum Zentrum der Grafschaft Portucale. Das von ihm erweiterte Castelo wurde nicht wie in Bragança ein Städtchen mit Burgring und einem Wehrturm in der Mitte: Diese Burg war ein Schlachtschiff (so sieht's im Grundriß aus), mit einem 27 m hohen *Torre de menagem* und sieben Ecktürmen, vollgepackt mit Rittern, Soldaten und Waffen. In den 40er Jahren ließ Salazar die Burg renovieren. Das Denkmal (nahe der Burg) für Landesgründer Afonso Henrique wurde 1887 von Bildhauer Soares dos Reis geschaffen.

Leider verstümmelt der Anblick des Palastes der Herzöge von Bragança das Burggelände (erbaut im 15., genutzt bis ins 16. Jh., bis 19. Jh. im Verfall, dann Militär). Salazar ließ es zur Jahrtausendfeier (960–1960) als offizielle Staatsbleibe herrichten. Die ›Vergewaltigung‹ der gotischen Architektur zur faschistischen wirkt wie die sprichwörtliche Faust aufs Auge. Innen ist es ein Riesenmuseum mit -zig Räumen und antikem Mobiliar. In Prospekten und Büchern werden die riesigen Gobelins ausgelobt – allein, es sind Replikate. Die Originale holten die Spanier in der Zeit ihrer Regentschaft (1580–1640) ab und hängten sie später im Prado bei Madrid auf.

Im Gegensatz dazu zählen zwei andere Museen zu Portugals schönsten: Das **Museu Alberto Sampaio** in den ehemaligen Räumen des Stifts Nossa Senhora da Oliveira (Besichtigung mit Führung, 10–12.30 und 14–17.30 Uhr, Mo geschl.) präsentiert außer seinem romanischen Kreuzgang den reichen Kirchenschatz. Von rarer Schönheit ist das versilberte Triptychon, das König João I. stiftete. Er soll es in Aljubarrota im Zelt des kastilianischen Königs aufgefunden haben. Joãos Mantel (den er angeblich im Kampf trug) hängt daneben.

Das **Museu Martins Sarmento** (Besichtigung mit Führung 10–12 und 14–17 Uhr, Mo geschl.) birgt in den Räumen des ehemaligen Dominikaner-Stifts eine packende Kollekte von Funden aus vorromanischen Zeiten (Stücke aus der Citânia de Briteiros und Sabroso).

Die Hauptattraktion der 80 000-Einwohner-Stadt ist freilich die **Altstadt** östlich vom zentralen Largo de Toural. Im Süden rahmt der Stadtgarten Alameda da Resistén-

GUIMARÃES

cia ão Fascismo die Altstadt bis zur Parkstraße Alameda de 25 de Abril ein. An deren Ende ragt die Kirche São Francisco auf (15. Jh., verändert im 17. Jh., Azulejos innen und außen).

In der Altstadt sorgen ein halbes Dutzend Gassen und zwei Handvoll Travessas für sympathische Unordnung. Die meisten Fronten bestehen aus Quinta-ähnlichen Gebäuden, aus Konventen und anderem schiefen Mauerwerk. Wer sich treiben lassen kann, geht im pittoresken Durcheinander von Winkeln womöglich sehnsüchtig unter. Hinter zahllosen ebenerdigen Klapptüren klirren Gläser gegeneinander oder lachen Leute; in Krimskrams-Läden hängen Schnapsdestillatoren und Shampooflaschen von bröckelnden Decken; beim Vorübergehen bleibt die Zeit stehen; das Gelb und Grün der Sonnenschirme an den Platzcafés wetteifert mit den Ocker- und Rosatönen alter Wohnhäuser. Daneben rieselt der Putz von den (teils leeren) Palästen. Das Rückgrat der Altstadt ist ihre schönste Gasse, die wie eine Längsachse vom Castelo hinunter zum Largo das Oliveiras führt: die **Rua Santa Maria.**

Magisch ist er ja, dieser Largo. Das ehemalige Kloster Nossa Senhora das Oliveiras soll jenes von Gräfin Mumadona gestiftete sein.

Die nördliche Platzseite nimmt ein selten schönes Haus mit Arkaden ein, das jetzige Stadtarchiv. Auch dieses Gebäude ließ João I. als damaliges Rathaus bauen. Nebenan ist eine Pousada; dahinter der Praça de Santiago und der Largo João Franco. An einer Ecke sind in der modernen Galeria JM Werke portugiesischer Avantgard ausgestellt.

Einen Steinwurf südwestlich der Altstadt liegt der barocke Konvent von São Domingo. Weitere schöne Paläste sind die der Familie Rotulas (mit arabesk anmutenden Fenstern), Navarro de Andrade und der Palast von Lobos Machado neben der Misericórdia-Kirche (Renaissance, Ende 16. Jh.).

Sieben km außerhalb der Stadt hat man vom Monte Penha (617 m) ein gutes Rundum-Panorama. Auf dem Weg liegt das ehemalige Kloster **Santa Marinha da Costa,** jetzt eine Pousada. Die Kirche ist für jedermann geöffnet, die Pousada nur für Gäste. Mit einem Lächeln kommt man hinein und kann das von Dona Mafalda anno 1154 erbaute Anwesen von innen sehen. Sie widmete es Marinha, der Schutzheiligen der Schwangeren. Ursprünglich war es ein Augustiner-Kloster und wurde im 16. Jh. dem Orden des Heiligen Hieronymus übertragen. An der Südseite gibt es einen Türrahmen aus dem 10. Jh., ein Gemälde aus dem 16. Jh. befindet sich in der Sakristei.

Unterkunft: Pousada de Santa Marinha; Pousada Nossa Senhora da Oliveira. **** Hotel Guimarães. *** Fundador. ** Sul Americano. Da Montanha (in Penha). Albergaria Palmeira. Residencial São Mamede; Vila Maria; originell Pensão/Restauran-

Südlicher Minho

te Imperial in der Rua Egas Moniz 63; Inhaber José Gonsalves zeigt mit Vergnügen eine Vogeleiersammlung. **Turismo de Habitação:** Casa das Pombais (TH) in der Stadt, ✆ 41 29 17; Casa de Conde de Paco Vieira (TH), ✆ 54 12 27; Casa do Ribeiro (TH), ✆ 53 28 81; Paço de S. Cipriano in Taboadelo, ✆ 48 13 37; Casa de Sezím (TH), teurer, ✆ 52 31 96. Rural: Quinta de Curojeiras in Vila Nova das Infantas, ✆ 54 11 35. Vorwahl für alle: 053.

Camping: Auf dem Penha-Berg; mit Schwimmbad, halbstündlich 6–20 Uhr Busse in die Stadt.

Essen: Viele gute und preiswerte Lokale. Alameda und Juncal, beide am Largo da Condessa do Juncal, und das Solar da Rainha mit gutem Menü; um die Ecke vom Largo das Oliveiras zieht die auf cool eingerichtete Snackbar Burgo schickes Jungpublikum an.

Feste: Stadtfest São Gualter vom 5.–8. August, wird seit 1452 gefeiert; am 1. Juli-Wochenende Romaria nach São Torcato (6 km nordöstlich) und »Prozession mit archaischem Chor aller Jungfrauen« (so der Stadtprospekt); eine Woche später ähnliches zum Thermalort Caldas da Vizela. Wallfahrt nach Penha (2. September-Sonntag). **Markt:** Jeden ersten Samstag im Monat Flohmarkt beim Rathaus.

Bus: Vom Centro de Camionagem in viele Orte Nordportugals, nach Lissabon und Porto.

Bahn: Linha da Guimarães, nach Porto-Trinidade.

Turismo: Eckhaus an der Alameda da Resisténcia ão Fascismo 83. Mickrige Informationen.

Die Region Basto

Die Region Basto liegt von allem weit abgelegen. Von Guimarães kommend oder von Gerês, von Vila Real oder Amarante: Man fährt endlos durch fruchtbares Hügelland, zumindest 25 km, und kommt tiefer und tiefer in eine ›heile Welt‹. Hier wächst besonders kräftiger Vinho Verde. Den modern verschandelten Ort **Póvoa de Lanhoso** kann man getrost durchfahren, wenn man eine der kleinsten Burgen des Landes auf einem Zuckerhutberg vor dem Ort besichtigt hat. Sie hat schon Wichtiges erlebt: Am 24. Juni 1128 besiegte der 17jährige Ritter-Rebell Afonso Henrique die Truppen seiner Mutter Dona Teresa beim nahen Dörfchen São Mamede. Die Mama setzte er in der Burg von Lanhoso gefangen und machte sich ans Regieren des Landes, dessen erster König er wurde. Auch ein Eifersuchtsdrama fand hier statt: Im 14. Jh. soll der damalige Burgherr seine untreue Frau darin eingesperrt haben, samt ihrem Liebhaber. Dann ließ er die Burg in Brand stecken. Im 18. Jh. wurde sie wieder aufgebaut.

Wo auch immer napoleonische Soldaten hinkamen, schlugen sie den Heiligenfiguren an Kirchen und Klöstern die Köpfe ab. In der Basto-Region guillotinierten sie auch solche Wahrzeichen-Figuren, die mit der Kirche nichts zu tun hatten: keltische zylindrische Statuen, mit welchen früher die Ureinhei-

REGION BASTO

In der Kirche von Cabeceiras de Basto

mischen die Grenzen ihres Raums absteckten: »Ich behaupte!« – *basto!* heißt genau das. Auf dem zentralen Platz von **Cabeceiras** ragt eine der schönsten und ungeköpften (weil damals im Boden vergrabenen) Figuren auf. Einen Steinwurf weiter dominiert das barocke **Kloster São Miguel de Refojos** die Umgebung. Seine Ursprünge gehen auf das Jahr 670 (!) zurück. So wie es sich jetzt präsentiert, wurde es im 18. Jh. erbaut. Die Steinfiguren, die die Domkuppel umstehen, stellen Apostel dar. Der gewaltig große Klosterkomplex neben der Kirche wird jetzt als Gymnasium und Rathaus verwendet. Beim Rundgang entlang der offenstehenden Verwaltungsstuben im ersten Stock erhält man Einblicke ins Provinzleben: Am Tisch des Arbeitsgerichtes bastelt eine Siebenjährige, der Richter gestikuliert mit einem Freund über Fußball; eine Sekretärin lacht und zeigt dem Fremden bereitwillig den Ratssaal, in dem ein herrliches Gemälde, über das niemand Genaues weiß, die ratenden Herren überthront – wahrscheinlich 16. Jh., flämische Schule. Die Kirche gleicht einer Theaterkulisse: Großköpfige Teufelsfiguren tragen Kanzel und Orgel; ihr satanisches Lachen könnte auf einem Hieronymus-Bosch-Bild nicht bizarrer sein. Von den beiden Orgeln aus dem 18. Jh. ist die rechte eine Attrappe, auf daß die Symmetrie im Gotteshaus gewahrt bleibe.

Unterkunft: Billige Pensionen São Miguel und Cafil, im neuen Stadtteil. **Turismo de Habitação:** bei Cabeceiras: Casa da Granja (TH) in Arco de Baúlhe, ✆ 053-66 31 95; Casa da Tojeira (TH) in Faia, ✆ 66 31 69; Casa de Alvite (TH), ✆ 66 21 02. Bei Felgueiras: Casa Dr. José Bento (TH), ✆ 055-48 33 47. Bei Lanhoso: Casa de Requeixo (TR), ✆ 053-63 11 12. Bei Vieira do Minho: Casa da Cruz de Real (TR), ✆ 053-5 74 52; Casa de S. Paio (TR), ✆ 053-64 74 31.

Essen: Am Platz vor der Kirche einige Cafés und Restaurants. Avenida ist populär.

Bus: Nach Celorico de Basto, Chaves, Porto.

Feste: Festas de São Miguel Ende September, mit landwirtschaftlicher Messe und Volksfest.

Nördlicher Minho

Welch üppig-grünes Land! Das atlantische Klima bringt der Costa Verde, was anderen Regionen fehlt: Regen. Aus den östlich gelegenen Serras rauschen wilde Flüsse in schluchtartigen Tälern westwärts. Erreichen sie die Niederungen, werden sie seicht, breit, behäbig, gurgeln vorbei an Äckern und Wiesen. Jeder Flecken Boden wird bebaut. Allem voran mit Weinreben, die an Pagoden und Spalieren hochranken und im Konzert mit den terrassierten Hügeln geometrische grüne Muster malen. In Portugals nördlichster Region schwebt Barockes in der Luft, nicht nur in Kirchen und Klöstern.

Nördlich von Viana

Die Küstenstraße N 13 läuft am Monte Santa Luzia vorbei und weiter am Atlantik entlang. Nächster Ort ist **Carreco**; dahinter steigt die Serra Santa Luzia zu ihrem höchsten Gipfel auf 552 m an. Montedor hat nicht mehr als ein Dutzend Häuser; in Afife verwandelt sich das sogenannte Casino in den Sommermonaten in ein Spielzentrum für Domino, Schach, Karten und Kegel. Die N 13 wird an Wochenenden zum Tummelplatz der Leute aus Porto, ebenso der Strand, den Dünen nord- und ostwindfrei halten. Frischer Westwind dagegen fegt die bunten Badetücher nur so um die Sandhügel. Viele Abschnitte sind selbst im Hochsommer fast menschenleer.

Jetzt den Pinienwald von Gelfa durchfahren, den König Dinis anlegen ließ, dann weiter hinab ins **Âncora-Tal**, verträumt, schön. An der Mündung des Flüßchens liegt das hübsche Badeörtchen Vila Praia de Âncora. Bei einem 2 km-Abstecher stößt man auf das kelt-iberische **Hünengrab Dolmen da Barrosa**. Hinter Moledo endet die 20 km lange Sandküste, und die Mündung des Rio Minho öffnet sich. Die Nehrung wirkt wie ein Schnabel, der das Salzwasser einsaugt und ausspuckt. Direkt am südlichen Mündungsrand liegt ein für Camper attraktiver Platz. Er wird im Sommer recht voll. Der nächste Ort **Caminha** ist der nördliche Endpunkt von Portugals Küste.

Alternativ zur Autofahrt lohnt sich die mit der Bahn von Viana nach Caminha: Sie führt über weite Strecken am Meer entlang, ist spottbillig, hält in jedem Dörfchen, und während man durch einen dünn besiedelten Küstenstrich schaukelt, bringt sie die Zeit zum Stillstand. Blickt man zur meerabgewandten Seite, reihen sich die Bergketten auf: für Naturliebhaber ein Fest.

Unterkunft: Vila Praia de Âncora: *** Hotel Meira und Albergaria Quim Barreiros. Pension Sereia da Gelfa, Residencial Verdes Lirios.

Camping:
Pinhal da Gelfa.

Praça da República in Viana

Nördlicher Minho

Viana do Castelo

Vom Süden kommend – mit Bahn oder Auto – erkennt man rasch, warum Viana do Castelo (21 000 Einwohner) in alter Zeit so wichtig wurde: Es liegt, strategisch bedeutsam, an der breiten Mündung des Rio Lima, den heute zwei Brücken überspannen – eine von Gustave Eiffel erbaute und eine neue Autobahnbrücke. Im Hinterland reihen sich bewaldete Hügel zur fernen Felskette der Serras von Peneda und Gerês auf.

Das einstige Städtchen ist jetzt umrahmt von Modernem. Portugals Europaboom kratzt mit Beton den Himmel auf. Aber im **historischen Kern** strömt fast jedes Haus Erlebtes aus. Der Ort, die ganze Region hat auch schon viel gesehen: Nach ihrem Irrzug durch Europa kamen die Kelten in dieser Region zur Ruh' und vermischten sich mit ansässigen iberischen Stämmen (Castro-

VIANA DO CASTELO

Ruinen nahe beim Hotel auf dem Monte Santa Luzia, 500 v. Chr., neuerdings eingezäunt). Griechen unterhielten an der Flußmündung einen Handelsplatz, bevor die Römer eintrafen und dem Ort das Attribut ›die Schöne‹ *(atrium pulchrum)* verliehen. Später brachen die Mauren ein, versuchten ihre islamische Kultur über die christliche zu stülpen, und mußten wieder weichen. Der burgundische Graf Heinrich, für seine Reconquista-Taten mit der Provinz Portucale vom König von Léon belehnt, fühlte sich wohl an den Gestaden des Rio Lima und den endlosen Sandstränden. Ur-Enkel König Afonso III. (1248–1279) gab dem Ort – er trug bis dato noch den römischen Namen – seinen heutigen: Viana.

Der ursprüngliche Stadtkern mit seinem viereckigen Grundriß wurde 1374 verstärkt. Der Aufschwung im Handel zog nicht nur die konkurrierenden Spanier an. Auch aus dem Norden einfallende Piraten (die Hanse machte ihnen das Leben sauer, sie mußten sich nach ›Alternativen‹ umsehen) holten sich ihren Teil. Als im 16. Jh. der Handel blühte und dann eine Reihe von Stadtpalästen entstand, ließen die Stadtväter an der Flußmündung ein Bollwerk zur Verteidigung errichten. Den italienischen Namen *Roqueta* wandelten die Vianeser in *Rochetta* um – heute liegt das Fort verlassen im Hafenviertel.

Der Sinn für Schönes ist in Viana stark ausgeprägt. Nicht nur in der Architektur, in präziser Renaissance, im spielerischen Barock – auch in den Trachten. Diese sind vor allem bunt, und die Farben sind bei aller Intensität harmonisch. Die groben wie feinen Materialien (Wolle, Baumwolle, Leinen) passen zusammen. Heute noch sieht man Frauen und Mädchen vor den Häusern und auf den Plätzen beim Klöppeln.

Wie gehabt: erst mal hinsetzen und still betrachten, am besten am

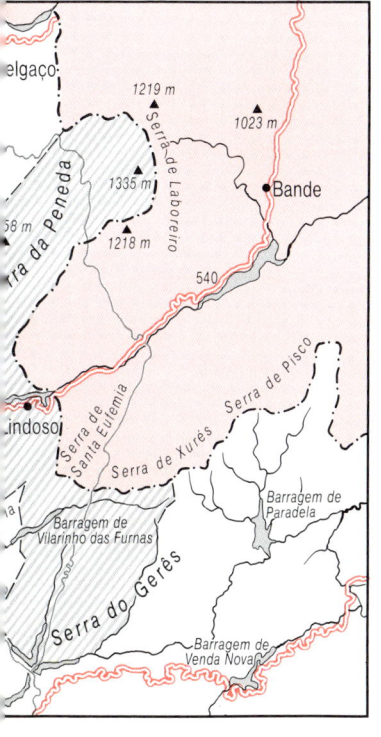

Nördlicher Minho

Nördlicher Minho

Casa da Misericórdia in Viana

Praça da República, einem der hübschesten Plätze Iberiens. Der **Brunnen** in seiner Mitte wurde in vielen Städten kopiert, doch nirgendwo hat er diese von João Lopes anno 1553 geschöpfte Eleganz. Von den Gebäuden, die den malerischen Platz einfassen, ist eines attraktiver als das andere. König Manuel I. ließ ihn erbauen. Er hielt sich allzu gern in dieser Stadt der Grazie auf. Die manuelinischen Dekorationen an Türrahmen und Säulen zeugen vom Stolz über die Entdeckungen der portugiesischen Seefahrer. Der Hafen von Viana war für den Fischfang von enormer Bedeutung, und in den örtlichen Werften entstanden jene Schiffe, mit welchen die Portugiesen die Ozeane überquerten: die Karavellen.

Bleiben wir am Praça. Hier steht der Komplex des **Misericórdia-Armenhauses**, daneben die Misericórdia-Kirche (16. Jh., restauriert 1714). Baumeister war João Lopes der Ältere. Sein Renaissance-Stil hat etwas sehr Eigenwilliges an sich. Er unterbricht strenge Geraden, hängt Loggien in die Fassade, integriert Arkaden, getragen von Atlanten und Karyatiden, und krei-

VIANA DO CASTELO

ert einen Palast. Heute würde man sagen: ein Exzentriker am Werk. Die barocken Holzschnitzereien und die Azulejos im Inneren der Kirche sind ebenfalls eine Augenweide; frühes 18. Jh. Der Komplex selbst steht dem Verfall preisgegeben. Von den Plänen einer Pousada gibt es außer ein paar Skizzen (Gott sei Dank) noch nichts zu sehen. Vom rücksichtslosen Einklinken von Staatshotels in historische Bauten gibt es nur wenige positive und genügend negative Beispiele. Ein Teil des Gebäudes wird vom Unicef-Büro genutzt.

An **Palästen** fehlt es nicht. Drei große und ein paar kleine sind in der Stadt verstreut. Der Paço dos Távoras (16. Jh.) hat schöne Steinfiguren. Aus der ersten Hälfte des 18. Jh. (damals kam mehr Gold als je zuvor aus Brasilien) rühren die Paläste Cunhas und Barbosa Macieis. In letzterem ist ein Museum etabliert, mit Bildern, Stichen, Möbeln, Töpferwaren, Bestecken, Porzellan.

Der **Monte Santa Luzia** gibt der Landschaft um Viana ein unverkennbares Profil. Auf den Gipfel baute man in den 20er Jahren eine Basilika. Kunsthistoriker nennen den Stil eklektisch und meinen verunglückt. Eine Wanderung zum Gipfel führt durch Eukalyptus- und Pinienwälder (Abkürzung entlang der wunderschönen museumsreifen Seilbahn, verkehrt vormittags stündlich, nachmittags halbstünd-

Viana do Castelo

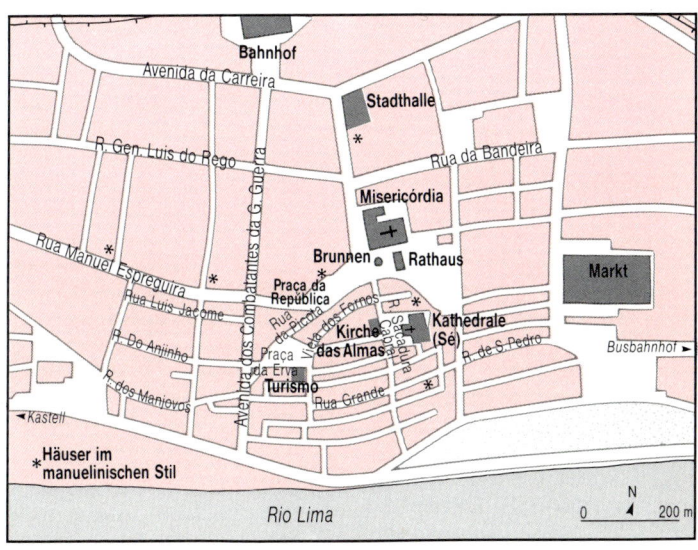

Nördlicher Minho

lich) und läßt einen den Minho aus höherer Warte betrachten.

Zwei vom Touristenamt empfohlene **Rundwege** führen entweder zu **Bauwerken** vom Manuelinischen bis zum Jugendstil, oder aber vom Manuelinischen bis zu Renaissance und Barock. In jedem Fall startet man am Hospital Velho (nicht Krankenhaus, sondern Hospiz, Bleibe für Pilger auf dem Wege nach Santiago de Campostella), jetzt Turismo-Büro. **Rundweg 1** führt durch die Rua Manjovas mit diversen Häusern aus dem 15. und 17. Jh. Die **Igreja de São Domingo** (16. Jh.) ist beispielhaft für das nordportugiesische Verständnis vom Geist der Renaissance. Die vergoldeten Hochaltäre im rechten Kirchenschiff lassen einen ehrfürchtig staunen. Die Fassade ist fast theaterhaft streng. Am Platz davor befindet sich das 1992 renovierte Museu Municipal. Die Rua Espregueira ist die historische Achse der Stadt mit etlichen Palästen.

Rundweg 2 führt vom Hospital Velho durch die Rua do Poço (Brunnenstraße). Dem Brunnen gegenüber steht ein schlichtes manuelinisches Haus. Man hat es renoviert, und nun beherbergt es das Jugendamt, mit Bar und Atrium, häufig auch Ausstellungen – eine verschwiegene Oase im betriebsamen Viana. Am Ende der Gasse wartet das rosafarbene Haus des Schildknappen João Velho – auch dies sehr schön! Die **Catedral** ist gotisch und erinnert an wehrhafte Zeiten (15. Jh.); der englische Einfluß ist nicht zu verkennen. Nun zum Praça da Republica mit dem **Rathaus** (frühes 16. Jh.), einem sehr schönen Arkadenbau, dem Palast Sotto Mayor mit seinen Renaissanceverzierungen und dem Misericórdia-Komplex. Nun geht es durch die Rua Candido dos Reis mit den Palästen Carreira (heutiges Rathaus) und (schräg gegenüber, linkerhand vor dem Bahnhof) Melo Alvim, einem der schönsten der ganzen Stadt. Am Convento de Santa Ana (wenige Baureste aus dem 16. Jh.) vorbei führt der Weg zum leerstehenden Theater und wieder zurück ins historische Viertel zum Konvent und der Kirche Santo Antão. Die Rua da Bandeira birgt gleich ein halbes Dutzend Paläste und (teils in den Erdgeschossen derselben) Dutzende von herrlich schönen Ladengeschäften. Die Rua Nova de São Bento führt zum Convento São Bento (16. Jh.) mit schönen Holztäfelungen, Azulejos und Kassettendecke.

Andere schöne Gassen sind die Rua da Piedade, die Rua de Mateus Barabosa und überhaupt alle Gassen zwischen der Uferpromenade und dem Praça da República. Auch hier also heißt es: treiben lassen...

Unterkunft: **** Hotel Afonso III, Parque, Santa Luzia – teurer Komfort. *** Vianão Sol, ebenso; einfach das Aliança am Anfang der zentralen Avenida dos Combatantes; oft voll die Albergaria Calatrava; schön gelegen die Residencial Jardim, teuer; auch die 15 Pensionen nicht gerade günstig;

VIANA DO CASTELO

Guerreiro in der Rua Grande 14 eine der billigsten; freundlich Terra Linda, Rua Luis Jacome 11; Dolce Vita (mit populärer Pizzeria) in der Rua do Poço 44 liegt schön. Alambique in der Rua Espregueira noch günstig. Warum nicht privat? 6 Doppelzimmer im Hinterhaus der Pasteleria Londrina neben der Domingos-Kirche, schön und billig. Turismo vermittelt viele andere. Hausbesitzer zeigen mit unbeschriebenem weißen Zettel im Fenster freie Zimmer an. **Turismo de Habitaçao:** Casa do Ameal, ✆ 82 24 03; Casa Grande da Bandeira, ✆ 82 31 69; Casa de Nossa Senhora Torre das Neves (sehr schön, außerhalb) ✆ 77 13 00; Quinta da Valverde, bei Santa Luzia, ✆ 82 26 71. Turismo Rural: Solar de Cortegaça, oft ausgebucht, ✆ 97 16 39; Casa do Carmo, ✆ 87 11 33; Casa do Penedo, ✆ 98 14 74; Casa de Santa Filomena (bei Afife) ✆ 98 16 19; Pação d'Anha, ✆ 32 24 59; Agro Turismo: Quinta D. Sapo, ✆ 83 04 45. Vorwahl: 0 58.

Camping: Inatel-Platz für Langzeitzelter. Orbitur-Platz in Cabedelo, Mitte Nov./Dez. geschl.

Restaurants: Über 50 gibt es. Viele gute! Dolce Vita hat sogar etwas für Vegetarier. Im Três Arcos gutes Essen, an der Bar gute *Petiscos* (Snacks). Besonders billig das Casa de Pasto Transmontano (Rua Gago Coutinho 12). Edel ausgestattet das Cozinha das Malheiras in der Rua Gago Coutinho neben dem feudalen Palast Malheiras. Eines der schönsten und das älteste ist Freitas am Praça Frei Gonçalo Velho; Besitzerin Maria do Carmo wirkt mürrisch und sorgt trotzdem für beste Stimmung. Gut auch die Casa de Pasto Boa Vista in der Rua do Poço. Außerhalb in Lanheses regionale Spezialitäten im Fornalha.

Bus: Sehr gute Verbindungen zu anderen größeren Endpunkt-Orten im Minho – man kann von Viana aus fast die gesamte Provinz per Bus erkunden. Vor Ort am zentralen Busbahnhof am oberen Ende der Rua da Bandeira erfragen.

Bahn: Nach Porto etwa 2 Std. Fahrt, nach Valença etwa 80 Min. Viele Züge, schöne Strecke.

Boot: Ausflugsfahrten auf dem Rio Lima bei der Agentur AVIC am Busbahnhof buchen.

Feste: Festas da Agonía in der 3. Augustwoche. Umzüge, Tänze, Feuerwerk, Karneval total. Im August endlose Feste in allen Dörfern der Umgebung. **Wochenmarkt:** freitags.

Turismo: Rua do Hospital Velho/Praça da Erva, ✆ 058-82 26 20 o. 2 49 71, Fax 82 97 98.

Den Rio Minho hinauf

Caminha ist geschützt auf einer Art Halbinsel gelegen, zwischen der Mündung des Rio Coura in den Rio Minho und dessen Mündung in den Atlantik. Die strategisch bedeutsame Position bestimmte denn auch die Geschicke des Städtchens, wie die Befestigungsanlagen zeigen. Die **Igreja Matriz** entstand Ende des 15. Jh. zu einer Zeit, da Caminhas Handel ähnli-

Nördlicher Minho

Quintas

Leben wie der Landadel

Von weitem schon sieht man dem Haus an, daß es ›etwas ganz besonderes‹ ist: Die Dächer der Haupt- und Nebengebäude bilden eine Masse ineinander verschachtelter rötlicher Flecken, eine Zypresse ragt wie von van Gogh gemalt in den blauen Himmel.

Am schmiedeeisernen Eingangstor hängt eine Plakette mit dem Namenszug *Quinta da Comenda*, und daneben die Plakette mit einer dunkelgrünen Baumkontur. Die Augen des geübten Nordportugal-Besuchers leuchten auf, denn er weiß: In dieser herrlichen Anlage kann man wie ein Hotelgast wohnen. Mit dem großen Unterschied, daß man nicht in einem anonymen Betrieb absteigt, sondern in einem Privathaus, bei Menschen, die in diesem Haus selbst leben. Die meisten Besitzer solcher Häuser, die unter dem schwammigen Namen *Turismo de Habitaçao* klassifiziert sind, gehören der alten Nobilität des Landes an.

Der Don (Herr) oder die Dona (Dame) zeigen einem nur zu gerne ihre Quinta und erzählen dem Gast von der Geschichte des Hauses, die in der Regel die Geschichte einer Familie spiegelt. Bei der Führung wird die Dona auf das Symbol neben dem Eingang zur Hauskapelle zeigen (alle Quintas haben Hauskapellen) und erzählen (oft auf englisch oder französisch), was das in den Stein geritzte Kreuz den Rittern auf dem Weg nach Jerusalem signalisierte: Hier gibt es Brot und Wein.

Die Quinta da Comenda wurde von der Mutter des Landesgründers König Afonso Henrique anno 1143 gegründet. Später übernahm der Malteserorden die Quinta, weil sie so günstig gleich neben der Römerstraße bei Viseu lag. Die Reste der Straße sind übrigens bestens erhalten. Nach dem Erdbeben und dem Wiederaufbau des Landes durch Marquês Pombal wurde das Haus wie alle Konvente und Klöster säkularisiert, und die jetzige Besitzerfamilie da Rocha kaufte das Anwesen.

Solche Geschichten hört man in jeder der über 100 Quintas, die es allein im Norden Portugals gibt (etwa zwei Drittel aller portugiesischen Quintas). Hier wird man als Gast mit der Geschichte und dem Geist des Landes direkt konfrontiert, und mit den Geschichten und Ge-

QUINTAS

Quinta das Torres bei Ponte de Lima

schichtchen, die Don und Dona erzählen, werden Begriffe wie *Saudade* verständlicher. Die Besitzer erzählen gerne über die Geschichte ihres Hauses, ihre Familie, den Ort, die Provinz, geben Tips, was man in der näheren Umgebung unternehmen kann. Da der Aufenthalt in diesen Häusern preisgünstig ist, kann man ganze Reiserouten planen, die von Quinta zu Quinta gesteckt sind. Die komplexe Kultur Portugals kann man auf keine bessere – und angenehmere – Art erleben.

Die Regierung Portugals beschloß 1986, die Renovierung alter Herrensitze mit einem Zuschuß von bis zu 60 % zu fördern, vorausgesetzt, es wurden mindestens drei Gästezimmer installiert und der regelmäßige Betrieb als Gästehaus garantiert. Das Programm fand großen Anklang, und die Regierung kann sich heute vor Anträgen kaum retten. Auf diese Weise sind also herrliche Quintas, Paläste, stattliche Bauernhöfe, Wassermühlen und ehemalige Klöster den Fremden zugänglich geworden. Die Bleibe ist sogar erschwinglich. Die aufgenommenen Häuser sind in drei Kategorien eingestuft: *Turismo de Habitaçao (TH)* ist die oberste. Voraussetzung: mindestens 4 Gästezimmer mit eigenem Bad/Toilette in historisch wertvollem Gebäude. Luxuriöse Ausstattung. Der Preis pro Paar/Nacht inklusive Frühstück liegt bei DM 70 bis 150. *Turismo Rural (TR)* ist in der Regel etwas einfacher ausgestattet. Ohne Einbuße an Stimmung oder Originalität! Billiger: DM 50 bis 120. *Agro Turismo (AT):* Noch einfacher. Aktiver Agrarbetrieb ist dem Haus angeschlossen. Ab DM 40 bis 120 pro Paar/Nacht.

che Umschlagzahlen erreichte wie der Portos. Gegenüber kann man sich in einem Café den Schlüssel geben lassen (oder man erfährt zumindest, wer über das rostige Ding verfügt). Ist man drinnen, so bestaunt man eine kassettierte Holzdecke mit feinen Einlegearbeiten, in die maurische Elemente eingewoben sind. Recht mittelalterlich wirkt der nahe **Praça do Conseilheiro Silva Torres** mit dem gotischen Pitas-Palais (15. Jh.), dem Rathaus und dem Glockenturm (Renaissance). Der Ruf, Caminha sei eine ›Mini-Ausgabe‹ von Viana, kommt von dem Brunnen, den João Lopes der Ältere schuf und damit seinen eigenen von Viana kopierte. Von kolossaler Größe ist die Statue des heiligen Christophorus in der Kapelle Dos Mareantes (Seefahrerkapelle).

Der Fährbetrieb nach A Guardia ist derzeit lahmgelegt, soll aber wieder aufleben. Die nächste Fähre ist in Vila Nova de Cerveira, wo eine Pousada hauptsächlich Spanier beherbergt, die beim Wochenendtrip das Nachbarland besuchen.

Auf der N 302 kann man von der Minho-Tour abbiegen und via São Bento da Porta Aberta in einsames Hügelland hochkurven, bis Paredes de Coura. Stolz behaupten die Leute dort, ihr Dorf sei das älteste Portugals, zugleich das forellenreichste. In den Zuflüssen aus den umliegenden Bergen tummeln sich tatsächlich viele der beliebten Süßwasserfische.

Unterkunft in Caminha: Einige Pensionen, Ideal, Galo d'Ouro und São Pedro sauber. In Paredes de Coura: Residencial Joaquim Lopes und Pension Miquelina. **Turismo de Habitação:** Quinta da Graça (TH) 92 11 57; Casa da Anta (TR), 72 15 95; Casa do Esteiro (TR), 92 13 56; Casa do Jardim (TR), 92 14 34, Vorwahl: 058.

Camping: Orbitur-Platz in Mata do Camarido. Billiger in Vilar de Mouros.

Essen: Viele Restaurants. Spezialität: Gefüllte Forellen.

Legenden zu den Farbabbildungen

1 Blick auf das Douro-Tal bei Régua
2 Blick auf die Ribeira in Porto
3 Traubenernte in der Portweinregion bei Pinhão
4 Café Majestic in Porto
5 Bahnhof São Bento in Porto
6 Weingut Mateus bei Vila Real
7 Altes Stadthaus in Vouzela bei Viseu
8 Häuserfront am Kanal von Aveiro
9 Treppenaufgang zur Pilgerstätte Bom Jesus, Braga
10 In der Serra de Montemuro

7

8

Nach **Valença do Minho** geht es auf der neuen N 13 rasch vorwärts. Überall wächst Wein – wir sind im Zentrum des Vinho Verde-Gebietes. Valença liegt auf einer Hügelkuppe über dem Rio. Die Sicht in alle Richtungen ist einzigartig, weshalb hier wieder eine Burg entstand. Mit über 4000 Einwohnern hat Valença tausend mehr als Caminha, aber es wirkt immer noch dörflich; Plätze und Gassen sind umringt von den vauban'schen Befestigungsmauern. Mit der idyllischen Ruhe ist es aus und vorbei, wenn mittwochs der Markt stattfindet. Dann strömen Tausende von Spaniern herbei; hauptsächlich mit der Bahn, die über die von Gustave Eiffel konstruierte und 1886 eröffnete Eisenbrükke rattert: Nun quellen Valenças Souvenirläden über; in den wenigen Cafés bekommt man keinen Platz und kann sich der Herrlichkeit der Häuser ringsum kaum erfreuen. Spätestens zum Sonnenuntergang wird es endlich wieder ruhig; es ist, als würde ein violetter Theatervorhang heruntergelassen: Vorbei ist die Vorstellung. Tags drauf ist Markt drüben im spanischen Tuy, dann ›völkerwandern‹ die Portugiesen im Gegenzug. Wie ausgestorben ist dann Valença. Ein großartiges **Panorama** über das Minho-Tal und die galicischen Berge hat man vom Miradouro Monte de Faro (566 m) aus. Er liegt 7 km südöstlich. Die Fähre nach Tuy wird außer Betrieb gesetzt, sobald die neue Brücke über den Minho fertiggestellt ist (voraussichtlich Ende 1993).

Unterkunft in Valença: Pousada de São Teotónio. ***Hotel Lara, Valença do Minho. Pensão am Monte Faro schön gelegen. Mehrere nicht billige wie Val Flores, S. Giao und Rio Minho (hat gutes Lokal). Privatzimmer erfragen in der Bar Cantinho (Rua Conselheiro Lopes da Silva).

Wochenmarkt: Donnerstags am Platz neben Turismo.

Turismo: Avenida de Espanha, ✆ 0 58-2 33 74/5 16.

Wenige Kilometer östlich von Valença liegt die ehemalige **Klosteranlage Ganfei.** Gerne führt Friedhofsgärtner Senhor António die seltenen Besucher in die Heiligen Hallen (romanische Benediktiner-Architektur) und auf den Turm. Dabei schwärmt er vom Vinho Verde. Falls er solchen schon getrunken hat, wird er die Glocken wie zu Ostern läuten.

Für die Weiterfahrt in Richtung Osten entweder die neue N 13 nehmen – oder parallel dazu die alte Straße über die Dörfer. Die Kirche São Fins in Friestas ist ebenfalls ein Benediktiner-Bau. In Lapela ragt über dem Minho und umstanden von schiefen Maisspeichern ein 26 m hoher Wachtturm (14. Jh.) auf. Am Ortseingang dämmert der leerstehende Bahnhof im Dornröschenschlaf und hofft seit 1989 auf das Erwecken durch einen Prinzen bzw. einen privaten Betreiber der stillgelegten Linie entlang des Rio.

Monção ist ein Thermalkurörtchen. Der **Largo do Loreto** ist Mit-

Nördlicher Minho

telpunkt eines kleinen Irrgartens aus Gassen. Die Igreja Matriz wurde 1992 renoviert. In einer Seitenkapelle ruht die Dorfheldin Deuladeu Martins, die Lokalhistoriker als »Begründerin der psychologischen Kriegsführung« rühmen. Als 1368 kastilianische Truppen Monção belagerten, bluffte Deuladeu die Spanier und warf die letzten Lebensmittel über die Stadtmauer. Überzeugt, die Bürger hätten noch viel zu essen, zogen die hungrigen Belagerer ab. Heute noch backt man ihr zu Ehren die kleinen Brotkuchen *paozinhos*.

Unterkunft in Monção: ****Albergaria Atlántico; Pensionen Mane, Residencial Esteves. Pension Central mit schönem Restaurant, billig.
Turismo de Habitação: Casa de Rodas (TH), ✆ 65 21 05; Quinta do Hospital (TH), ✆ 5 44 58; Quinta de Montes (TH), ✆ 65 27 71; Casa do Padeiro (TR), ✆ 5 42 06.

Camping: Parque das Caldas, städtischer Platz.

Turismo: Largo do Loreto, ✆ 0 58-65 27 57.

Auf der Strecke Richtung Arcos de Valdevez liegt rechterhand und völlig unvermittelt der **Palácio da Brejoeira**, eine Kopie des Lissaboner Ajuda-Palastes. Er wurde aus den enormen Einnahmen finanziert, die der Weinhandel erbrachte: Der Wein der Umgebung ist einer der besten und teuersten Portugals.

Zwei Kilometer weiter Richtung Pinheiros abbiegen, und bald verläuft die schmale Straße über eine schöne römische Brücke. Wieder zurück zur N 202, Richtung Melgaço. Bei Geivães überrollt man die Brücke, an der am 1. November 1386 König João I. den Herzog von Lancaster empfing, um mit ihm den Ehevertrag für seinen historischen Bund mit Philippa, der ältesten Tochter des reichen Engländers, auszuhandeln.

Lohnenswert ist zehn Kilometer weiter das Abbiegen, einem rostigen Schild folgend, nach Paderne. Dort befindet sich mitten im Dörfchen ein sehr schönes Kloster (12. Jh.), von Palmen umstanden. Die alten Gebäude nebenan gehörten früher zur Quinta (Agrarbetrieb) des Klosters.

Melgaço, der letzte portugiesische Ort vor Spanien, liegt hoch über dem Rio Minho. Mitte August geht es fröhlich zu, wenn bei einer Festa die Folklore-Gruppen aus vielen Orten Nordportugals anrücken, mit Dudelsäcken, Cavaquinhos und alten Trachten (teils aus Schafswolle) ausgestattet. Die Augustsonne bringt die Vorführenden fast zum Schmelzen. Im barocken Rathaus sind dann die Werke der Lokalkünstler ausgestellt, an den Ständen am zentralen Platz baumeln die Schinken, die Bauern (fast alle Leute arbeiten in der Landwirtschaft) probieren neue Traktoren und alten Portwein. Ähnlich turbulent geht es an Freitagen beim Wochenmarkt zu. Natürlich

MONÇÃO/MELGAÇO

hat das Städtchen eine Burg (1197 von Sancho I. erbaut), eine Misericórdia-Kirche und 1 km östlich die romanische Kapelle Nossa Senhora da Orada. Weitere 6 km südöstlich befindet sich in Fiães eine der schönsten romanischen Kirchen (12. Jh.) der Region. Die Grenze bei Ponte Barxas ist täglich von 7 (im Winter ab 8) Uhr bis Mitternacht geöffnet.

Die Chance zum Ausflug in den **Naturpark da Peneda-Gerês** sollte man nicht verpassen. Von Melgaço aus windet sich eine kurvige Straße in die Berge hinauf – bald ist man in einer völlig anderen Welt. Ein sehr schöner Campingplatz bei Lamas de Mouro ist Standort für viele Park-Wanderer. Ringsum krönen riesige Felsgestalten die Kämme der Berge. Durch die Wiesen plätschern Bäche, an einer römischen Brücke (in bestem Zustand) treffen sich zwei Wege, über die Jahrtausende lang die Menschen auf dem Weg nach Castro Laboreiro gingen. Die Burg in diesem über 1000 m hoch gelegenen Ort ist im Umfeld riesiger Felsbrocken kaum auszumachen. Von hier oben hat man ein einzigartiges Panorama über die galicischen Berge im Norden und den Naturpark mit seinen bizarren steinernen Serras im Süden.

Unterkunft in Melgaço: ***Residencial Boavista. Schöner die Pension Bemba am Largo da Calçada. In der Recidencial Miguel Pereira kann man im Erdgeschoß essen gehen: gutes Restaurant Do Cinema. **Turismo de Habitação:** Casa da Quinta da Calçada (TH), ✆ 0 58-4 25 47.

 Camping: Termas de Melgaço an der N 202.

Den Rio Lima hinab

Der Rio Lima entspringt beim spanischen Orense. Bei **Lindoso** tritt er in portugiesisches Territorium und gleich in eine neue Staustufe ein. Vom Straßenrand der ausgebauten N 203 kann man faszinierende Blicke ins 200 m tiefe schluchtartige Tal werfen. Von den Felswänden gischtet Wasser in die Tiefe. Steinwände schimmern feucht und silbrig, selbst im Sommer. Eukalyptusbäume biegen sich im Wind, die Unterseiten der Blätter blinken wie Fischschwärme.

Das Örtchen Lindoso klebt hinter einer Bergkuppe gleichsam an der Felswand und wird überragt von einer Burg aus dem 12. Jh. Die **Espigueiros** (Maisspeicher), Wahrzeichen dieser Region, zeigen sich hier in ihrer ursprünglichsten Form: Sie sind aus Granit und stehen in Gruppen, was auf den kommunalen Besitz der Maisernte hindeutet. Die meisten stammen aus dem 18. Jh., als die Bauern den Maisanbau forcierten. Unterhalb vom Ort staut sich der Rio Lima in der Barragem (Stausee). Der 120 m hohe Damm wurde 1992 fertiggestellt.

Nördlicher Minho

Bis Britelos windet man sich in zahllosen Kurven aus dem Bergland in flacheres Land hinab. Immer wieder fällt der Blick auf das silbrig schimmernde Band des Rio, dann auf einen größeren Ort: **Ponte de Barca** reiht sich an der Hauptstraße auf und endet abrupt an seiner schönsten Stelle, der Brücke über den Rio; sie wurde 1543 eröffnet. Früher fuhren flache Boote von Viana do Castelo bis hierher – daher der Name ›Brücke der Boote‹. Und was holten sie ab? Wein natürlich! Vinho Verde, rot und weiß, in den lokalen Geschäften (besser noch: bei der Kooperative am Uferweg) zum halben Preis zu kaufen. Vor der Brücke steht eine Markthalle mit herrlichen Arkaden; sie stammt aus dem 17. Jh. Der Turismo befindet sich am Largo Misericórdia (alle umliegenden Gebäude 17. Jh., pure und schöne Schlichtheit, renoviert). Der Ort bietet sich für Entdeckungstouren entlang des Rio an; von Entre Ambos-os-Rios aus (11 km östlich) lassen sich Trips in den Nationalpark unternehmen. Statt am Rio Lima weiterzufahren, lohnt der 5 km-Umweg über Arcos de Valdevez mit seiner schönen Ortsmitte.

Unterkunft: Ponte de Barca: Residencial Fernando, Os Poetas, Fontainhas, Pension Freitas. Arcos de Valdevez: Residencial António. Távares, Pensionen Ribeira (am Largo dos Milagres), O Telheiro. **Turismo de Habitação:** Ponte de Barca: Casa da Agrela (TH), ✆ 4 23 13; Casa do Paço Vedro (TH), ✆ 4 21 17; Quinta da Prova (AT), ✆ 4 21 63. Valdevez: Paço da Glória (TH), ✆ 94 71 77; Casa de Requeijo (TH) schön, direkt am Fluß, eigener Wein, ✆ 6 52 72; Casa do Adro (TR), ✆ 6 73 27; Casa de Avelar (TR) in Tavora, ✆ 6 54 65. Vorwahl für alle: 0 58.

Camping: Entre Ambos-os-Rios, bei Valdevez in Portela de Mezio.

Bei der Fahrt oberhalb des Rio Lima kommt man nun zum Dörfchen **Bravães**. Die romanische Kirche São Salvador (12. Jh.) wird von Touristen so sehr heimgesucht, daß man den Bau neuerdings abschließt – die Touris haben von den herrlichen Fresken bereits ein Drittel mit Taschenmessern und Fingernägeln entfernt. In der Dorfbar nebenan den Schlüssel geben lassen.

Das grünstrotzende Land zeigt sich weiß besprenkelt von satten **Quintas** (s. ›Thema‹ S. 118/19). Nirgendwo in Portugal gibt es so viele – über 200! Über 60 davon haben sich als Quintas des Turismo de Habitação dem gemeinen Volk geöffnet. Dabei ist **Ponte de Lima** kein protziger Ort. Im Gegenteil: Hier treffen sich die Bauern der Umgebung; die Kneipen in den Gassen (in Häusern aus dem 15. und 16. Jh., viele mit manuelinischem Dekor) sind schummrig. Die Einheimischen lassen sich in ihrem Treiben von den Fremden nicht abbringen.

Die Namensgeberin – die Brücke über den Lima – stammt aus dem 14./15. Jh. Hier beginnt für die meisten Besucher der Ortsbummel. Sie schlendern vorbei am Torre

PONTE DE BARCA/PONTE DE LIMA

(15. Jh., war bis 1960 Gefängnis) und bestaunen die Hochwassermarkierungen, steuern an den Markthallen vorbei und unter riesigen Platanenbäumen zum verlassenen Kloster Santo António, zurück durch die Gassen zum Praça da República, vorbei an der gotischen Igreja Matriz, dann flußwärts zum **Largo de Camões**, den bis zu sechs Stockwerke hohe alte Häuser einrahmen. Die Platzcafés sind ungemein beliebt, besonders jeden zweiten Montag, wenn einen Steinwurf entfernt auf dem sandigen Ufer des Rio Lima einer der größten Wochenmärkte Portugals abgehalten wird – seit anno 1125 (dem Jahr der Stadtgründung durch die Mutter von Landesgründer Afonso Henrique, Gräfin Teresa).

Die Römer sahen im Rio Lima den Fluß Lethe, den mythischen Strom der Vergessenheit, an dessen jenseitigem Ufer sie himmlische Gestade erhofften. Ob sie der Bau der Brücke (auf der anderen Flußseite finden sich noch einige römische Reste) desillusionierte? Beim Sonnenuntergang flattern bunte Bettücher, die die Frauen im Fluß gewaschen haben, an langen Leinen auf dem breiten Uferstreifen: Es sieht wahrhaft himmlisch aus.

Unterkunft: In Ponte de Lima: ****Albergaria, teurer als jede Quinta. Residencial Solar das Arcadas, Limiano, Solar de Cristovão, Pension Isaura; urig São João, mit gutem Restaurant (Rua do Rosario); billig Catrina, mit Restaurant. **Turismo de Habitação:** In Lima sind Quintas angesagt. Hier begann die Bewegung mit dem Wohnen in Herrenhäusern, Wassermühlen, Palästen. Eine kleine Auswahl: Casa dos Barreiros, Casa do Outeiro, Casa do Calheiros, Casa Pomarchão, Casa de Sabadão, Casa das Torres; die Quinta de Vermil in Ardegão hat deutsche Besitzer, ✆ 0 58-76 15 95. Für sonstige Buchungen an das Zentralbüro in Ponte de Lima wenden: Turihab am Praça da República, ✆ 0 58-94 27 29, Fax 74 14 44.

Essen: Keines ist beliebter als das Tulha in der Rua Formosa; gut das Restaurant in der Markthalle; mittags ist das Alameda schön.

Feste: Stadtfest mit Pferderennen, Feuerwerk etc. am 3. So im Sept. Am Mittwoch vor Fronleichnam das Fest Vaca das Cordas (›Kuh am Strick‹): Einheimische jagen einen Stier dreimal um die Kirche, dann wird er in den Straßen freigelassen.

Bus: Nach Braga, Viana, Barcelos, Valdevez.

Turismo: Praça da República, mit Turihab (= Zentrale Buchungsstelle für Quintas), ✆ 0 58-94 23 35 o. 94 33 27, Fax 74 14 44.

Im Nationalpark da Peneda-Gerês

Der 1971 gegründete Nationalpark da Peneda-Gerês umfaßt 72 000 Hektar und umschließt die Serras da Peneda, do Soajo, Amarela und do Gerês. Entlang der 80 km langen

Nördlicher Minho

Grenze zu Spanien leben 15 000 Menschen in über 114 Dörfern verstreut in dem gebirgigen Parkgebiet, dessen höchste Erhebungen der Giestoso (1337 m), Outeiro Alvo (1314 m), Pedrara (1416 m), Lourica (1355 m), Borrageiro (1433 m), Novosa (1515 m) und Cornos da Fonte Fria (1456 m) sind.

In diesem weiten ruralen Raum haben fünf Jahrtausende menschlicher Besiedlung ihre Spuren hinterlassen: Bewirtschaftung, Terrassenbau und Tierhaltung prägen das Gesicht der Landschaft. Diese Pufferzone nimmt zwei Drittel des Gebietes ein. Sie umgibt jene Räume, die sich aufgrund ihrer Beschaffenheit dem Menschen entzogen: Berggipfel, Kämme, Schluchten, Steinwüsten – Naturreservate par excellence. Vogelfreunde geraten in Erregung, haben sie doch in puren Pinienwäldern keinen einzigen Vogel gesehen. Der pH-Wert ist dort so sauer, daß Vögel das Weite suchen. Nicht in den Höhenregionen des Parks: Dort gibt es fünf Königsadler-Paare *Aquila chrysaetu* neben zwei Dutzend der Familie *Hieraetus pennatus*. Bussarde, Hühnerhabichte, Rote Milane *Milvis milvus*, Falken *Falco tinnunculus* und Adlereulen *Bubo bubo* kommen neben anderen Spezies vor, die bei ihren jährlichen Zügen Rast machen – insgesamt über 140 Arten.

Und Wölfe gibt es, etwa 70 bis 80. Einheimische stellen ihnen leider immer noch Fallen, ebenso den

Im Nationalpark da Peneda-Gerês

NATIONALPARK PENEDA-GERÊS

Füchsen und dem europäischen Luchs. Wildschweine *Sus scrofa castillanus* gibt es zu Hunderten; seltener das Rotwild *Capreolus canus*. Marder *Martes foina,* Dachse *Meles meles* und Otter *Lutra lutra* finden ideale Lebensbedingungen vor. Selbst Wildpferde (über 40 ›echte‹ galicisch-lusitanische und über 300 ausgesetzte) durchstreifen das Reservat. Der Braunbär *Ursus arctus* wurde im letzten Jahrhundert ausgerottet, die Wildziege *Capra pyreanica* in diesem.

Zoologen freuen sich über schwarze Vipern *Vipera latastei,* Grasschlangen *Natrix natrix,* Nattern *Coronella austriaca,* Vipern-Wasserschlangen *Natrix maura,* Wassereidechsen *Lacerta schreiberi,* diverse Salamander-Arten und Frösche, schließlich über den endemischen Schäferhund *Castro Laboreiro.*

Die **Flora** ist wegen der verschiedenen Bodenbeschaffenheiten und der diversen Klimaeinflüsse (atlantisch, mediterran sowie kontinental) sehr vielfältig. Mehrere Eichenarten kommen vor, auch Kork- und Steineichen sowie bis in 1000 m Höhe die englische Eiche. Ginster bringt gelbe Farbe dazu, Birkenbäume leuchten silbern, das Heidekraut rosarot; einzigartig ist die blauviolette *Gerês Iris.*

Der **geologische Aufbau** ist geprägt vom Granit (300 bis 280 Mio. Jahre alt), durchzogen von Schieferschichten und Sedimentgestein, das später zu metamorphischem Fels gepreßt wurde, wobei die Erosion drollige Felsgebilde hervorbrachte. Diese sind bis zu 600 Mio. Jahre alt. Adern aus Quarz, Pegmatite und Dolomite durchziehen das dominierende Granit. Die Effekte der letzten Eiszeit, der Würmeiszeit (begann vor 80 000, endete vor 10 000 Jahren), sind in den höchsten Regionen in charakteristischen Moränenzügen sichtbar.

Die **Landschaft** ist majestätisch: über dem Grüngürtel der Hänge – dem Bereich menschlicher Aktivitäten, wo Dörfer und Terrassenfelder harmonisch miteinander verschmelzen – ragen Felswände auf oder stürzen bis 500 m in die Tiefe. Im Abendlicht glüht die Steinwüste glutfarben auf und spiegelt sich in Stauseen, die in der Wildnis surreal wirken.

Die **Parkverwaltung** stößt bei ihrer Arbeit allerdings auf Widerstand, vor allem in der einheimischen Bevölkerung. Die will vom Schutz wilder Tiere nämlich nichts wissen, sondern Anbauflächen vergrößern. Manchmal muß sich die Verwaltung gegen Bauern durchsetzen, die mit erhobenem Gewehr den Parkpolizisten das Betreten der Dörfer verwehren. Rathäuser und Kreise erteilen die Baugenehmigungen für Häuser und Hotels, nicht die Parkverwaltung, die nur sehr beschränkte gesetzliche Gewalt hat. Man muß erst herausfinden, wie alle Interessen zu wahren sind: Wie in allen Reservaten der Welt muß man noch viel dazu lernen.

Die größte Gefahr kommt indes aus den Städten. Portugals Auf-

Nördlicher Minho

schwung wirkt sich auf den nationalen Tourismus boomartig aus. Jedes Wochenende windet sich eine Giftschlange von Autos durchs Reservat und hinterläßt Berge von Picknickmüll. Die Wegwerfgesellschaft wird reicher, ihr Umweltbewußtsein (noch) nicht.

Das Erwandern des Parks ist für Naturfreunde eines der großartigsten Abenteuer auf südeuropäischem Boden. Spezielle Wanderwege gibt es nicht, aber die vorhandenen Straßen (die meisten sind nicht-asphaltierte Pisten) sind brauchbare Orientierungslinien. Im übrigen gibt es zahllose Wege. Sie haben nur einen Haken: Sie sind nicht markiert. Karten erhält man für umgerechnet 5 Mark bei Parkbüros in Braga, Arcos de Valdevez, Montalegre und Gerês.

Die Wege führen zu allen Dörfern und den meisten Dolmengräbern aus keltiberischer Zeit, zu römischen Dörfern entlang der Römerstraße ›*Via. Nova. A. Brac.*‹ (= ›neue Straße nach Braga‹, so zu lesen an den Meilensteinen der Verbindung Braga – Asturia), zu Ruinen wie jenen des Klosters Santa Maria das Júnias aus dem 12. Jh. oder den Burgen bei Lindoso (13. Jh., erweitert 17. Jh.) und Castro Laboreiro (11. Jh.). Da passiert man Wasserfälle und findet Aussichtsstellen, wo man den Atem anhält ob der stillen Schönheit der Natur. Atmen kann man aber gleich wieder ganz tief: Die Luft ist nämlich zum Beißen pur.

Das Autofahren ist auf oben genanntem Wegenetz möglich. Vorsicht: Die gängigen Autokarten ge-

Stichwort: ›Misericórdia‹

Die Misericórdia-Bewegung nahm Ende des 15. Jh. ihren Aufschwung in Lissabon, als im Schwarzweiß-Kontrast zum neuen Reichtum das Elend wuchs: Vor allem die seit 1444 ›importierten‹ Sklaven führten ein jämmerliches Dasein im Schatten aufspringender Paläste. Viele alte Leute und Kranke, Männer mehr als Frauen, wurden in einer sich verändernden Gesellschaft zu Aussätzigen und Bettlern. Der Königsgattin Isabel schnürte es das Herz zu. Sie ließ Kranken- und Armenhäuser, Kirchen und Werkstätten bauen und sorgte dafür, daß Afrikaner innerhalb der Misericórdia-Organisation als Pfarrer arbeiten durften. Von Lissabon aus schwappte die Bewegung übers ganze Land. Den Bessergestellten war es nur recht: Sie spendeten einen Teil ihres Vermögens für wohltätige Zwecke, erleichterten somit ihr schlechtes Gewissen und hofften freudig auf einen Logenplatz im Himmel. In Nordportugal findet man in fast jedem Städtchen eine Misericórdia-Kirche.

NATIONALPARK PENEDA-GERÊS

ben ausnahmslos falsche Informationen, lassen vorhandene Verbindungen weg oder setzen solche ein, die es nicht gibt. Seit Sommer '92 werden an Wochenenden einige Straßen gesperrt, wie z. B. entlang des Stausees Vilarinho das Furnas (alte Römerstraße, mit zwei Befestigungen). Auch der Grenzposten Portela do Homen ist an Wochenenden gesperrt.

Unterkunft: Bei Gerês: ****Estalagem São Bento, neben Wallfahrtskirche, laut; ***Universal; **Parque; an die 40 Pensionen und Residencials, im Winter sind fast alle geschlossen. Baltasar hinterm Parkbüro ist gut, da Ponte ebenfalls. Privatzimmer in den Cafés erfragen. In Castro Laboreiro: Privatzimmer bei zwei Familien, im Ort erfragen. **Turismo de Habitação:** Quinta de Gestacos (TR, neu) bei Gerês, gute Sicht, ✆ 0 53-39 14 91.

Casas-Abrigo (Schutzhäuser): Elf Forsthäuser im gesamten Park, geräumige Granitbauten an extrem schönen Stellen gelegen; alle mit 4 Schlafzimmern, also für acht Personen, Solarheizung etc.; buchen nur über die Parkverwaltung in Braga, ✆ 0 53-61 31 66/7. Schriftlich: Parque Nacional da Peneda-Gerês, Rua de S. Geraldo 29, 4700 Braga. Jedes Haus kostet in der Hochsaison pro Tag inkl. Strom ca. DM 100, sonst etwa DM 90. Mindestdauer eine Woche, maximal zwei. **Pferde:** Ausritte von Gerês und Cabril aus möglich. In Gerês stundenweise, ab Stallung beim Campingplatz, DM 15 die Stunde, mit Führung. In Cabril mehrtägige Touren in Richtung Montalegre.

Camping: In den 80er Jahren entwickelte sich der Park zum Geheimtip für Freaks und Wildcamper. Die Polizei hat dem jetzt ein Ende gemacht und ›rupft‹ täglich an die 100 Zelte von Seeböschungen und Waldlichtungen. Es gibt mittlerweile so schöne und billige Plätze, noch dazu mit ausgezeichneter Einrichtung, daß man die Natur besser schont und dort zeltet: Parque de Cerdeira in Campo de Gerês nahe bei der schönsten Albufeira, der von Vilarinha das Furnas, herrlich gelegen, viele Stellplätze unter Bäumen. Bei Rio Caldo guter Platz. Eng ist der bei Vilar de Veiga, schöne Strände in der Nähe. Populär und oft voll ist der in Gerês. Bei Cabril ordentlicher Platz, ebenso in Entre Ambos-os-Rios und bei Lamas de Mouro.

Essen: Viele Restaurants, auch in kleinen Dörfern. Nicht immer billig!

Westliches Trás-os-Montes

Die Regionen rings um die Städte Chaves, Vila Real, Mirandela und Amarante sind die Herzkammern von Portugals Norden. Sie bezaubern mit betriebsamer Provinzialität und barockem Prunk.

Chaves

Der Name posaunt die strategische Position der Stadt gleichsam in die Welt hinaus: *Chaves* heißt ›Schlüssel‹. Wer Chaves hat, besitzt den Nordosten Portugals – so war es immer, und folglich lassen sich die Belagerungen durch fremde Eindringlinge nicht an zwei Händen abzählen.

Fällt der Blick nach ewigem Kurven durch die von Serras durchsägte Landschaft endlich auf Chaves (12 000 Einwohner), so sieht man die Stadt einem Spiegelei gleich in einer Pfanne ausgebreitet. Berge bilden die Ränder; der olivölige Faden in der Mitte ist der **Rio Tâmega**. Nähert man sich aber der 350 m hoch gelegenen Stadt, kommt der Schrecken. Häßliche Halbhochhäuser bestimmen das Panorama – da heißt es Augen zu und durch.

Die Peripherie ist zum Glück nur ein Gürtel; attraktiv dagegen das Zentrum der Stadt: Allein der **Burgturm** (beherbergt ein Museum für Waffen, Mo geschl.) reckt sich aus den umliegenden alten Häusern empor.

Schon den Römern behagte es an den Gestaden des idyllischen Rio Tâmega. Sie legten Orte an und kamen zum Kuren und Baden im 73 Grad heißen Wasser. Die Quellen haben weder an Hitze noch an Popularität eingebüßt: Das moderne Thermalhaus unterhalb der Burg wird rege besucht. Damals wie heute kuren die Leute ihre Rheuma-, Magen- und Gallenbeschwerden. Die **römische Brücke** erlebte mehrmalige Veränderungen. Dabei wurde stets Original-Römisches abgetragen. Die Meilensteine auf der Brücke deuten auf die Bedeutung des Bauwerks hin. Es lag an der stark frequentierten Römerstraße von Braga nach Asturien (Braga war das Zentrum der römischen Verwaltung von Nordwestiberien). Der alte Name der Stadt *Aquae Flaviae* basiert auf dem des Kaisers Vespasius Flavianus.

Von 1128 bis 1160 war Chaves eine Enklave der islamischen Besetzer im christlichen Norden. Vorher hatten die Mauren im Jahr 888 die Stadt schon einmal überrannt und zerstört. Wie so viele Burgen des Nordens wurde die Festung später als Verteidigungsblock gegen Spanien (Grenze 11 km entfernt) unter König Dinis ausgebaut und hielt vielen Belagerungen stand, der Ort indes nicht. Im 15. Jh. residierte der Herzog von Bragança zeitweilig in einem Palast neben der Burg, nachdem er den Besitz von Landesretter Nuno Álvares geerbt hatte. Im Verlauf der Jahrhunderte kämpften Portugiesen, Spanier und Franzosen in

Westliches Trás-os-Montes

Westliches Trás-os-Montes

blutiger Abwechslung um den Schlüssel zum Atlantikland. Wiederaufbau und Fortifikation haben in Chaves Tradition. Im 17. Jh., in den Zeiten der portugiesischen Restauration, zog man neue Festungen hoch. Dem letzten Angriff spanischer Royalisten hielt man 1912 stand, zwei Jahre nach Portugals Übergang zur Republik.

Daß unter derartig widrigen Umständen eine Stadt von solch unaufdringlichem Zauber wuchs, zeugt von der unverwüstlichen Lebensfreude der Leute. Heute ist Chaves berühmt für kräftige Weine, schmackhafte Schinken *(Presunto)*, Knoblauchwürste und *Bolas de carne* (Kuchen gefüllt mit Fleisch), kurz: für *Cozinha transmontana* (abgeleitet von dem Provinznamen Trás-os-montes).

Nicht nur von historisch-architektonischem Interesse ist der **Largo de Camões**, den rundum Schönes einfaßt: Der ehemalige Palast der Herzöge von Bragança (mit sehenswertem Regionalmuseum, römische Funde im Erdgeschoß, Gemälde und Ethnologisches im 1. Stock) befindet sich vor dem Wahrzeichen der Stadt, dem Burgturm. Er sieht wie jene in Märchenbüchern aus: Mittelalter pur, mit runden Wachhäuschen, die am dicken Mauerwerk wie Schwalbennester kleben. Neben dem Palast ragt die **Misericórdia-Kirche** auf. Ihre Fassade ist so elegant, daß man sie mit einer Palastfront verwechseln könnte,

reinste Renaissance. Sie ist aus dem 17. Jh. und innen mit herrlichen Azulejos verkleidet; der vergoldete Altar strahlt fromme Schönheit aus. Die Platzseite nebenan nimmt die Igreja Matriz ein (16. Jh., mit romanischen Spuren am Portal). Die Câmara und eine Häuserzeile aus dem 18./19. Jh. bilden die verbleibenden Flanken des Platzes. In

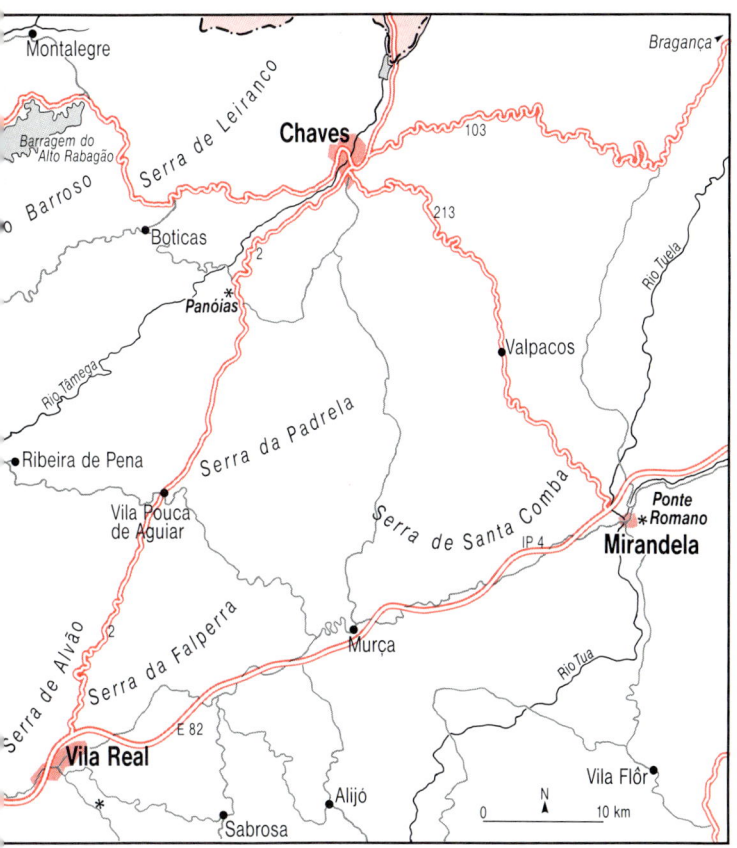

seiner Mitte ragt ein Pranger manuelinischen Stils auf. Das Gebäude links der Misericórdia findet als Krankenhaus und Altersheim Verwendung.

So verschieden die angesammelten Bauepochen rund um den Platz auch sind, er macht seinem literarischen Namen alle Ehre. Schade, daß er von Autos restlos zugeparkt ist. Von hier aus führen vier Gassen in Richtung römische Brücke. In fast jedem Haus sucht ein Geschäft im Erdgeschoß nach Käufergunst, vom Miederwarenladen über das Café zum Haus des Glücks (Lotto), da macht das Schlendern Spaß. Zahlreiche Spanier kommen zum günstigen Einkauf ins ärmere Nachbarland.

Westliches Trás-os-Montes

Glücklicher Esel im ehemaligen Franziskanerstift

Unten am **Largo do Arrabalde** stehen den ganzen Tag über Männer, lesen, diskutieren (ganz offenbar bleibt ihnen dafür mehr Zeit als den Frauen). Auf der anderen Seite der Brücke ragt die achteckige Kirche São João de Deus auf. Die Granitfassade ist prunkvoll und vermittelt den Eindruck, man betrete ein stattliches Gotteshaus. Doch der Innenraum ist kapellenhaft klein und hell. Der Altar rundet das Bild barocker Leichtigkeit ab.

Von der strategisch wichtigen Position der Stadt zeugen auch die Forts São Francisco (Nähe Bahnhof) und außerhalb der Stadt in São Neutel. Sie finden heute als Militärarsenale Verwendung. Am Bahnhof erinnert eine alte Lok an Zeiten, da die Tua-Linie noch unter Dampf stand – das tat sie bis vor wenigen Jahren. Die Bahn ist leider inzwischen stillgelegt. Privatisierungspläne der nationalen Eisenbahngesellschaft führen hoffentlich

CHAVES

zur Wiedereröffnung der landschaftlich grandiosen Strecke Vila Real – Chaves – Bragança. Auch wenn der Rio in und bei Chaves noch so idyllisch ist: Besser nicht baden, denn das Flußwasser ist verschmutzt.

Die Umgebung von Chaves

Die **Spuren verloschener Kulturen** lassen sich beim Durchstreifen der Region Alto Tâmega aufspüren. Mal zeigt ein verrostetes Schild zu einer romanischen Kapelle, mal zu einer *Mina* (früher grub man hier nach Gold, Eisen und Quarz) oder einem Dolmengrab *(Anta)*. Jeder einem derartigen Schild folgende Abstecher wird belohnt. Nur so dringt man wie in einem Kapillarsystem in die feineren Gefilde vor, kommt zu den sensiblen Bereichen und gelangt ›vor Ort‹, fern von allem Trubel. Kirchen oder Klöster werden dann selbst für solche Besucher packend, die an sakraler Kunst sonst wenig Interesse haben. Im Umkreis von Chaves gibt es allein neun romanische Kapellen. Nossa Senhora de Azenheira in Outeiro Seco liegt knapp 5 km entfernt. Der Schmuck am Portal und die Fresken sind von rarer Schönheit. Auch die Kapelle in Soutelo (8 km in Richtung Nordwesten) ist ein feines Dokument aus gleicher Zeit.

In Outeiro Machado (Richtung Soutelo, beim Dorf Anta) findet man eindrucksvolle **Felszeichnungen**. Dem Schild Arte Rupestre folgen, dann kommt man zu einem 50 m langen Granitfindlingsblock, der mit Symbolen und Zeichnungen versehen wurde, wahrscheinlich von den Kelten: Sterne, Äxte, linierte Quadrate und Haken. Die Rinne an der rechten Seite könnte für Kultzwecke verwendet worden sein. Die Sage will es, daß gleich daneben ein Goldschatz vergraben sei, und Einheimische versuchten, mit einer Sprengladung dem Schatz beizukommen. Gott sei Dank richteten sie keinen allzu großen Schaden an. Weitere Felsmalereien findet man auf den Hügeln von Salto und Moeda und beim Dorf Almeijoadas.

São Estevão, 4 km außerhalb der Stadt an der Straße nach Spanien gelegen, soll Ende des 13. Jh. der Sitz von König Sancho II. gewesen sein. Lokalhistoriker titulieren das Dorf »Ex-Hauptsitz des Königreiches Portugal«. Den Schlüssel zum Burgturm erhält man in der Nachbarschaft, wie auch den zum Besuch der neben ihm stehenden romanischen Kirche. Wenn deren Seitenaltar vor Blumen überquillt, ist das ein untrügbares Zeichen: Die Trockenheit hat schon viel zu lange angedauert – die Bauern beten um Regen. In der über 600 Jahre alten Quinta Santa Isabel neben der Kirche nächtigte Königin Isabel vor ihrer Hochzeit mit König Dinis. Ihr Zimmer ist jetzt Gästezimmer in einem der urigsten Gästehäuser Nordportugals.

Westliches Trás-os-Montes

Stausee Alto Rabagão

Chaves ist ein Knotenpunkt und bietet sich deshalb als Ausgangsort für einige **Ausflüge** an. Fünf Hauptstraßen laufen von hier aus in alle Himmelsrichtungen.

Chaves – Bragança auf der N 103

Östlich von Chaves führt eine wildszenische Tour entlang der N 103 via Rebordelo und Vinhais nach Bragança. Die Strecke ist doppelt so lang wie die Luftlinie: Kurven ohne Ende. Rauf auf die Berge, runter in die Täler; jeder Kilometer ist eine Aufgabe. Eine schöne freilich, denn das Landschaftserlebnis ist herrlich. Bei Rebordelo kommt man in die Region von Bragança (östliches Trás-os-Montes).

Chaves – Montalegre – Gerês

Auf der N 103 geht es westlich von Chaves in Richtung Nationalpark da Peneda-Gerês. Auf dieser Route lohnt das Abbiegen in Sapiãos nach **Boticas.** Im nächsten Dörfchen Granja verfällt ein **Franziskanerkloster** (eröffnet 1734) still vor sich hin. Die Stiftskirche ist jetzt ein Stall für zwei Esel. Boticas ist renommiert für seine kulinarische Spezialität, Forelle mit Schinken gefüllt. Der ›Wein der Toten‹ heißt so, weil er nach Abfüllung für zwei Jahre in der Erde lagert. Mit dem 1992 eröffneten Mercado Municipal demonstriert der Conselho (Kreis) seinen neuen architektonischen Spirit – die Rückbesinnung auf Traditionen wird spürbar. Die Straße führt weiter in die menschenarme **Serra do Barroso** (bis 1279 m). Die Dörfer dieser Region haben winzige Schulen, wo ein Lehrer alle Klassen unterrichtet. Über 50 % aller Kinder (so viele wie nirgends sonst im Land) schaffen ihren Schulabschluß nicht, weil sie zu Hause und auf dem Feld mitarbeiten oder sich für

AUSFLÜGE

erschütternd wenig Geld verdingen. Kinderarbeit ist das größte soziale Problem in diesem Gebiet.

Nach einer Pestepidemie im 14. Jh., der jeder zehnte Portugiese zum Opfer fiel, schworen die Dorfbewohner von **Dornelas** (20 km südlich von Boticas), jeden Besucher am 20. Januar an einem Tisch willkommen zu heißen. Der Dorftisch erreichte vor ein paar Jahren die Rekordlänge von 400 Metern. Das Essen (bestehend aus Reis, Kartoffeln, Fleisch und Brot) wird vom Pfarrer vor dem Verzehr feierlich gesegnet, auf daß Mißernten und Seuchen fernbleiben.

Via den Mineralwasserort Carvalhelhos und Negrões gelangen wir zum Stausee **Barragem do Alto Rabagão** und zurück zur N 103. Oder man fährt an der Südseite des Sees entlang. Entgegen dem Anschein der Straßenkarten ist es leider eine holprige Piste, zum Trost jedoch eine sehr schöne Strecke.

Bei Gralhós (uraltes, fast verlassenes Dorf mit strohgedeckten Granithäusern) nach Montalegre abbiegen. Die Berge der Serra do Larou-

Westliches Trás-os-Montes

Magellan
Der erste Weltumsegler

Im 15. Jh. nahm die Goldene Epoche Portugals mit Prinz Heinrich dem Seefahrer (der selbst nie aufs Meer fuhr, sondern die Fahrten organisierte und vorantrieb) ihren Anfang. Mit den Entdeckungen einiger weniger Kapitäne vergrößerte sich die bekannte Welt fast täglich. In simplen Weltkarten aus einer Zeit um 1440 befindet sich noch Jerusalem im Mittelpunkt der Welt – hundert Jahre später ist fast die ganze Erde bekannt.

Die Initiatoren dieser rasanten Entwicklung waren die Portugiesen. Sie betrieben auf dem Meer eine Expansionspolitik, wie sie seit den Tagen der Wikinger nicht mehr vorgekommen war. Dabei waren die Vorzeichen nicht günstig: Von fünfzig Männern war um 1480 nur ein Portugiese in der Schiffahrt beschäftigt – weniger als in Flandern oder England. Trotzdem wagten sich die Portugiesen als erste aufs offene Meer hinaus und bauten ein Handelsimperium auf, das in keiner Relation zur eigenen Größe und Bevölkerungszahl stand.

Aus Vila Real und Umgebung stammt der erste Mann, der die Welt umsegelte, Ferdinand Magellan, Ritter des Ordens von Santiago. Wie soviele andere portugiesische Navigatoren segelt er für Spanien. Die Dimensionen seiner Tat hat Stefan Zweig packend beschrieben:

Seit der Fahrt des Columbus hat kein Ereignis ähnlich die zeitgenössische Welt begeistert. Nun ist alle Unsicherheit zu Ende. Der Zweifel, dieser grimmigste Feind alles menschlichen Wissens, ist im geographischen Felde besiegt. Seit ein Schiff vom Hafen von Sevilla ausfuhr und in gerader Fahrt wieder in den Hafen von Sevilla zurückkehrte, ist unwiderleglich bewiesen, daß die Erde ein runder, rotierender Ball ist und ein einziges verbundenes Meer aller Meere. Endgültig ist die Kosmographie der Griechen und Römer überflügelt, ein für allemal der Ein-

co (1525 m) ragen im Norden auf. Südlich zackt die Serra do Barroso am Horizont entlang. Die nackte Kahlheit der Bergrücken wirkt fast gespenstisch.

Der **Rio Cávado** tangiert das 966 m hoch gelegene Montalegre. Im weiteren Verlauf wird dieser Fluß mehrmals gespeichert. Wie überall hat die Moderne auch hier zugeschlagen: Der nahe Damm (der größte Portugals, man kann ihn befahren) zeitigt Auswirkungen. Trotzdem bleibt in diesem weit ab-

AUSFLÜGE

Karavelle

spruch der Kirche und die einfältige Fabel von den Antipoden, die auf den Köpfen gehen, abgetan. Festgestellt ist für alle Zeiten die Weite des Erdumfangs, und damit endlich ein gewisses Maß des irdischen Kosmos gewonnen; noch können, noch werden andere kühne Entdecker manche Einzelheit im Erdbild ergänzen, aber die Grundform ist durch Magellan gegeben, unverändert bis auf den heutigen Tag und alle kommenden Tage. Ein abgegrenztes Revier ist nun die Erde, und die Menschheit hat es sich erobert. Glorreich erhebt sich mit diesem historischen Tage der Stolz der spanischen Nation. Unter ihrer Flagge hat Columbus das Werk der Weltentdeckung begonnen, unter ihrer Flagge Magellan es vollendet: ein einziges Vierteljahrhundert hat die Menschheit mehr über ihre Wohnstatt gelehrt als tausende und tausende Jahre vorher. Und unbewußt fühlt die Generation, die beglückt und berauscht diese Wandlung im Raum eines einzigen Lebensalters miterlebt: eine neue Zeit, die Neuzeit, hat begonnen.

© 1983, S. Fischer Verlag GmbH, Frankfurt am Main.

gelegenen Ort Uraltes verwurzelt. Die mächtige Burganlage (14. Jh.), 50 m über dem Ort gelegen, überragt die Umgebung. In der Nähe und nach Durchqueren von Eichenwäldern stößt man bei Pitões das Júnias auf die verwitterten Ruinen des mittelalterlichen Klosters **Santa Maria das Júnias** (12. Jh., erbaut während der Zisterzienser-Reform), wo man sich den ehemaligen Klosterbetrieb gut ausmalen kann. Schmale Straßen führen zu noch entlegeneren Bergdörfern wie

Westliches Trá-os-Montes

Padroso oder Sendim nahe der Grenze. In Tourém findet man kommunale Backöfen und gemauerte Wolfsfallen. Von Montalegre fährt man entweder zurück zur neuen N 103 oder zum Stausee Barragem Alto Cávado und via Paradela nach Padrões. Diese Dörfer liegen schon am Ostrand des Nationalparks da Peneda-Gerês.

Von Chaves nach Vila Real (N 2)

Die N 2 verbindet Chaves mit Vila Real. Auf dieser Strecke kommt man durch **Vidago**. Dort strahlt der Glanz der Jahrhundertwende im Palasthotel, einem der schönsten Hotels Portugals. Das gesamte Interieur ist floral-sinnliche Jahrhundertwende, Art Nouveaux pur: ein Paradies für Nostalgiker. In der Nebensaison ist es zudem erschwinglich. Im Park nebenan sausen Golfbälle durch die Luft. Das Hotel Vidago in der Ortsmitte ist zwei Klassen einfacher, aber nicht weniger romantisch. Man will am liebsten gleich Tango tanzen. Hübsch auch die Ortsmitte. Der Betrieb im Casino lebt in der Hochsaison auf. Verlassene Sanatorien und Hotels beim Casino zeugen von den besseren Zeiten, die Vidago bis in die 30er Jahre erlebte.

Pedras Salgadas ist der nächste Mineralwasserort. Das köstliche Naß gelangt in Literflaschen abgefüllt ins ganze Land. Selbst das Leitungswasser schmeckt köstlich in diesem Dorf. Auch hier schwebt der wehmütige Hauch des Vergänglichen.

Zwischen den Ausläufern der Serra da Padrela (1146 m) im Osten und der Serra de Alvão (1283 m) im Südwesten liegt der modern zugekleisterte Ort **Vila Pouca de Aguiar**. Sehenswert: Römische Brücken über den Rio Avelames; das Granit-Castelo auf einem Berg; mittelalterliche Häuser in Pena de Aguiar. In den nahen Dörfern Pensalves und Bornes gibt es Quintas aus dem 17. Jh.; **Hünengräber** winken in Lixa, ein vorrömisches Kastell in Alfarela de Jales. Das Dorf Três Minas ist interessant wegen der gotischen Tempelkirche und, wie der Name vermuten läßt, der alten Minen, wo die Römer nach Gold buddelten. Die gesamte Strecke ist abwechslungsreich, außerdem ist sie zügig befahrbar.

Unterkunft: In Chaves: ****Aquae Flaviae, die Nummer 1 von Trás-os-Montes, viele Geschäftsleute im unübersehbaren Hochhaus. Schlichter die empfehlenswerten Hotels Trajano und Chaves und die Pensionen 4 Caminhos, Brites, Bom Caminho, S. Neutel und, gut, Jaime. Billig die Hospedarias Imperial und Flavia. Ordentlich die Estalagem Santiago in der Rua do Olival und die Casa de Hóspedes Arado in der Ribeira do Pinheiro. In Vidago: das ****Palasthotel ist jede Anreise wert. Viel einfacher die Hotels Vidago, Avenida und do Parque, daneben die Pensionen (einige nur vom 1. Juli bis 31. September geöffnet) Alameda, Primavera, Cardoso, Santos und Termas. In Vila Pouca de Aguiar: Residencial Costa

AUSFLÜGE / VILA REAL

do Sol und Califa, modern. In Pedras Salgadas: **Pensionen Pedras Salgadas und Parque und ***S. Martinho. In Montalegre: Pension Residencial Fidalgo. **Turismo de Habitação/Rural:** Quinta da Mata 4 km vor Chaves beim Kunsthandwerksort Nantes, herrliche Umgebung, Quinta komplett renoviert, mit Tennisplätzen, ✆ 0 76-2 33 85. Quinta de Santa Isabel in Santo Estêvão, wie oben beschrieben, ✆ 0 76-2 18 18. Turismo Rural-Haus Casa da Quinta do Lombo, neu und modern, weniger Atmosphäre, ✆ 0 76-2 14 04.

Essen: Landgasthäuser in der Regel gut. In Chaves gibt es an die hundert Lokale. Empfehlenswert Campismo in Richtung Campingplatz; außerhalb das Leonel (Bacalhau Guarnido reicht für zwei und ist doppelt so gut wie üblich).

Camping: In Chaves.

Bus: Verbindungen nach Mirandela, Vinhais (von dort nach Bragança), Braga (via Montalegre) und mit Express-Bussen nach Porto und Lissabon, mit RN und privaten Firmen.

Feste: Festa dos Santos Anfang November. **Markt:** Jeden Mittwochmorgen beim Stadion.

Turismo: Terreiro de Cavalaria, ✆ 0 76-2 10 29, Fax 2 14 19.

Vila Real und Umgebung

Das hübsche **Vila Real** liegt auf einer vom Rio Corgo zurechtgeschliffenen Halbinsel. Unter ihr rauscht der Fluß über Granitfelsen. In der Stadtmitte führt die Avenida Carvalho Araújo vom alten Friedhof und der Capela de São Brás (historische Stadtmauer am Klippenrand) am Liceu vorbei zum barocken Rathaus und weiter, jetzt mit blumenbuntem Mittelstreifen, zum **Largo de Camões**. Längs der Avenida und östlich davon in zwei weiteren Gassen, der Rua António de Azevedo und der Rua Teixera de Sousa, ergießt sich der Betrieb – ohne jede Hektik. An der Avenida sitzen die Leute in den Straßencafés bis in die Nacht hinein, reden, lachen, philosophieren, selbst wenn es ›nur‹ um Fußball geht. Die barocke **Igreja Nova** liegt an der Gabelung der beiden oben genannten Gassen. Ständig gehen Leute hinein, nicht nur schwarzgewandete alte Weiblein, um friedvolle Minuten kniend zu verbringen.

Von architektonischem Interesse ist das Haus, in dem die Marquêses de Vila Real residierten. Die Fenster des Ex-Palastes sind manuelinisch. Im Erdgeschoß ist der Turismo untergebracht. Die gotische Sé **S. Domingo** (genannt ›Kathedrale mit dem Holzdach‹) hat drei Schiffe und gilt als nationales Monument trotz ihrer modernen Fenster. Barock sind die anderen Kirchen der Stadt, die Clérigos und die São Pedro, die wie alle Orte in der Umgebung von einem einzigen Architekten zu stammen scheinen.

Der Entdecker **Diogo Cão** erblickte das Licht der Welt in einem von der italienischen Renaissance

Westliches Trás-os-Montes

beeinflußten Gebäude (Ende 15. Jh., nahe Kreisverkehr). Die damals bekannte Welt sollte er um einiges vergrößern helfen: 1482 fand er den Kongo. Historiker vermuten, daß er eine bedeutende Rolle unter den Weltentdeckern Ende des 15. Jh. spielte. Ähnlich dem ›space race‹ zwischen USA und UdSSR in den sechziger und siebziger Jahren unseres Jhs. sorgte damals der Wettlauf zwischen Spanien und Portugal um die Entdeckung des Seewegs nach Indien für Nervenkitzel.

Mateus und Sabrosa

Der **Palácio Mateus** (4 km von Vila Real) hat eine legendäre, zum Bestseller avancierte Fassade: Sie erscheint auf jeder Flasche Mateus-Rosé, seines Zeichens der Welt meistverkaufter Wein. Der Palast ist bombastisch barock. Eine anmutige Freitreppe aus Granit führt hoch zum Portal. Die phänomenalen Gewinne, die der Weinhandel einst erwirtschaftete, reflektieren sich im bewohnten Prachtbau, dessen Front sich noch dazu im fast kitschig malerischen Schwanenteich spiegelt. Der von **Nasoni** entworfene Palast wurde 1981 gekonnt restauriert. Der Park wirkt formal, doch nicht so streng wie seine französischen Vorbilder. Er umringt das komplette Anwesen, das nobelste Portugals. Einige Teile des Gartens kann man begehen, wenn man 10 Mark Eintritt am Pförtnerhäuschen zahlt (für hiesige Verhältnisse eine Unsumme). Dann kann man auch einen Bruchteil des Hauses mit seinen Prunkgemälden, wuchtigdunklem Mobiliar und feinen Goldschmiedearbeiten besichtigen. Die Gravuren zu Camões' *Lusiaden* (Titel seines Hauptwerks) sind das Interessanteste. Palast und Park sind auch von oben gut zu betrachten, von einem Friedhof oberhalb des Parks.

3 km weiter kann man zur **keltiberischen Kultstätte Panóias** abbiegen. Wie die fanatischen Gläubigen dem Gott Serapis ihre Opfergaben darbrachten, wie das Blut der Opfertiere gesammelt wurde (dafür die in den Granit gemeißelten Rinnen und Becken) und warum hier Ölfeuer züngelten, das erzählt der am Parkplatz in Dauerstellung hockende alte Mann, wenn man ihm einen kleinen Obulus entrichtet. Er spricht gut Französisch. Zurück zur Straße und weiter nach Passos, einem Ort bestehend aus verlassenen Quintas. Nur noch ein paar Kilometer, dann kommt **Sabrosa** in Sicht. Der Name klingt nicht nur würzig, der Ort hält auch, was er verspricht: Hier gibt es sehr guten Wein! Im alten Kern umringen schöne Häuser eine barocke Kirche. Gleich unterhalb davon befindet sich das (leider) modernisierte Geburtshaus des ersten Weltumseglers Magellan. Ein recht dürftiges Schild ist alles, was an die historische Tat des Kapitäns erinnert – er segelte für die Spanier, nicht für Portugal.

Serra de Alvão

Die **Serra de Alvão** birgt noch Flecken, die kaum je von Menschenfüßen betreten wurden. Und uralte Dörfer, die sich anscheinend selbst vergessen haben. Eine schöne Strecke führt von Vila Real zum Dorf Adoufe und weiter in den Naturpark do Alvão hinein. Das Dorf Lamas de Olo (1000 m) ist ein idealer Ausgangspunkt für Wanderungen. Am Ende der Straße liegt das Örtchen Dornelas. Da findet man zum Beispiel eine alte Mühle am Ende eines Aquädukts und uralte strohgedeckte Granithäuser. Bei Arnal ist die Serra von atemberaubender Nacktheit: Chaos in Stein. Beim Dorf grüßt eine schöne alte Mühle am Weg nach Galegos.

Man kann aber auch westlich in Richtung Porto fahren und kurz vor dem Dorf Pousada (nicht die Pousada de São Gonçalo – die liegt näher bei Amarante) rechts abbiegen in Richtung Ermelo. Von der ausgebauten N 304 führen Wege zu abgelegenen Dörfern wie Vila Cova. Sattgrün sind die Bergwiesen, umrahmt von grauen Felswänden und Schotterhängen. Gelber Ginster und violette Heidebüsche zaubern im Frühjahr einen Farbenteppich über die Serra. Hinter Pereira kurvt die Straße immer höher. Rechter Hand türmt sich der mit 1315 m höchste Gipfel der Serra de Alvão auf. Jetzt ist die **Paßhöhe** erreicht: Hier muß man einfach anhalten und den grandiosen Ausblick verinnerlichen. Bergketten reihen sich zu beiden Seiten des Tâmega-Tales auf. Weiter im Norden blinken die Felswände der Serra da Cabreira (1260 m) und der Serra do Barroso. Die Wälder der näheren Umgebung brannten 1990 ab. Nackt wie die Berge jetzt sind, sehen sie wie hingemalt aus. In ihrer Mitte ragt ein kegelrunder Berg auf, dessen Spitze die Wallfahrtskirche Nossa Senhora da Graça krönt. Auf 10 km Länge rollt man dem Ort Ermelo entgegen. Hier lohnt sich das Abbiegen zum Wasserfall Fisgas. Weiter geht es nach Mondim de Basto im Tâmega-Tal und nach Celorico de Basto, einem pittoresken Provinzstädtchen mit schönen Gebäuden, auch in den Dörfern ringsum. Eines davon ist die Quinta Casa do Campo mit Portugals größtem Kamelien-Park. Weiter geht es nach Amarante.

Oder man wählt eine weitere Bergfahrt: Via Arco de Baúlhe nach Portela de Santa Eulália. Der Abstecher nach Ribeira da Pena (4 km) lohnt wenig: Hier gibt es bloß eine doppeltürmige Barockkirche, umzingelt von Betonhäusern. Besser fährt man auf der gut ausgebauten Straße nach Vila Pouca de Aguiar hinab ins Tâmega-Tal und zurück nach Vila Real.

Unterkunft: In Vila Real: ***Hotel Mira Corgo, Zentrum, direkt an der Schlucht gelegen, relativ günstig. **Tocaio, Cabanelas, okay. **Pension: O Vizinho. Mehrere einfache Häuser an der Avenida. Urig und billig Restaurant/Pension Excelsior in der Rua Teixeira de Sousa 29. Umgebung: In vielen mittelgroßen Orten gibt es zufriedenstellende Pensionen. Pousada: Pousada de São Gonçalo (Kategorie B), direkt an der Schnellstraße N 15, trotzdem schöne Lage. **Turismo de Habitação:** Vila Real: Casa das Quartas, Abambres, ✆ 0 59-2 29 76. Casa da Cruz, Campeã, ✆ 0 59-7 29 95. Casa da Quinta de S. Martinho, Mateus, ✆ 0 59-2 39 86. In den Bergen/Ribeira da Pena: Casa do Cerrado, ✆ 0 59-4 72 18. Casa de Sebordinhos, ✆ 0 59-4 72 18 (nur 1 Zimmer, die anderen haben 3–7).

Camping: 150 Stellflächen in Mondim de Basto, 200 in Vila Real.

Essen: Typisch sind Kaldaunen (Kutteln) in brauner Soße und alles im Ofen Geschmorte, wie Zicklein, Schwein, Kalb, Huhn. *Bola de Carne*, das Brot mit eingebackenen Fleischstücken, ist wie überall in Trás-os-Montes populär. Kräftige Weine, am besten in den Restaurants den Vinho da Casa bestellen. In Vila Real wenig gute Restaurants. Empfehlenswert: Excelsior. Bei den Einheimischen populär: Favorit. Real 3 ordentlich.

Souvenirs: Schwarze Tonwaren (aus Bisalhães) und feines Leinen (aus Agaréz). **Einkaufen in Vila Real:** Billige Schuhe. Altes Kamera-Zubehör neben Kerzen und Blechtöpfen in der Casa Macario, Rua Dr. Roque da Silveira.

Kulturzentrum: Von Idealisten betrieben, unterhalb der Kirche S. Pedro an der Avenida 1. de Maio.

Feste: In Vila Real: Corpus Christi-Prozession nach strengen mittelalterlichen Vorschriften und Stadtfest Santo António 13.–21. Juni. Krugmarkt S. Pedro 28./29. Juni (für kunsthandwerkliche Tonwaren und Leinen).

Turismo: Avenida Carvalho Arañjo 94, ✆ 0 59-2 28 19.

Von Chaves nach Mirandela

Hat man Chaves auf der N 213 südöstlich verlassen, blickt man wie so oft in Nordportugal von der Paßhöhe einer Serra auf ein überraschend neues Landschaftsbild. Jedesmal ist man gespannt, welches Panorama sich hinter der nächsten Anhöhe bietet. Beim Eintritt in die **Terra Quente** ist der Unterschied evident: Olivenhaine in lockerer Symmetrie, aber auch Mandelplantagen ziehen sich über die Hügel wie struppige Teppiche. Wenn die Mandeln im Februar/März blühen, glüht das Land rosafarben auf. Ferne Bergketten bilden die Konturen des Horizonts. Sie spielen von lieblich sanft bis kraß und schroff. Die riesigen Granitbrocken sind wie von Henry Moore gegossen. Felswände schimmern im Sonnenlicht an den Berghängen: Der Schiefer speichert Wärme, sorgt für das warme Makro-Klima der Region und hat ihr auch den Namen gegeben: Terra Quente heißt soviel wie heiße Erde. In ihrem südlichen Bereich wächst der weltberühmte Portwein.

Leeres Kloster als Wohnplatz in der Terra Quente

Westliches Trá-os-Montes

Rund um den Weinort Valpaços findet man zahlreiche Castros, die Ruinen kelt-iberischer Siedlungen, sowie zwei römische Brücken über den Rio Rabacal. Wenn man nicht zu viel vom lokalen Bier Cerveja de Saco getrunken hat, wird man trotzdem weiterfahren nach Mirandela.

Mirandela

Die Stadt ist Zentrum der Region. Sie hat einen mittelalterlichen Kern, aber Zweck- und Wohnbauten lassen ihn zusehens schrumpfen. Die Kirche neben dem Palácio dos Távoras (jetzt Rathaus) fiel vor wenigen Jahren schlicht und einfach in sich zusammen. Ein Kirchenklotz, quadratisch, praktisch, häßlich, entsteht an ihrer Statt. Anderen Bauwerken droht Ähnliches. Einige barocke Hausfassaden im historischen Kern versöhnen das Auge, und mit Klimaanlage und 400 interessanten Gemälden wirbt das **Museu de Arte Moderne** im neuen Kulturzentrum um Gunst. Es könnte auch einer Großstadt zu Gesicht stehen.

Im 1. Jh. n. Chr. kamen die Römer. Mirandela zählte zum *Conventum Bracarum* (Braga), einem der drei Teile der Provinz *Calaecia* (Galicien). Die Römer errichteten Brücken und ein Wegenetz, legten Orte an, organisierten Märkte, förderten den Gold- und Kupferabbau. Und sie führten Wein, Oliven, Kastanien und ihre Sprache ein. Etliche **Brücken** über den Rio Tua und den Rio Sabor stammen aus dieser Epoche. Einige sind bis heute unverändert. Die Brücke in Mirandela überspannt den Rio Tua auf 200 m Länge.

Die Reconquista hatte rund um Mirandela Keimzellen des Widerstandes. Die christlichen Ritter nisteten in der riesigen **Burganlage von Carrazeda de Ansiães**. Die Einheimischen führten einen kontinuierlichen Partisanenkrieg, dem die Mauren außer verheerenden Feldzügen nichts entgegenzusetzen hatten. Mit der Unabhängigkeit von Spanien machte Mirandela einen Sprung vorwärts: Ein Ritter namens Pero Lourenço de Távora verdiente Sporen und Ehren bei der Schlacht von Aljubarrota. Er erhielt die Provinz Mirandela als Belohnung. Im 16. Jh. floß Reichtum aus den fernen portugiesischen Besitzungen in Afrika, Asien und Südamerika auch nach Mirandela. Ein Großteil der erhaltenen Prunkbauten stammt aus dem späten 16. bis frühen 17. Jh., als das Feudalsystem im Verbund mit dem neuen Handelsbürgertum höchst profitierlich für die Reichen des Landes wirtschaftete. Der Távora-Nachfahr Luís Álvares zog 1578 in eine Schlacht, die zur internationalen Katastrophe ausarten sollte: König Sebastian und seine 30 000-Mann-Armee rannten in Nordafrika in eine Niederlage. Der König wie die Armee kehrten nicht zurück. Portugal fiel als Folge des Fehlschlags an Spanien. Auch Luís Álvares kam nicht zurück: Mirandela hatte seinen Financier verloren. In der Terra Quente zog der

MIRANDELA/AUSFLÜGE

Verfall ein. Schande kam über die Stadt, als Reichsverwalter Marquês de Pombal das Entfernen des Távora-Wappens von allen Palästen anordnete (1759), was in der Chronik von Mirandela wohlweislich verschwiegen wird.

Ausflüge

Fast jedes Dorf in der Umgebung ist reizvoll. Eine faszinierende **Rundfahrt** führt von Mirandela über die folgenden Orte: Sucçães (Quintas); Passos (Kapelle, grandiose Aussicht, Wanderung zu einem 800 m hohen Berg); Lamas de Orelhão (Quinta, Pelourinho); Avidagos (uralt); Abreiro (Quinta, Pelourinho, Castro); Freixiel (Quinta, Pelourinho, Kunsthandwerk); am monströsen Granitfelsen vorbei bis nach Zedes (keltisches Dolmengrab *Anta*, vor dem Ort links abbiegen). Diese Dörfer lassen den Besucher wie mit einer Zeitmaschine ins lebendige 16. bis 19. Jh. gleiten.

In Carrazeda de Ansiães sollte man dem gelben Zeichen ›Castelo‹ folgen. 4 km südlich auf einer Anhöhe stehen die Burgruinen und zwei romanische Kapellen, eine simple fürs Volk (drei in den Granitboden gehauene Grabstätten direkt neben dem Seiteneingang) und eine wunderbar verzierte nahe dem Burgeingang, die **São Salvador**.

Die Burg wurde vom König von León im 11. Jh. angelegt, von den ersten portugiesischen Königen befestigt, von König Manuel I. um 1510 ausgebaut. Bis 1734 wohnten Leute in der Festung, die erst aufgegeben wurde, als der Pelourinho zerstört war und folglich die Stadtrechte erloschen. Die Reste einer uralten Siedlung aus der Bronzezeit fallen in den Burgruinen kaum auf. Die alten Leute im Ort wollen von einem Geheimgang zu einer 12 km entfernten Burg am Rio Douro wissen.

Fahren wir weiter nach **Vila Flôr**. Ein schöner Ort! Quintas, Burg, Pelourinho, Kapellen, Quellen – die Ziele für einen ausgedehnten Bummel liegen nahe beieinander. Das **Museum** (Mo geschl., freier Eintritt, Spenden willkommen) zeigt Hausrat aus den vierziger Jahren, Ausgestopftes, eine zusammengeklebte *Porca* (s. u.).

Nächste Station auf der holprigen Straße ist Vilas Boas (Quintas, eine davon Turismo de Habitação), dann geht es weiter nach Frechas (Quinta, Pelourinho) und wieder zurück zum Ausgangspunkt nach Mirandela, wo man sich mit einem vor Eindrücken brummenden Kopf in die Federn fallen lassen wird.

Alfândega da Fé liegt abseits von alledem an der schönen N 215 von Torre de Moncorvo nach Mogadouro/Bragança und lockt mit einer schönen alten Burg und beeindruckenden Aussichten auf das von Plantagen überzogene Land.

Auf der Fahrt von Mirandela nach Vila Real fährt man auf der N 15 entlang der knapp 1000 m hohen Serra de Santa Comba durch einsames Gebiet bis **Murça**. Diese hübsche Kleinstadt ist für das bekannt, was auf dem Doppelplatz in der Ortsmitte auf einem Granitblock prangt: die Wildsau *Porca*, ein weibliches Fruchtbarkeitssymbol kelt-iberischer Herkunft.

Es steht mit dem Reichtum an Wildschweinen in den umliegenden Serras in direkter Verbindung. An der Murça-Porca prallten die Regentropfen jahrhundertelang ab und richteten wenig Schaden an. Auf einer Säule vor dem hübschen Rathaus thronen weitere Fruchtbarkeitssymbole auf einem Pelourinho, männliche Gegenstücke sozusagen: phallusförmige Gebilde aus hartem Granit.

Unterkunft: In Carrazena neue Pension. In Mirandela **Mira-Tua (Zimmer mit Terrassen), ordentliche Pensão Do Moreno; Residencial Globo, Jorge V., Viajante. Einfach die Pensionen Florida und Praia. In Vila Flôr Pensão Campos. **Turismo de Habitação:** Quinta da Veiguinha, Vilas Boas bei Vilar Flôr, ✆ 0 03 51-78-5 22 69 (schön!). Solar das Arcas, Torre de Chama (25 km nördlich von Mirandela), ✆ 0 03 51-78-4 01 35.

Essen: In Mirandela: Entre Pontes, an der alten Brücke im 1. Stock. Gute regionale Küche im 13 km entfernten Ort Romeu neben Kuriositätenmuseum.

Einkaufen: Dunkler Serra-Honig (Stände am Straßenrand). Kein Dorf in dieser Gegend ohne Käserei oder Wursterei.

Bus: nach Porto, Bragança, Chaves.

Bahn: Tua-Linie, eine der schönsten Portugals. Täglich nach Porto (5 Std. Fahrzeit) 5.08, 8.12, 10.20, 14.50, 17.52 Uhr.

Camping: In Mirandela karger städtischer Platz, 2 km außerhalb. In Vila Flôr guter Platz mit Stausee, Schwimmbad, Café, Läden. Idealer Standort für längere Bleibe, billig noch dazu (Zelt pro Tag um 2 Mark, Erwachsene pro Tag um 3 Mark).

Feste: 25. Juli Fest der Heiligen von Ampora in Mirandela. Romaria in Vilas Boas am 15. August. Fest der Heiligen Eufémia von Lavandeira bei Carrazeda de Ansiães am 16. September. **Volkskunst:** Leinenwebereien in Carracedo, Kupferwaren in Mirandela, Steinskulpturen in Romeu, Miniaturpuppen in Mirandela und Alfândega da Fé.

Turismo: Rua D. Afonso III., ✆ 0 78-2 37 46.

Von Vila Real nach Amarante

Zwischen Vila Real und Amarante besteht eine direkte und schnelle Verbindung über die ausgebaute N 15, die zwischen den beiden Serras Alvão im Norden und Marão im Süden (Gipfel 1415 m, von der Straße aus sichtbar) zum 885 m hohen Paß bei der Pousada São Gonçalo ansteigt, um sich dann zum Tal des Rio Tâmega zu senken. An dessen Ufern breitet sich die

Amarante, Wasserfront ▷

6000-Einwohner-Stadt **Amarante** aus, mit pittoresker Wasserfront und zauberhaftem Charme.

Herausragendes Bauwerk ist das ehemalige **Kloster São Gonçalo**. Es ragt neben der eleganten und hohen Tâmega-Brücke empor. Am ersten Juni-Samstag, am Namenstag des Heiligen Gonçalo, lebt ein heidnischer Brauch im christlichen Gewand wieder auf: Dann tauschen die Ledigen phallusartige Kuchen als Andenken aus, Beweis oder Ersatz ihrer Zuneigung. Berührt man bei der Festmesse den Sarg des Heiligen, soll das Eheglück geschmiedet sein – Gesicht, Hände und Füße und alles Antastbare sind nahezu weggeküßt. Eine Kapelle im Kloster ist den Heilkräften des Gonçalo gewidmet. Am Festtag ist er bestückt mit Körperteilen aus Wachs neben in Spiritus schwebenden Fingern, Gallensteinen und sonstigem Opferbarem.

Wer seinen Kunsthunger befriedigen will, geht also besser an einem anderen Tag hin, um die Kirche zu studieren. 1540 wurde ihr erster Baustein gelegt, 1620 der letzte. Die Renaissance-Fassade mit ihrer ›Königs-Galerie‹ ist beachtlich! Unter anderem findet man dort einen steinernen João II., den verschollenen Sebastian und Filipe I. Innen verdienen die Orgel aus dem 18. Jh. Beachtung, außerdem die Azulejos und die Kuppel. Und natürlich das Grabmal des abgegriffenen Heiligen Gonçalo.

In einem der beiden angrenzenden Kreuzgänge (sehr schöner Innenhof!) ist das **Museu Albano Sardoeira** untergebracht, in welchem auch moderne Gemälde des Kubisten Sousa Cardosa hängen. Er zählt zu den wenigen portugiesischen Künstlern, die auch jenseits der Landesgrenzen Ruhm erlangten.

Unterkunft: In Amarante: ***Navarras, groß, neu, **Amaranto, *Silva (zentral, alt-portugiesisch, billig). Pensionen: Alto da Lixa, Principe, diverse einfache am Platz, zwei Pensionen mit Blick auf den Fluß. Billigste ist Casa Avião (Rua 31 Janeiro). **Turismo de Habitação:** Casa do Zé de Calçada (in Cepelos), mit Parkgarten, schön. In Marco de Canveses: Casa de Telhe, Soalhães, ✆ 0 55-52 24 81. In Cabeceiras de Basto (nördlich von Mondim, schon im Minho-Raum) Casa da Granja, ✆ 0 53-66 31 95. In Celorico de Basto: Casa do Campo, ✆ 0 55-36 12 31. Casa do Barão de Fermil, in Fermil, ✆ 0 55-36 12 11.

Camping: Direkt in Amarante.

Bus: Nach Porto, Vila Real, Guimarães.

Märkte: Jeden Mittwoch. **Feste:** Gonçalo-Fest am 1. Samstag im Juni. In den Gärten der Casa Calçada gibt es im Sommer viele Festivitäten, alle verbunden mit Essen und Trinken.

Turismo: Gleich neben dem Museu Albano Sardoeira, ✆ 0 55-42 42 59.

Östliches Trás-os-Montes

Östliches Trás-os-Montes

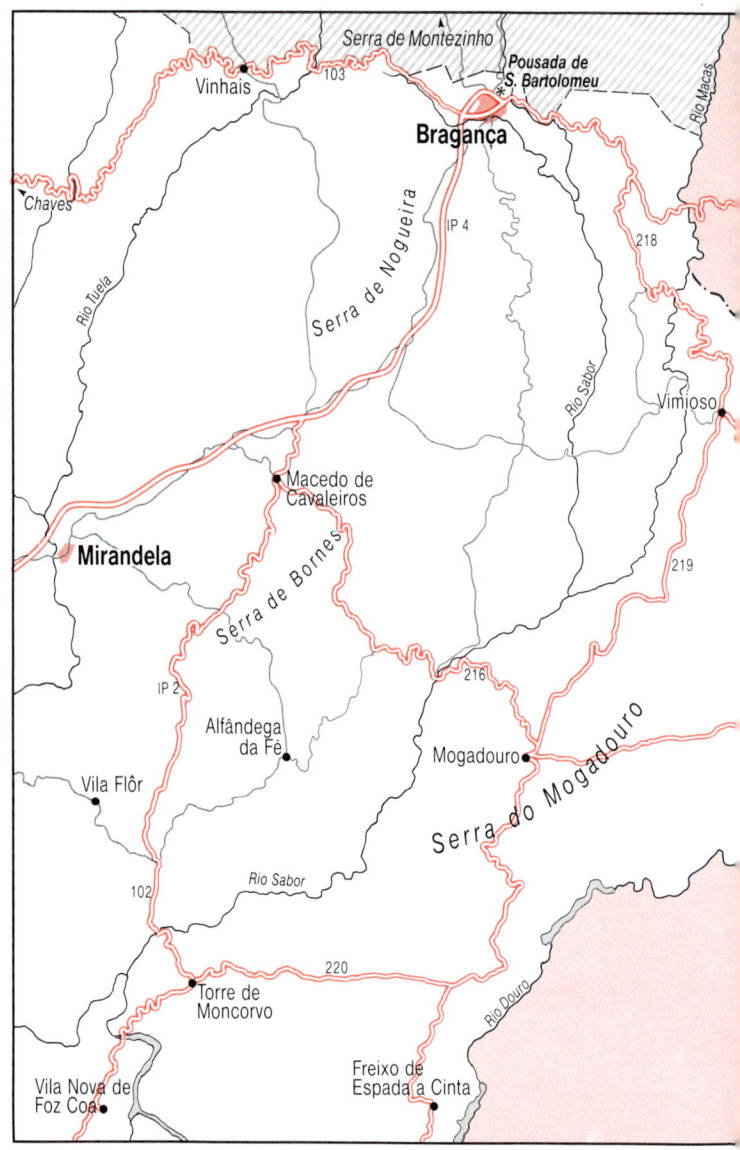

BRAGANÇA

Die iberischen Stämme nahmen die Kelten auf; die Römer blieben für Jahrhunderte, gefolgt von Sweben und Westgoten; Sarazenen brachten feine Kultur, Juden auf der Flucht vor der Inquisition Intelligenz und Wissenschaft ins Land. In der Region Trás-os-Montes verschmolzen sie alle miteinander: Hier kommt man Ur-Portugiesischem auf verschwiegene Spuren.

Bragança

Auf dem prominenten Hügel von Bragança, 20 km südlich der Nordgrenze zu Spanien, gab es schon zur Römerzeit eine Befestigung. Die Mauren schleiften sie bei einem ihrer zahlreichen Überfälle. Trotzdem konnten die Araber das Land nicht wirklich beherrschen: Die einheimische Bevölkerung wehrte sich über Generationen hinweg in Partisanenkämpfen, unterstützt von den Überfällen der Reconquista-Ritter.

König Sancho I. ließ 1187 eine gewaltige Festung anlegen. 18 Türme verstärkten die doppelte Ringmauer; eine ›Burg-in-der-Burg‹, der **Torre de Menagem**, galt als uneinnehmbares Bollwerk und beherbergt heute das **Museu Militar** (Do geschl.). Innerhalb des Festungsringes gab es genügend Platz für eine Siedlung. Deren **Igreja Santa Maria**

Östliches Trás-os-Montes

Östliches Trás-os-Montes

Bragança im Schatten der Burg

mit ihren schönen Deckengemälden (18. Jh.) ersetzt eine ältere Kirche an gleicher Stelle. Platz gab es auch für Felder. Heute noch wachsen Feigen, Kohl und Kirschen innerhalb des Burgfrieds.

Neben der Kirche entstand auf einem ungleichmäßig fünfeckigen Grundriß ein Haus, in dem der König bei seinen regelmäßigen Touren durchs Land die Stände empfing. Der ungewöhnliche Grundriß geht auf eine Zisterne zurück, aus der die Leute in römischen Zeiten (damals hieß der Ort *Juliobriga*) Wasser schöpften. Deshalb, und weil man sich auch in späteren Zeiten hier zusammenfand, heißt diese Stelle im Volksmund immer noch ›Wasserhaus‹. Mit anderen Worten: Der Männerklub tagte, nächtigte, soff. Im 12. Jh. errichtete man über dem Brunnen eine Art Rathaus. Ab dem 16. Jh. fanden hier Rats- und Bürgerversammlungen statt. Lassen Sie sich für die Besichtigung des **Domus Municipalis** den rostigen Schlüssel von einer alten Frau geben, die ständig irgendwo in der Burganlage auf Urlauber wartet. Ist sie guter Laune, wird sie Fabeln vom Stapel lassen, gleichgültig ob man sie versteht oder nicht. Am liebsten über eine Prinzessin, die jahrelang im Torre de Menagem schmachtete.

Gleißendes Sonnenlicht fällt durch die kleinen Rundbögenfenster ein. Grinsende Gnome zieren die Deckenbalken. Eine magische Harmonie umfängt den Besucher. Keine Frage: Der Domus zählt zu

BRAGANÇA/NATIONALPARK MONTEZINHO

den schönsten romanischen Profanbauten auf der iberischen Halbinsel. Er und der Burgturm sind die Wahrzeichen von Bragança. Vom Aussichtsplatz bei der **Capela de São Bartolomeu** (4 km, an der Pousada vorbei) öffnet sich ein pittoreskes Panorama auf die gesamte Anlage.

Nahe dem Haupteingang in Richtung Stadt (es gibt noch einen Eingang beim baufälligen Convento São Francisco) streckt sich ein schlanker Pelourinho aus einer steinernen Wildsau, dem Fruchtbarkeitssymbol kelt-iberischer Stämme. Es versprach reichen Jagderfolg. In den Kastanienwäldern des nahen Nationalparks Montezinho wimmelt es auch heute noch von wilden Schweinen.

Auf der kurzen Distanz zwischen dem Burgberg und der Kathedrale **Sta. Clara** (16. Jh., Amtskirche des Bischofs von Mirandela) passiert man das historische Zentrum der 18 000-Einwohner-Stadt. Von kunstgeschichtlichem Interesse ist kaum eines der vielen alten Stadthäuser, aber in ihrer Gesamtheit formen sie ein sehr schönes Stadtbild. Dieser alte Teil Braganças ist mehr oder weniger zwischen zwei sich gabelnden Straßen aufgefächert. Das **Museu do Abade de Baçal** im ehemaligen Bischofspalast (Mo geschl.) zeigt Grabsteine und Römisches, drei *Porcas*, Aquarelle von Alberto Souza und lokale Trachten. Drei weitere Kirchen sind sehenswert: Die verkachelte und vor 150 Jahren restaurierte São Vicente, die Misericórdia nahe beim Museum und São Bento (16. Jh.) beim Castelo. Letztere besitzt klare Linien, pure Formen: also Renaissance. Die Deckengemälde sind sehr schön. Wie die anderen Bragança-Kirchen hat sie einen vergoldeten Altar (das einzige Gold, das die Leute von den Reichtümern aus der Kolonie Brasilien zu sehen bekamen). Ein Armeeoffizier aus Porto mit Namen Arthur Carlos de Barros Bastos versuchte im Jahre 1927 das Judentum in Bragança zu beleben. Er ließ eine neue Synagoge bauen und in einer jüdischen Schule sprach man nur hebräisch. Leider starb die Bewegung aus – nicht durch Mangel an Interesse, sondern durch ein Verbot, ausgesprochen vom (katholischen) Diktator Salazar.

Im Nationalpark de Montezinho

Der **Parque National de Montezinho** nimmt den äußersten Nordosten Portugals ein. Aus einem welligen Land (Bragança liegt auf nur 100 m Höhe) steigt die karge Region zu nackten Kahlbergen auf, bis 1400 m. Hier, fernab von den Entwicklungen in Porto oder Lissabon und erst recht von denen in Europa, hielten sich Bräuche und Sitten in lebendiger, nicht bloß künstlich erhaltener Form. Trás-os-Montes kann man ohne Übertreibung als die rückständigste Gegend Europas bezeich-

Östliches Trás-os-Montes

Dorfarchitektur

Bunte Prospekte preisen Neubauten vielversprechend mit ›echt-portugiesischer Stil‹ an. Doch einen solchen gibt es nicht. Stil hat etwas mit Mode und Überfluß zu tun, und das kannte man im armen Nordportugal bis vor wenigen Jahren nicht. Hier hatten die Leute andere Probleme. Das Faszinierende an der Architektur einfacher Bauern- und Dorfhäuser sind die Lösungen, die die Menschen als Antworten auf natürliche Probleme fanden. Klima, Baumaterial und die Art der Landwirtschaft (Wein, Oliven, Weizen und/oder Vieh) sind die ausschlaggebenden Faktoren.

Historische Einflüsse spielten eine wichtige Rolle: Als die Römer den organisierten, plantagenartigen Feldanbau einführten, siedelten sich die Bauern in Einzelgehöften inmitten der Felder an. Sie bewegten sich immer weiter aus den Wehrdörfern heraus, und um sie herum gruppierten sich Mühlen und Schmieden – kleine Dörfer bildeten sich.

Granit, Schiefer, Lehm, Putz und Tünche – diese Basismaterialien finden seit über 2000 Jahren Verwendung. Mit ihnen bauten die Bauern alles. Direkt neben den Häusern befanden sich die Lagerschuppen. Für Mais – er eroberte den Norden Portugals ab dem 16. Jh. und verstärkt im 18. – baute man schmale Schuppen aus Granit: die überall sichtbaren *Espigueiros*. Wie Sarkophage sehen sie aus (südlich vom Rio Douro heißen sie *Canastros*). Die Bauern fanden über ein Dutzend verschiedener baulicher Lösungen, vom strohgedeckten Rundbau bis zum länglichen Schuppen aus Granit. Meistens sitzt der Schuppen auf vier bis sechs Steinstelzen und darüber querliegenden Granitplatten, die für Ratten und Mäuse unüberwindbare Hindernisse darstellen.

Die Dörfer gruppieren sich in der Regel um die Kirche und den Kirchplatz. Dörfer in den Bergen unterliegen härteren natürlichen Be-

nen. Vor allem zeigen das die Dörfer im Montezinho. Hier sieht man erfreulich wenige Neubauten. Zwischen den kleinen Orten fährt man durch Heideland und Maccie, durchrollt moorige Flächen; Felsenmonster huschen vorbei; Eichen-, Kiefern- und Kastanienwälder streben vom Wind gebürstet in einen Himmel, an dem dunkle Wolkenfetzen wie Wattebäusche hängen. Fast in jedem Ort findet man höchst eigenwillige Gebäude: weiße hufeisenförmige Scheunen mit schrägen Dächern, umflattert von Taubenschwärmen – in die Dächer

NATIONALPARK MONTEZINHO

dingungen. Hier baut man eng, schützt sich gegenseitig vor Wind und Wetter. Den Patio oder Haushof trennt eine kopfhohe Mauer von der Straße. Im Erdgeschoß sind die Stallungen für die Tiere, und im ersten Stock leben – von unten angewärmt im kalten Winter – die Menschen in einer Wohnküche und in ein, zwei weiteren Zimmern. Haben die Häuser ein ausgebautes Dach, wird es als Schuppen genutzt. Oft findet man im ersten Stock und zur Straße hin eine Veranda mit hölzerner Balustrade, ein typisches Merkmal nordportugiesischer Häuser.

Fast alle Häuser haben eines gemeinsam: den ausgeprägten Sinn für Harmonie. Die Proportionen sind bei aller simplen Architektur doch gelungen, und wegen der natürlichen Baumaterialien passen sich die Häuser der Landschaft an, mehr noch: Sie werden ein Teil von ihr.

sind Verschläge für die Vögel eingelassen. Taube heißt *pomba,* und sonennt man auch diese Bauwerke.

Auf dem Weg nach Spanien gelangt man via **Vinhais** in den Park. Der weitverstreute Ort birgt stille Schätze: eine Zitadelle, ein Castrum aus römischer Zeit, die Reste einer Burg, die man von der doppeltürmigen Kirche gut sehen kann. Sie entstand aufgrund eines Gelübdes: Sollten die Leute und Soldaten von Vinhais den Angriff der weit überlegenen Kastilier abschlagen, würde man eine Kirche bauen, die dem Anlaß alle Ehre machte – gesagt,

Östliches Trás-os-Montes

gewonnen, gebaut. Auch die Klöster Santa Clara und São Francisco sind einen Abstecher wert, und wer die vielen römischen Brücken in dieser Region zählen will, kann die über den Rio Tuela dazu addieren.

In den umliegenden mittelalterlichen Dörfern Vilar de Ossos, Santalha und Montouto werden zahlreiche religiöse Feste gefeiert. Der Anlaß mag sakral sein, Her- und Ausgang sind in der Regel sehr profan, sehr lustig und sehr laut. Diese Feste vermitteln mithin tiefe Einblicke in die ›wahren Zustände‹ der portugiesischen Gesellschaft...

Näher bei Bragança gelangt man in den Nationalpark, wenn man Richtung Rio de Onor fährt (24 km). Es gibt allerdings zwei Dörfer mit diesem Namen; eines liegt jenseits des Grenzflüßchens in Spanien, das andere noch in Portugal. Die Grenze ist nicht markiert. Auf beiden Uferseiten waschen die Frauen die Wäsche im Bach und rufen sich Dorfklatsch zu (ganz so, wie der Ire James Joyce sich Dublins ›Waschweiber‹ an den Ufern der Liffey ausgemalt hat). Sie reden die gleiche iberisch-romanische Sprache (uralte Form *rionores)* und sind auch sonst in jeder Hinsicht verwandt: Sie entspringen dem gleichen iberischen Stamm, haben einen gemeinsamen Dorfrat, betreiben gemeinsam die Weinpresse und hüten die dorfeigene Schafherde, backen Brot im Dorfofen, feiern gemeinsame Feste. Nationaler Haß ist ihnen gottlob fremd. Im Turismo-Büro in Bragança fragt man vergebens nach Informationen über den Naturpark. Auch im ›Parkbüro‹ in der Rua Alexandre Herculano sind die Unterlagen dürftig. Immerhin kann man erfahren, daß es Adler gibt, schwarze Störche, Wildschweine, Wölfe, Schwarzwild, Hasen zuhauf, daß die Flüsse voller Forellen sind und Kastanienbäume zu Tausenden wachsen (Kastanien waren vor dem Siegeszug der Kartoffel Hausmannskost in Iberien). Hinfahrt mit dem Bus: ab Bragança 14.00 und 17.30, ab Rio de Onor 7.15 und 14.00 Uhr.

Touren rund um Bragança

Will man von Bragança nach **Mirandela** fahren, so hat man zwei Optionen: Rasch geht's auf der neuen IP 4, sonst auf der N 15, die zumindest teilweise gut ausgebaut ist. Rechter Hand erstreckt sich die einsame **Serra de Nogueira**. Auf dem Gipfel lockt die Wallfahrtskapelle Nossa Senhora da Serra auf 1318 m Höhe die Gläubigen zum windigen Gebet, eine Straße windet sich dort hinauf. Via Macedo de Cavaleiros (südlich davon liegt die Serra de Bornes) geht es nach Mirandela, dem Hauptstädtchen der Terra Quente. Unterwegs bieten sich phantastische Panoramablicke auf weitere *Sanctuarias* (Wallfahrtskapellen): Balsão und Santo Ambrósio. Sehr schön auch die abgelegene Straße N 206.

MONTEZINHO/MIRANDA DE DOURO

Fährt man in Richtung **Chaves**, dann lockt kurz hinter Bragança das Benediktinerkloster **Castro de Avelãs** (12. Jh.) mit der einzigen Backsteinkirche Portugals. Der restaurierte Chor wurde in der neueren Kirche integriert. Auf der N 103 geht es strikt westwärts – so sieht es jedenfalls auf manchen Karten aus. Von wegen!

In Wahrheit wird hier die Gewandtheit im Kurvenfahren getestet, immerhin auf einer schönen Strecke am Südrand des Nationalparks entlang. Hinter Vinhais geht es im stetigen Anstieg bis zum höchsten Punkt bei Sobreiro, alsdann abwärts dem Rio Cabacal entgegen. Hinter Rebordelo muß man wieder runterschalten, um schließlich bergab zu kurven ins Tâmega-Tal.

Auch die Fahrt von Bragança nach **Miranda de Douro** ist in Teilen sehr schön und kurvig. Häufig fährt man über neuen Straßenbelag. In Gimonde geht eine malerische Brücke über den Rio de Onor. Bis Milhão führt uns der Weg bergauf in karges Land, überall *Maccie*. Hinter uns lassen wir die Kahlberge des Nationalparks Montezinho. Bis in den Frühsommer hinein tragen sie Schneehauben. Über Rio Frio gelangen wir nach **Outeiro**. Dort grüßt eine mächtige zweitürmige Kirche (18. Jh.). Jetzt sollte man nicht wie angezeigt auf der N 218-2 weiterfahren, sondern die ausgebesserte Straße via Argozelo nach Carcão nehmen. **Vimoso** besitzt eine schöne Kirche, eine Burg, römische Brücken, einen geruhsamen Dorfplatz und viel Kunsthandwerk: Töpfereien, Korbwaren, Leinen, Stickereien. Nun folgt der schönste Teil der Fahrt im und über dem Tal des Rio Macãs. Auf der Hochebene angekommen, geht es auf ziemlich geraden Strecken zügig weiter nach Miranda de Douro (85 km).

Miranda de Douro und Umgebung

Eine Perle ist dieser Ort hoch über den Klippen und Ufern des Douro. Die strategische Lage war bestimmend für Miranda und sein Gedeihen. Jahrhundertelang war es bedeutend und rang mit Bragança um die Vormacht im Nordosten Portugals. Auf die majestätisch schöne Position, so geht die Sage, ist die Existenz des Ortes zurückzuführen. Der Ritter und künftige König Afonso Henrique soll hier gegen seine Brust geschlagen und gesagt haben: Hier will ich sein! König will ich sein und diese majestätische Stelle zu meinem Sitz erklären! Dann sagte er sich von Kastilien los, ließ die Grenzorte seines Reiches mit Burgen befestigen, wappnete sich gegen Überfälle der Spanier aus dem Osten und der Araber aus dem Süden. Jahrhundertelang hielt man den Belagerungen stand, bis in die Zeit der Restauration des Königreiches im 17. Jh.

1762 platzte dann eine Bombe. Attentat oder Unfall? Man weiß es

bis heute nicht. Jedenfalls detonierte das Ding kurz vor einem spanischen Überfall und verwandelte das proppenvolle Waffenarsenal in ein Inferno. Die einstürzende Burg begrub 400 Soldaten unter sich. Auch das umliegende Dorf war ein Ruinenfeld. Nur die 200 Schritt abgelegene wehrhafte **Kathedrale** (16. Jh., schöne Holzschnitzereien von Gregorio Hernandez, darunter der berühmte Menino Jesus da Cartolinha) überstand die Katastrophe. Die mächtigen Granitgewölbe erschütterte nichts.

Eine Kathedrale, eine Bischofskirche in dem kleinen Ort? Mitte des 16. Jh. wollte die Kirche im Nordosten Portugals der weltlichen Macht der Herzöge von Bragança mit mehr Sakralem die Waage halten – 1545 wurde die mächtige Kathedrale eröffnet. Nach der Bombenkatastrophe verlegte man den Bischofssitz freilich nach Bragança. Mirandeser kommentieren das wie folgt: »Die Sakristei mag dort sein. Die Sé ist hier.«

Der Ort hat Charme: Im ehemaligen Bischofspalast **Paço Episcopal** ist jetzt ein Café etabliert. Das kleine **Museu Municipal** (Mo geschl.) ist wie so viele Regionalmuseen eine Sammlung von Kuriositäten und Skurrilitäten und zeigt das Alltagsleben einer typischen Miranda-Familie.

Vom Bombenschotter liegt nichts mehr. Die Kopfsteinpflastergassen sind sauber gekehrt, fein weiß; fast

---

Rio Douro bei Miranda

zu weiß für nordportugiesische Verhältnisse sind die manuelinischen Häuschen in der Rua da Costanilha. Im alten und neuen Stadtteil zusammen wohnen etwa 2000 Menschen. Jeder kennt jeden. Gemächlich spazieren die Leute zum Einkauf über den hübschen Platz der **Câmara.** Sie sprechen im eigenwilligen Dialekt *mirandês,* der als Wahl-Schulfach auflebt. Hitzig ging es nur vor einigen Jahren her: Die Leute diskutierten das spanische Projekt eines Atomkraftwerks, 15 km jenseits der Grenze gelegen. Das Projekt wurde eingestellt.

Viele Besucher Mirandas sind Spanier, die die Gelegenheit zum billigeren Einkauf und genüßlichen Picknick mit Aussicht auf die Douro-Schlucht nicht auslassen. Der (wahrscheinlich keltische) Tanz der *Pauliteiros* (Holzstöcke als Ersatz für Schwerter) ist nicht Tradition, sondern Unterhaltung für Touristen, finanziert vom Touristenamt. Inzwischen führen die Mirandeser ihren berühmten Tanz, bunt gekleidet in der lokalen Tracht, in den USA, Australien und Schweden auf. Kommerz hin, Kommerz her, Miranda verdient wegen seiner unvergleichbaren landschaftlichen Position die lange Anfahrt.

Der Rio Douro war früher wild und reißend. In seinem Unterlauf sorgte er regelmäßig für üble Überschwemmungen. Jetzt ist er friedlich: Eine Kette von Stauseen hält ihn in Zaum und Damm. Die in riesigen Rohren in die Tiefe stürzenden Wasser berappen zusammen mit

Östliches Trás-os-Montes

den E-Werken an den Minho-Stauseen über 25 % des portugiesischen Strombedarfs. Mit 528 Metern Seehöhe ist die Staustufe bei Miranda der höchstgelegene **Barragem** (Stausee) Portugals. Von der **Pousada** aus hat man einen grandiosen Überblick über den Rio und die bemoosten Schluchtwände.

Ausflüge

Auf der N 221 geht es zügig zu dem auf einer Hochebene gelegenen Ort **Mogadouro**. Die alte Burgruine ist schon von weitem sichtbar. Sie ist der Spielplatz der Dorfjugend. Auf dem Platz vor Burg und Kirche sitzen die alten Männer vor einer alten Villa und lassen die Zeit vor ihren Augen zerrinnen. Von hier oben überblickt man weites Land. Ferne Bergketten zeichnen einen zackigen Horizont. Interessant ist das Rathaus in einem ehemaligen Konvent.

Auf der N 221 geht es weiter Richtung Südwesten. Hinter Fornos gabelt sich die Straße in N 220 und N 221. Folgt man der zweitgenannten, so kommt man nach **Freixo de Espada a Cinta.** Der Ortsname klingt nach Kurzgeschichte: Der Eschenbaum mit dem Schwert im Strumpfgürtel. Was mag das bedeuten? Im Dorf weiß man es auch nicht. Es ist kaum so groß wie sein Name lang ist, liegt arg weit weg von allem, nur nahe beim Rio Douro. Sehenswert sind der achteckige Ritterturm **Torre de Galo**, die spätgotische Gemeindekirche (mit Gemälden von Grão Vasco), der Pelourinho, das **Konvent São Filipi de Neri** und die römischen Spuren in Lagoaça. Der Ort ist bekannt für sein Kunsthandwerk (Bettbezüge aus Seide und Wolle, kleine Teppiche und Tischdecken). Von hier aus bietet sich die Weiterfahrt Richtung Guarda an. Oder zurück zur Kreuzung und auf der N 220 nach **Torre de Moncorvo**: Hier brummt nun der Agrarbetrieb, Modernes schießt mit atemberaubender Geschwindigkeit aus dem Boden. Die Stadt ist nicht attraktiv, trotz einiger Quintas und der monumentalen Mutterkirche, deren Bau 1544 begann und an die 100 Jahre dauerte.

Unterkunft: In Bragança: Von der Pousada São Bartolomeu kann man den Hausfrauen in den Castelo-Häuschen in den Suppentopf gucken. Recht teuer, vor allem das Essen. ***Hotel Bragança im Zentrum, viel Beton, schöne Ausblicke auf die Burg; Sta Isabel; Residencial Tulipa. Mehrere Pensionen: Plantorio, Tic-Tac, Meirinhos, Cruzeiro, Cantarias. Gut sind Poças und Rocha, billig: Hospedaria, Transmontana. In Macedo: **Residencial Ovimar und Nobre. In Miranda: Pousada, Hotel und Essen teuer, aber schöne Sicht. Pensionen: Im alten Teil Sta Cruz, im neuen Teil Flôr de Douro, Planalto, Bela Vista, Douro Azul, alle nüchtern und günstig. In Mogadouro: Pension Sebastião, Estrela do Norte. Moncorvo: Pension Brasilia, Caçula, Campos Monteiro, Passarinho, günstig. Vimioso: Residencial Chaneca und Centro. **Turismo de Habitação:** in Bragança: Moinho do Caniço bei Rio Cast-

AUSFLÜGE/PRAKTISCHES

relos/Baceiro (TR) ✆ 0 79-2 24 20. In Freixo de Espada à Cinta die Quinta da Boavista (TH) ✆ 0 79-6 21 45. In Moncorvo die Quinta das Aveleiras (TR) ✆ 0 79-2 24 20. In Macedo das Solar das Arcas (TH) ✆ 0 78-40 11 35.

Camping: 7 km außerhalb von Bragança auf der Straße nach Franca, kein Bus, kaum Einrichtungen. Nahe bei Miranda do Douro, nicht so rausgeputzt wie der Ort.

Bus: von Bragança zu allen großen Orten Nordportugals.

Bahn: Mit Bus nach Pocinho, von dort herrliche Zugfahrt am Douro entlang bis Porto.

Essen: In Bragança: Solar Bragança ist gut, vornehm gibt sich Em Casa. Gutes gibt's im Casa Típica und im O Manuel beim Markt und im Restaurant der Pension Rocha gegenüber der Disco Bô. **Tip:** 8 km außerhalb in Richtung Miranda de Douro liegt das hübsche Dorf Gimonde an der Brücke zum Sabor. Restaurant Torrie populär. Trotz eines ›man spricht deutsch‹-Schildes ganz urig.

Discothek: In Bragança das Bô, lustig. Manchmal brasilianische und afrikanische Live-Musik.

Feste: In Bragança drei Romarias im August, eine im September, zwei im Mai. Die Festa in der 3. Augustwoche mit viel Kultur. Eine Unzahl lokaler Feste in der gesamten Provinz, hauptsächlich im August und September. In Miranda: Santa Bárbara am 1. Sonntag nach dem 15. August. Romaria um den 8. September. *Pauliteiros* (der keltische Tanz) nach Weihnachten. Alle Daten lokal absichern – häufige Änderungen.

Einkaufen: Ledersachen, Schuhe, Tisch- und Bettdecken. Kupferwaren oft kitschig. Schön-grobes Leinen in Mogadouro, kleine Teppiche in Freixo de Espada a Cinta.

Turismo: In Bragança beim Castelo und am Ortseingang an der Avenida Cidade de Zamora im Holzhäuschen. In Miranda: am Kreisverkehr. In beiden Orten dürftiges Material.

Östliche Beira Alta

Topfrunde Hügel bäumen sich aus der präriehaften Landschaft südlich vom Rio Douro. Burgruinen thronen auf ihnen wie verlassene Adlerhorste. Südlich von Guarda steigt die Serra da Estrela auf. »Hoch, immens, rätselhaft«, so charakterisiert der Dichter Torga das höchste portugiesische Gebirge.

Guarda

Im Winter ist Guarda (19 000 Einwohner) häufig verschneit. Auf einer Höhe von über 1000 m ist sie die höchstgelegene Stadt Portugals; Einheimische meinen gar, die höchste Europas. Hoch genug ist sie allemal für ungetrübte Blicke über das Vorland: ein idealer Hochsitz zum Sichern des Grenzraums vor Überfällen – Guarda heißt nichts anderes als Wachtposten.

Das Castelo ließ König Sancho I. anno 1199 errichten und gründete damit die Stadt. Von ihren Ursprüngen existieren noch der **Torre de menagem** auf einem Hügel hinter der Kathedrale und Teile der **Stadtmauer**. Einige Häuser lehnen sich ans dicke Mauerwerk an, weshalb nur geringe Teile zum Vorschein kommen. Eindrucksvoll ist sie beim Torre dos Ferreiros (Tor der Schmiede, mit Wetterstation) bei der Porta da Estrela sowie bei der Porta do Rei. In der Rua do Amparo und den Seitengassen war bis ins 19. Jh. das jüdische Ghetto.

Am höchsten gelegen ist die **Sé**. Sie dominiert das gesamte alte Zentrum. Trutzig wirkt die Kathedrale, dunkel ist sie, und die Granitgrimassen unter den Zinnen schielen koboldhaft. Rund um die Außenmauer läuft ein manuelinisch verknotetes Tau aus Stein, als wolle es den Mammutbau zusammenhalten; 42 m ist das Mittelschiff lang; die 12 mächtigen Säulen tragen eine 22 m hohe Gewölbedecke. Das gotische Hauptportal ist reich dekoriert. Kenner schätzen den großartigen Altaraufsatz, der dem Künstler Jean de Rouen (Coimbra-Schule) zugeschrieben wird. Über 100 Figuren stellen das Leben Christi und der Mutter Maria dar.

Es ist nicht die ursprüngliche Sé. Historiker fanden heraus, daß 1413 der 1374 begonnene Bau komplett abgerissen wurde. Dieser hatte bereits eine viel ältere Kirche ersetzt. Dem Stilmix wurden bei nachfolgenden Veränderungen bis etwa 1540 weitere Neuheiten zugefügt. Früher stand die Kirche im Winter fast leer, denn in den kalten Monaten lebten die Menschen unten im Tal des Rio Mondego. Nur im Sommer zogen sie in die höheren Zonen.

Vor der Kathedrale ragt die Statue des Stadtgründers König Sancho I. in der Mitte des Platzes **Praça de Camões** auf. Diesen begrenzen schöne Häuser aus drei Jahrhunderten, darunter eine Zeile mit Arkaden und das Büro des Turismo in

◁ Maisspeicher

Östliche Beira Alta

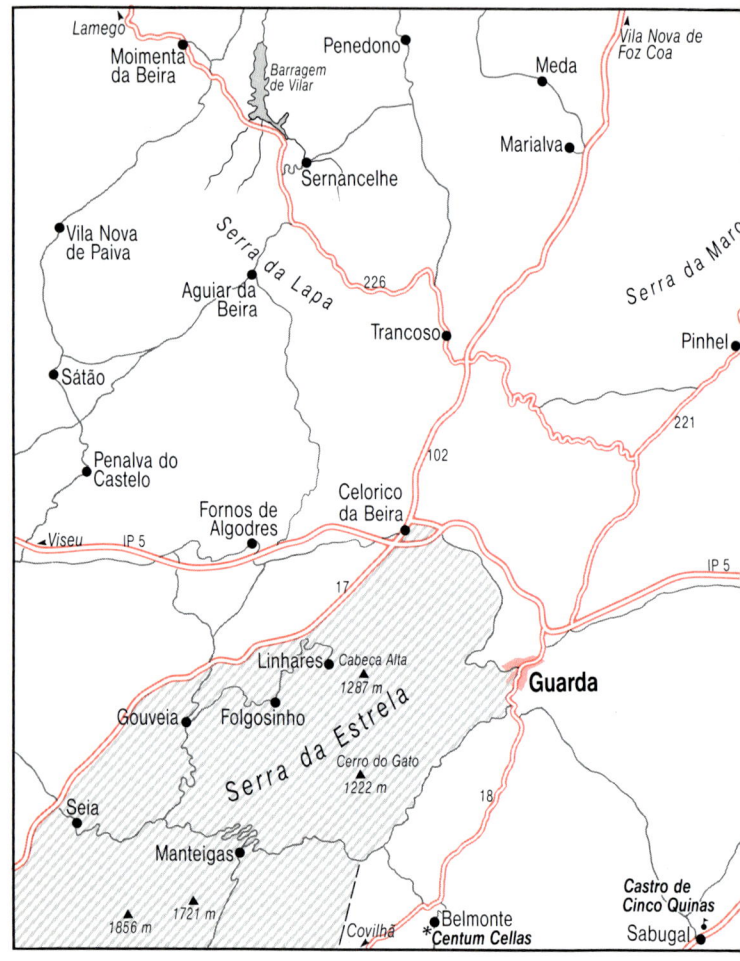

der Câmara Municipal, wo der Vertrag von Tordesillas bestätigt wurde, mit welchem anno 1494 Spanien und Portugal die noch nicht entdeckte Welt unter sich aufteilten. Ein dichtes Netz von Gassen umgibt den Platz. Hier findet man zahlreiche Läden, Bars und Cafés. Faszinierend ist die Stimmung im Bereich zwischen der Porta da Estrela und der Porta do Rei, wo man sich im Mittelalter wähnt. Na-

GUARDA

Östliche Beira Alta

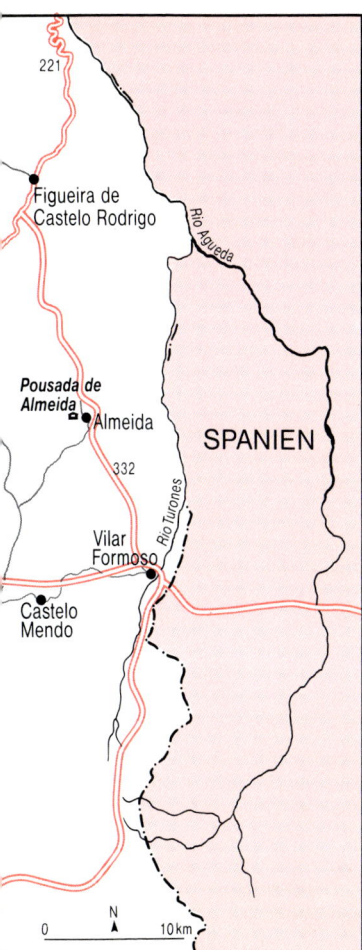

surium aus archäologischen Funden, Skulpturen, Gemälden und Fotographien.

Unterkunft: ***Hotel de Turismo. Pensionen: Residencia Filipe komfortabel, Aliança und Belo Horizonte okay, auch Morão und Gonçalves. **Turismo de Habitação:** Gleich neben der Sé. Solar de Alarcao (TH), etwas steife Atmosphäre, kostbares Mobiliar, Haus ist an die alte Stadtmauer angebaut, ✆ 0 71-21 43 92; im Dorf Faia die Quinta da Ponte (TH), ✆ 0 71-9 16 26; im Dorf Aldeia Viçosa die Quinta de S. José (AT) ✆ 0 71-21 43 92.

Camping: Castelo, Schwimmbad in der Nähe.

Essen: Viele Restaurants in der Stadt, fast alle recht billig, besonders die bei der Porta da Estrela und der Ausfahrt aus Guarda Richtung Covilhã. Treffpunkt der Einheimischen ist das Pelo Norte am Largo de Camões.

Bus: Zentrale Station mit gutem Service in die Umgebung, auch nach Spanien. Genaue Auskünfte beim Büro der RN in der Rua do Campo 17.

Bahn: Bahnhof hat eigenen Ort: Guarda-Gare. Züge nach Vilar Formoso (Anschluß nach Madrid und Paris), Porto und Lissabon.

Feste: Stadtfest Ende Juli mit Ausstellungen, Konzerten, Folklore, Jazz, Rock. Feiras am 24. Juni (São João) und 4. Oktober.

he der doppeltürmigen **Igreja de Misericórdia** aus dem 18. Jh. liegt an der Rua General Alves Rocadas der ehemalige Bischofspalast. Das hier untergebrachte **Museu Regional** lockt müde mit einem Sammel-

Östliche Beira Alta

 Einkaufen: Ledersachen und den Käse *Queijo da Serra*.

 Turismo: Praça Luís de Camões, ✆ 0 71-2 22 51.

Unterwegs im Grenzgebiet

Eine Rundfahrt im Grenzraum führt zu Orten von besonderem visuellem wie historischem Reiz. Ein geeigneter Ausgangspunkt ist **Celorico da Beira**, 16 km westlich von Guarda an der IP 5 und der N 16: Die Straßen geben dem Städtchen auch heute noch ein bißchen Bedeutung. Zumindest verkehrstechnische, denn von hier aus bieten sich Exkurse in die weite Ebene der Beira Alta an.

Zusammen mit Guarda und Trancoso bildete es einst ein Dreieck vehementer Verteidigungskraft, dem Portugal seine Unabhängigkeit mitverdankt. Diese stolze militärische Vergangenheit hält die Dorfjugend nicht ab, den Torre de menagem zu bemalen und auch sonst für sich zu beanspruchen. Man kann die Burg betreten und sich auf dem Ruinen- und Felsenfeld das öde Wartedasein der 300 Soldaten ausmalen, die hier stationiert waren.

Nach **Trancoso** geht es rasch – man sieht kaum Autos in dieser einsamen Gegend – über die N 102, dann bei der Kreuzung mit der N 226 links abbiegen. Der viereckige Torre ist wuchtig und ragt weit aus den umliegenden Mauern heraus. Von weither ist die Zickzacklinie der Burgzinnen sichtbar: sarazenische Architektur. Die militärische Geschichte von Trancoso ist nicht mit Lorbeer umkränzt: Zwar erzwang Almansor gegen die Mauren anno 985 einen Sieg wie auch Afonso Henrique anno 1139, doch brachten die ersten Jahrhunderte seit der Unabhängigkeit Portugals ständig Unheilvolles. Einige Male überrannten die Mauren die Stadt, dann die Spanier.

Trancoso sah 1282 eine bedeutende Hochzeit, als König Dinis die spanische Isabel von Aragon *(Santa Isabel)* in der Kapelle São Bartolomeu ehelichte. Die Feierlichkeiten und Ritterspiele dürften dort über die Bühne gegangen sein, wo sich heute die Dorfjugend auf einem Bolzplatz austobt. Der Ort ist ausgesprochen schön. Alle Häuserzeilen innerhalb der Stadtmauer, deren ursprüngliche Tore erhalten sind, führen zum zentralen Platz bei der Kirche hin. Während die Frauen drinnen beten, stehen die Männer draußen im Schatten einer riesigen Linde und diskutieren oder gönnen sich gegenüber im Restaurant Museu ein Gläschen. Die Häuser sind größtenteils sehr schön, legen Zeugnisse ab von den Baustilen mehrerer Jahrhunderte und haben eines gemeinsam: Sie zerfallen ungestört vor sich hin. Einige architektonische Details deuten auf die jüdische Gemeinde hin, die hier im Mittelalter wohnte: Der breitere Hauseingang war für den Handel bestimmt, der schmalere für Be-

Was sind eigentlich *Azulejos*?

Sie sind so etwas wie die Wahrzeichen Portugals, die bemalten Kacheln. Man kann sie nicht übersehen: Kirchen sind innen und außen mit *Azulejos* verziert, aber auch Bahnhöfe, Rathäuser, Markthallen, Brunnen, Parkbänke, Parkmauern tragen den nationalen Schmuck. Viele Straßennamen sind auf Fliesen gemalt, St. Christophorus trägt das verkachelte Jesuskind über den Strom, und so mancher Palast zeigt pompöse Szenen im Großformat und blau auf weiß – die meisten Azulejos sind in blauer Farbe bemalt (*azul* heißt blau).

Die Kacheln stammen ursprünglich aus Persien und kamen mit den Arabern im 14. Jh. in deren Königreich Granada. Die ersten in Portugal auftauchenden Azulejos wurden in Sevilla hergestellt und zeigen in islamischer Tradition keine Abbildungen von Menschen, sondern nur von purer geometrischer Ornamentik. Zwei Verfahren kristallisierten sich damals heraus: Die Corda-seca-Technik nützt zum Kolorieren farbabstoßende gefettete Schnüre, die in eingeritzte Vertiefungen gelegt werden; die Arista-Technik sieht gerippte Kacheln vor.

Mit einer italienischen Erfindung des 16. Jh. erlebte die Kachel-Kunst großen Aufschwung: Vorgebrannte Fliesen wurden mit einer Zinnglasur versehen, auf die man die Farben direkt auftragen und einbrennen konnte. Diese Majolika-Technik verwendeten die ersten portugiesischen Hersteller im ausgehenden 16. Jh.

In der Renaissance griffen die Architekten das neue Medium auf und verkleideten komplette Kirchen- und Klosterwände mit biblischen Szenen aus Azulejos. Im Barock kamen die Engelchen dazu, und die Azulejos wurden jetzt so beliebt, daß auch die noblen Herren ihre Paläste damit verkleiden ließen, mit Grandios-Männlichem, versteht sich, mit Jagden und Schlachten. Nach dem Erdbeben im Jahre 1755 verlangte der Wiederaufbau vieler Städte und Orte ungeheure Mengen Baumaterial – und Azulejos. Marquês Pombal, der Dirigent des Wiederaufbaus, gründete 1767 eine Königliche Fabrik, ließ die Kacheln nun mit gängigen Dekors industriell produzieren und ganze Hausfassaden verkleiden – eine aus Brasilien re-importierte Mode.

Besonders schöne Kacheln findet man in Nordportugal in Viseu (am zentralen Platz Rossio), in Porto (Außenwand des Karmeliterklosters) und im Bahnhof São Bento, in den Herrenhäusern von Ponte de Lima (reizvoll in der Quinta do Barreiro), an den Bahnhöfen in Pinhão und Vilar Formoso sowie in fast allen Misericórdia-Kirchen.

Östliche Beira Alta

Marialva: Kirche im Ruinenfeld

wohner und Besucher. Das ehemalige Rabbi-Haus nennen Einheimische *Gato negro*. Dort findet man drei interessante Symbole: den Löwen von Judäa, die Tore von Jerusalem und die Figur eines Faulenzers.

Nach **Sernancelhe** geht es auf der schönen Strecke der N 226. Etwa 8 km hinter dem Ort liegt der Stausee **Barragem de Vilar**. Weite Kastanienwälder umrahmen Sernancelhe, und um die Kastanien drehen sich Gedichte, Liebeslieder und Rezepte. Selbst der Karneval steht im Zeichen der Kastanien. Jeden zweiten Donnerstag blüht das Örtchen während der Feira auf, wenn die Bauern aus der Umgebung zum Kaufen und Verkaufen kommen. Ansonsten geht alles mehr als ruhig zu. Auch hier gibt es ein jüdisches Viertel. Und eine Reihe grandioser Villen, darunter jenes Haus, in welchem Marquês de Pombal das Licht der Welt erblickt haben soll. Sernancelhe ist darüber hinaus der Geburtsort von Pater João Rodrigues, einem bedeutenden Kirchenmann, der im 16. Jh. eine Reihe von Missionen in Japan gründete. Deshalb sieht man hier mehr als sonstwo in Portugal japanische Touristengruppen. Die hübsche romanische Kirche **Igreja Matriz** birgt eine Rarität in den Figuren des Portals: Sechs Apostel, von Wind und Wetter bemeißelt, reihen sich freistehend, nicht im Relief, aneinander. Unter den Gemälden (17. Jh.) im Kircheninnern ist das von Johannes dem Täufer besonders schön.

 Unterkunft: In Sernancelhe: Pensionen Flora und Transmontana.

 Bus: Nach Lamego, Penedono und Trancoso.

Penedono ist der nächste Provinzort. Er ist groß genug für einen Fußballclub und ein paar Bars. Und für ein **Kastell**: Einheimische nennen es Castelo Roqueiro, weil der Burgkranz wie aus dem Felsen gewachsen scheint. Hier und im nahen Palast Solar dos Freixos, in welchem sich jetzt das Rathaus befindet, soll König Álvaro Gonçalves Coutinho Magriço (›der Schlanke‹) zu Hause gewesen sein. Magriço ist ein Held in den Lusiaden, dem Hauptwerk von Portugals Goethe, Luís Camõ-

PENEDONO/MARIALVA/MEDA

es. Der Dichter besingt, wie Magriço zusammen mit elf weiteren Ehrenrittern nach England reist, um dort bei mannhaften Ritterspielen um ein Dutzend nobler Damen zu werben. Natürlich fand diese Legende süßlichen Niederschlag auf zahllosen Azulejos und Gemälden.

Unterkunft: Die einzige Pension in Penedono heißt Solneve; Privatzimmer im Café Gomes und im Café Avenida, wo man auch gut ißt.

Abseits von einer neu ausgebauten Straße liegt zu Füßen eines Castelo das Örtchen **Marialva**. Selbst neuere Häuser sind halbverfallen. In Zeitlupe geht es am zentralen Platz zu, wo die wenigen Bewohner wie auf Schienen zur einzigen Cafébar gleiten. Eine holprige Kopfsteinpflasterstraße führt hoch zur Burg. Oben wähnt man sich ins Mittelalter verirrt zu haben. Wenn plötzlich schwarz gekleidete Frauen aus einer der vier Kirchen innerhalb des Burgfrieds kommen und behend von Stein zu Stein springen, dann ist das keine Halluzination: Tatsächlich ist eine der Kirchen noch in Betrieb.

Meda sei nur der Vollständigkeit halber genannt. Die Stadt ist öde, auch wenn sie die einzige Stelle potentieller Arbeitsplätze für die Jugend im weiten Umkreis darstellt. Die vielen häßlichen Neubauten ersticken Altes. Lieber sollte man weiterfahren, wenn man die nördlichsten Regionen der Beira Alta sehen will. Man kann es auch bleiben lassen, denn Vila Nova de Foz hat außer einem Castelo nicht viel zu bieten. Die weite Landschaft ist etwas eintönig.

Die Fahrt nach **Pinhel** kann man via Santa Eufémia und Valbom abkürzen. Pinhel ist die Reise wert: Der Ort hat als Marktplatz zentrale Bedeutung für die Umgebung und ist Sitz einer Weinkooperative. Als der Staat Portugal im 12./13. Jh. in den Kinderschuhen steckte, sah Pinhel aufregende Tage: Immer wieder fielen die Kastilianer ein. Das manuelinische Fenster am Wehrturm und die Reste einer romanischen Kirche sind sehenswert, ebenso die stattlichen Herrenhäuser und ihre Gärten in der Ortsmitte. Im größten residiert die Câmara Municipal. Im anschließenden Gebäude ist das Museu Municipal untergebracht (Eintritt frei). Zu seinen wichtigsten Ausstellungsstücken zählen keltische Grabsteine.

Unterkunft: In Pinhel: Pension/Restaurant Pinhalense.

Bus: Nach Castelo Rodrigo.

Fest: am Sonntag um den 13. Juli (São António).

Almeida

Zu den schönsten Orten und Wehranlagen im Grenzraum zählt **Almeida**. Das bestens erhaltene Fort im Vaubanstil – in Form eines

Östliche Beira Alta

zwölfeckigen Sterns – entwarf der holländische Jesuit Cosmander. Nur die Fortalezas in Valença und Elvas nehmen es mit diesem auf. Der Rundum-Spaziergang auf den Schanzen ist 4 km lang und führt in eine aufregende Vergangenheit.

Die Besatzung bestand regulär aus über 5000 Soldaten. Mit dem perfekten Wassersystem, mit Löchern für die Müllbeseitigung, mit Schlachterei und Bäckerei, Sargschreiner, Munitionslager, Stallungen und Fluchtwegen widerstand man den geduldigsten Belagerungen. Almeida galt als uneinnehmbar – bis anno 1810. Nachdem die portugiesisch-britischen Bataillone siebzehn Tage lang den Attacken des französischen Generals Massena anläßlich der dritten Napoleonischen Invasion getrotzt hatten, schleppte man ein Pulverfaß von der Burgkirche in der Ortsmitte zum Praça Alta, der Artillerie-Bühne an der Nordwand. Das Faß war leck und hinterließ eine ununterbrochene Spur Schießpulver zum Munitionslager. Unfall? Sabotage? Mit dem nächsten Kanonenschlag ging das Fäßchen in die Luft, und mit ihm das gesamte Waffenarsenal. Hunderte von Soldaten fanden den Tod. Die Überlebenden ergaben sich den Franzosen. Der anrückende englische General Wellington nahm die Fortaleza ein paar Tage später ohne weiteres Blutvergießen – die Franzosen hatten die *Portas falsas* (falsche Türen) zum stillen Abzug genutzt. Wie das damals herging, wird im Museum gezeigt (im Tor zum Ort hin, Eintritt frei), wo Senhor Manuel die Waffen und Rüstungen ölt und Schlachtenliteratur entstaubt.

Die Tore sind so flach und dick, daß sie jedem Bombenhagel widerstanden. Drei dieser Tore gab es. Heute sind es zwei. Für den Neubau einer Pousada riß man eines rigoros ab. Das Staatshotel ist ein Klotz, der an Häßlichkeit kaum zu übertreffen ist.

In den breiten Gräben zwischen den Innen- und Außenringen der Wehrmauern grasen Kühe. Die Stimmung im Ort ist gelassen und fröhlich. An den Hauseingängen sitzen die Frauen, schälen Kastanien oder knacken Walnüsse. Vom aufkommenden Tourismus profitiert ein Bauer, der seine Kutsche zum Rundtrip offeriert. Grinsend zeigt er das Haus nahe bei der Pousada, wo die Inschrift *Rondo dos Eispostos* (Kreis der Verlassenen) auf die ehemalige Bedeutung hinweist: Hier konnten Mütter ihre unehelichen Kinder deponieren. Jeder, der wollte, konnte sich bedienen und ein Kind zu sich nehmen.

Unterkunft: Es gibt mehrere neue Pensionen, wie Muralha und Morgado, außerhalb der Fortaleza. Auch im Café Tertúlia gibt es Zimmer. In der Burg gilt das Terreiro Velho zurecht als Favorit.

Camping: Kurz vor dem Ort (auf der N 340 kommend) überquert man den idyllischen Rio Côa. Kurz hinter der Brücke rechts abbiegen, unten am Fluß kann man zelten und im kühlen und sauberen Wasser schwimmen.

ALMEIDA/VILAR FORMOSO

Bus: Nach Vilar Formoso (von dort in andere Städte) und Castelo Rodrigo in Spanien.

Markt: Zweimal monatlich (am 8. und am letzten Samstag) findet die Feira statt, an Pfingsten auch ein riesiges Picknick am Konvent da Barca (früher franziskanisches Kloster).

Südlich von Almeida

Vilar Formoso ist einer der am meisten frequentierten Grenzübergänge Portugals. Nicht bloß Touristen, auch zahlreiche Emigranten, die für die Ferien zurück in die Heimat fahren, sorgen hier für Hochbetrieb. Heimgekehrte ›Gastarbeiter‹ stillen ihre *saudade* (= Sehnsucht, hier: Fernweh), indem sie sonntags von weither nach Vilar Formoso fahren, um am Bahnhof und auf den Laderampen des Bahnhofs zu picknicken. Dieser ist berühmt für seine **Azulejo-Bilder**, die bekannte portugiesische Orte zeigen. Portugal-Reisende trinken im Bahnhofscafé gern ihren ersten Kaffee oder Wein. Die Schnellstraße IP 5 führt quer durch das Land nach Aveiro und trennt den Norden vom Kerngebiet, dem *Interior*. Die N 332 führt nahe der Grenze durch dünn besiedeltes Gebiet nach **Sebugal**. Das Castelo dos Cinco Quinas (Kastell der 5 Ecken) oberhalb vom Rio Côa ist aus dem 12. Jh. und gut erhalten. Es verdankt seinen Namen einem fünfeckigen Grundriß. Der Ort ist fernab von jedem Betrieb. In den Cafés am zentralen Platz kann man sich Gedanken über die Erfindung der Einsamkeit machen.

Unterkunft: In Vilar Formoso: Pensionen Sol-Rio und O Século.

Camping: Am Fluß.

Fest: vom 24. Juni (São João) bis 29. Juni.

Sortelha ist ein kleines Nest, das seine ehemalige Bedeutung schon vor zig Generationen einbüßte. Das Städtchen ist maurischen Ursprungs. Hier wurde das erste Castelo Roqueiro diesseits vom Rio Côa gebaut. Um die alte Dame, deren Profil man auf den Felsen bei der Burg sehen kann, gibt es viele Fabeln und Legenden. Die Decke der **Igreja Matriz** ist durch und durch maurisch – sie war früher eine Moschee, die man nach der Reconquista rasch mit Kreuzen versah. An einigen Häusern findet man arabische Beschriftungen.

Turismo de Habitação: In Sortelha: hier billiger als sonstwo. Vor Ort im Büro *Turihab* nachfragen. U. a. folgende Häuser: Casa Árabe (TR) ✆ 0 71-6 82 76; Casa do Patio (TR) im Dorf Arrabalde ✆ 0 71-6 81 13; Casa do Vento que Soa (TH) ✆ 0 71-6 81 82; Casa do Palheiro (TH).

Bus: Nach Belmonte.

Fest: Festa do Anjo da Guarda.

Östliche Beira Alta

Die Serra da Estrela

Auf der endlich ausgebesserten N 18 (E 802) fährt man am Ostrand der Serra von Guarda aus südwestwärts. 3 km vor Belmonte ragt linker Hand ein merkwürdiges Turmgebilde aus einem Feld auf. **Torre de Centum Cellas**, Turm der hundert Zellen, heißt es und wird oft als römisches Gefängnis bezeichnet. Doch seine Ursprünge sind ungewiß, auch wenn Busladungen von Studenten anrücken und den Turm vermessen. Er könnte maurischen Ursprungs sein, wie andere Historiker vermuten. Also bleibt er eines der vielen Rätsel von Portugal.

Belmonte ist ein bezauberndes Städtchen. Wie der Name es vermuten läßt, liegt es auf einem Berg, den ein Castelo besiegelt. Das verspielte manuelinische Fenster am trutzigen Wehrturm wirkt fast komisch. Den Schlüssel fürs Castello erhält man beim Turismo (200 m entfernt). Im Turmhof stößt man auf das Modell der Karavelle, mit der Pedro Álvares Cabral anno 1500 Brasilien entdeckte. Cabral lebte in der stattlichen Quinta in der Orts-

Blick auf Manteigas in der Serra da Estrela

SERRA DA ESTRELA

Schäfermädchen in der Serra da Estrela

mitte (15. Jh.). Bei seiner Tour führte der Entdecker das Bild der *Nossa Senhora da Boa Esperança* mit sich, das die Belmonteser heute noch in der Ortskirche anbeten – sofern sie Christen sind. Ein Gutteil der Bevölkerung sind oder waren Juden, die vor der spanischen Inquisition flohen und hier Aufnahme fanden. In diesem Jahrhundert zog es auch einige deutsche Juden auf der Flucht vor den Nazis nach Belmonte.

Die am Osthang der Serra gelegene Stadt **Covilhã** weist viel (zu viel) Neues auf. Sie ist also nicht besonders reizvoll, hat aber günstige Pensionen zum Übernachten. Wer die Serra intensiver als nur bei einer Tagesrundfahrt kennenlernen will, sollte besser mitten in der Serra Station beziehen, in Manteigas zum Beispiel, oder in Penhas Douradas. Auch dort gibt es günstige (und schönere) Plätze.

Von Belmonte kann man nordwestlich nach Velhelhas fahren, und am jungen Rio Zézere entlang weiter nach **Manteigas** (das heißt in der Tat Butter). Der Ort liegt auf 775 m Höhe, zu Füßen der höchsten Massive. Das Städtchen macht einen gemütlichen Eindruck. Es sonnt sich in seiner grandiosen Lage zurecht als ›Herz der Serra‹. Die N 232 schlingelt hinter dem Ort in zig Serpentinen durch eine wunderschöne Landschaft. Immer wieder fällt der Blick auf steile Terrassen, wo die Bauern in mühsamer Arbeit Roggen und Kartoffeln anbauen. Die Kerzen der Kastanien-

Östliche Beira Alta

Wandern in der Serra da Estrela

Nur beim Wandern erlebt man die rauhe, bisweilen auch grazile Schönheit dieser Berglandschaft. Ihre Kontraste wollen errungen sein. Wir schlagen eine Route vor, an der die schönsten Punkte aufgereiht sind, ausgewählt aus einem Netz von Wanderwegen, das die Naturparkverwaltung in den vergangenen Jahren erstellte. Wer Alternativen sucht, wende sich an die Informationsbüros in Covilhã, Manteigas, Gouveia und Celorica da Beira.

Wandern in der Serra erfordert gute Ausrüstung, Kondition, Erfahrung im Bergwandern. Und das Beachten der Parkregeln:
- kein offenes Feuer
- wildes Campen nur nach Absprache mit Bauern
- kein Verlassen der markierten Wege

Zwischen November und April kann es zu überfallartigen Schneeschauern und dichtem Nebel kommen – in dieser Zeit ist vom Durchwandern der Serra abzuraten. Man beachte in allen Monaten die intensive Sonneneinstrahlung. Einige Wegmarkierungen sind verwittert, deshalb jede Tagesstrecke vorab sorgfältig durchplanen. Unsere Route ist in vier Tagesstrecken aufgeteilt. Jede folgt unterschiedlichen Wegmarkierungen! Die angegebenen Zeiten basieren auf 4 km/h Durchschnittstempo ohne Rast und geben jeweils die Distanzen zwischen den Stationen an.

1. Guarda – Chãos (1 Std. 20 Min.) – Pero Soares (30 Min.) – Vila Soeiro (30 Min.). Gesamtdauer: 2 Std. 20 Min. Wegzeichen: rechteckiges Schild mit durchgezogener roter Linie.

Guarda, Largo D. Sancho. Auf der E 16 westlich nach Catraia da Alegria, dort erste Wegmarkierung. Pfad nach Quinta das Freiras, Spuren einer römischen Straße. Im Dorf Cubo am Pranger vorbei, dann bei den Ruinen einer Wassermühle links. Weiter nach Chãos, Kapelle 16. Jh. Die E 16 überqueren; am Friedhof vorbei; wieder über E 16; in Pero Soares über die Brücke des Rio Mondego. Bei der Kapelle Senhora da Piedade links wenden nach Vila Soeiro, einem Dorf mit nur 95 Einwohnern.

2. Vila Soeiro – Prados (2 Std. 20 Min.) – Linhares (2 Std. 10 Min.) – Regadas (2 Std.) – Portela de Folgosinho (1 Std. 30 Min.). Gesamtdauer: 8 Std. Wegzeichen: Schild mit durchgezogener gelber Linie.

SERRA DA ESTRELA

In Vila Soeiro Kirche/Friedhof passieren, ins Tal von Mizarela absteigen. Auf römischer Straße an Kapelle São Gregorio vorbei. Sicht auf Rio Mondego. Mediterranes Mikro-Klima, Olivenbäume, Weinreben, Obst. Noble und Bischöfe sonnten sich hier. Weiter durch Mischwald zum historischen Dorf Prados. Auf Straße Richtung Linhares bis zur Kreuzung, dort geradeaus. Berg Penha de Prados (1150 m) liegt links (Ruinen eventuell von alter Burg). Silhouette der Burg von Linhares taucht auf. Weiter durch Eichenwald zu den drei Mühlen von Corredoura, angetrieben mit Wasser aus Aquädukt. Nach Linhares, 580 v. Chr. gegründet. Auf römischer Straße zum Tal durch terrassierte Landschaft, bewässert, grün – schön! Abstecher rechts, Dorf Figueira da Serra 0,5 km, wo ausgezeichneter Bergkäse produziert wird. Links durch Regadas, Einsiedelei mit einem Dutzend Einwohnern; weiter Richtung Folgosinho. Auf Straße nach Casais de Folgosinho, links auf Route T 1 (roter Streifen!) stoßen. Wieder links nach Portela de Folgosinho.

3. Portela de Folgosinho – Senhora de Assedasse (1 Std. 5 Min.) – Covão da Ponte (40 Min.) – Cruz das Jogadas (40 Min.) – Manteigas (1 St. 20 Min.) – Penhas Douradas (2 Std.) – Curral do Martins (1 Std. 20 Min.) – Cume (1 Std. 15 Min.) Gesamtdauer: 8 Std. 30 Min. Wegzeichen: Schild mit gestrichelter roter Linie.

Abstieg nach Senhora da Assedasse; die Einwohner flohen einer Legende gemäß wegen einer Ameisenplage nach Folgosinho. Pfad kreuzt Roggenfelder und hölzerne Brücke. Camping möglich in Covão da Ponte. Weiter nach Cruz das Jogadas. Abstecher rechts: Nach 3 km und auf 1285 m Höhe. Pousada de São Lourenço, Aussicht auf Manteigas. Abstieg durch Mischwald zum zentralen Städtchen der Serra. Entlang der Rua Doutor Afonso Costa aus dem Ort. Zur meteorologischen Station steigen; erbaut 1882. Weiter nach Penhas Douradas. Anstieg nach Curral do Martins auf 1721 m. Aussicht auf das Torre-Plateau und Quellgebiet des Rio Zézere. Weiter nach Cume auf 1858 m.

4. Cume – Torre (1 Std. 15 Min.) – Covão do Meio (1 Std. 10 Min.) – Loriga (1 Std. 50 Min.) – Casal do Rei (2 Std. 40 Min.) – Vide (50 Min.) Gesamtdauer: 7 Std. 45 Min. Wegzeichen: Schild mit durchgehender roter Linie.

Cume gehört zu einem Gebiet namens ›Expeditions-Plateau‹. Erste wissenschaftliche Untersuchungen begannen 1881, als viele Teile Afrikas

Östliche Beira Alta

> schon besser erforscht waren als die Serra. Rio Zézere und einige Mini-Seen im Tal linker Hand. Spitze des Cântaro Magro (1928 m) mit interessanter Flora. Südwärts Anstieg zum Torre (1993 m), höchster Punkt Portugals. König João VI. (1816–26) ließ einen Aussichtsturm bauen, der die 2000 m vollendete. Langer Abstieg, Cavão de Meio durchqueren. Stauseen liefern Energie für Loriga. Über Stufen ins Dorf. Meteorologischen Posten passieren. Viele Wasserquellen. Pfad führt durch üppige Vegetation (Abstecher rechts nach Cabeça, 20 Min.). Immer noch Abstieg bis Casal do Rei. Olivenpresse, Mühle, Aquädukte. Weiterer Abstieg auf möglicherweise vorromanischem Weg nach Vide.

bäume leuchten bis in den Juli hinein, als wären sie mit Wunderkerzen bestückt. Im Süden erkennt man das langgestreckte Zézere-Tal. In einem Gletschertal kommt der Rio steil von seiner Quelle herab. Oben auf dem Bergrücken angekommen, stößt man in 1285 m Höhe auf die **Pousada de S. Lourenço**. Die Lage ist spektakulär, überblickt man doch aus dem rustikalen Bau die Serra wie aus einem Cockpit. Zum See Lagoa de Vale do Rossim sind es von hier 5 km. Die Straße führt weiter zur 6 km entfernten und zwischen Riesenfelsen versteckten Häusergruppe Penhas Douradas.

Die beiden Mädchen, die eine Ziegenherde zwischen den von Nebelschwaden verhüllten Holzbauten hüten, wandern täglich in drei bis vier Stunden von Manteigas zum Gipfelgebiet. Am Spätnachmittag geht's zurück: Ihr Leben ist hart, aber tauschen wollen sie trotzdem mit niemandem. Einige Kilometer weiter führt eine steile Straße zum Dorf Sabugeiro (1050 m). Von diesem vom Tourismus leicht angesteckten Ort kann man zurück nach Manteigas fahren oder weiter nach Seia. Dort lohnt sich die Einkehr im Restaurant Camelo (Wallfahrtslokal für Bacalhau-Fans).

Zurück auf der N 232, senkt man sich in vielen Kurven langsam abwärts. Die Landschaften westlich der Serra liegen wie auf einem topografischen Relief ausgebreitet. Der Rio Mondego, der eine Schleife um die nördlichen Ausläufer der Serra machte und nun in südwestlicher Richtung dem Atlantik zuströmt, ist an beiden Uferseiten von sattgrünem fruchtbarem Land flankiert.

Und so rollt man ins 650 m hoch gelegene Städtchen **Gouveia**. Das Büro des Turismo ist in einem herrlichen Haus etabliert. Die manuelinischen Fenster an der **Casa da Torre** sind fein verarbeitet. In diesem Ort gibt es exzellente Weine. Überhaupt ißt und trinkt man hier mit Vorliebe Kräftiges: Schinken, ge-

SERRA DA ESTRELA

grillte Rippen, geröstete Nieren. In Cafés rund um den zentralen Platz gibt es Roggenbrötchen mit Serra-Käse und luftgetrocknetem Schinken. Will man Käse und Schinken in größeren Mengen kaufen, dann empfiehlt sich donnerstags der Wochenmarkt.

Nächste Station ist **Folgosinho.** In der Serra erkennt man die Nähe eines Ortes immer an Kastanienbäumen: So auch hier. Kurz vor dem Ort liegt nahe der Straße eine uralte Hüttenansiedlung an einem Bach. Hier wohnt Senhor Antonio Sousa mit seiner Frau Joaquina nebst Hund (s. Abb.). Er betreibt die Wassermühle (das neuere Holzrad dreht sich seit über 50 Jahren ohne Unterbrechung) und zeigt voller Stolz den Raum, wo sich die Säcke stapeln. Zu ihm kommen die Bergbauern aus der weiten Umgebung, um Roggen mahlen zu lassen. Die geringe Umdrehungszahl der Mühlsteine vermeidet die Erwärmung des Mehls. Deshalb schmeckt es besser! António zumindest schwört darauf. In den umliegenden und mit Ginster

Müller-Ehepaar bei Folgosinho, Serra da Estrela

Östliche Beira Alta

gedeckten Steinhütten hält er ein Schwein, zwei Hunde, ein Dutzend Hühner und seinen Augapfel: ein Pferd.

Folgosinho, 1187 von König Sancho I. mit Stadtrechten versehen, ist recht hoch gelegen. Man sieht den Granithäusern an, daß sie schweren Wettern trotzen müssen. Ein **Wehrturm,** Rest eines alten Kastells, überragt die Häuser. Die einzige Bar ist die am Dorfbrunnen, Treffplatz der Männer, die in den umliegenden Feldern und Wäldern arbeiten. 1991 brannte der Pinienwald hinter dem Dorf ab, jetzt gibt man Mischwäldern den Vorzug, mit Eichen, Birken, Kastanien, Kiefern und Akazienarten. Im Haus gleich neben der Bar kann man privat Zimmer mieten.

Via Freixo da Serra und Figueiró da Serra kommt man nach **Linhares,** einem der schönsten Orte weit und breit. Es klebt am Hang, überblickt das idyllische Mondego-Tal. Das **Castelo** thront in einmaliger Position, mit der Serra im Rücken und unter sich die Weite des Vorgebirges. Als König Afonso die Burg ausbauen ließ, entwickelte sich daraus rasch eine kleine Stadt, mit viel mehr Einwohnern als heute. In die **Dorfkirche** sollte man eine Taschenlampe mitnehmen. Nur dann kann man die drei Gemälde erkennen, die hinter kitschigen Figuren im Dunkel altern: Es sind Werke von keinem anderen als Grão Vasco.

Auf der Straße in Richtung Figueiro und nahe beim Schulhaus mag man sich über die Steinplatten wundern, die den Weg säumen und am Boden liegen. Natürlich – eine Römerstraße! Sie verband früher Kastilien mit Braga. Noch 5 km, und man ist auf der N 17, die nordöstlich nach Celorico da Beira führt, oder südwestlich nach Coimbra. Bei Nespereira kann man nördlich abfahren, den Rio Mondego an einsamer Stelle überqueren und nach Mangualde gelangen. Oder man fährt zurück in die Serra nach Seia.

Seia ist eine recht industrialisierte Stadt, die den Charme vergangener Zeiten eingebüßt hat. Gerbereien und Textilbetriebe, Autofirmen, aber auch Zinn- und Wolfram-Minen (letztere derzeit eingestellt) sorgen für Betrieb. Von hier führen zwei Wege in die Berge: Via Aldeia da Serra und Sabugeiro zum Stausee Lagoa Comprida (Langer See), der auf fast 1600 m Höhe liegt. Die Pflanzenwelt rings um den See ist faszinierend. Bei der Weiterfahrt passiert man den Fonte des Perus (1856 m) und die schroffe Felswand des Cântaro Magro (1926 m), aus dem der Rio Zézere entspringt. Nun gelangt man zum **Torre,** dem höchsten Punkt der Serra wie Portugals überhaupt. 1993 m hoch ragt er empor, und per Aussichtsturm übersteigt man die magische 2000 m-Marke. Ebenfalls in der Nähe ist die riesige Statue der Nossa Senhora da Boa Esperança aus dem Felsen geschlagen. Am zweiten August-Sonntag pilgern Leute aus Covilhã und Umgebung zu diesem Wallfahrtsort.

SERRA DA ESTRELA

Hier oben sind wir im einzigen **Skigebiet** Portugals. Zwei Lifte sorgen bei unstabilen Wetterverhältnissen für mehr oder weniger günstigen Wintersport. Der Skilift von Piornos transportiert 460 Skifahrer pro Stunde die 380 m lange Strecke hoch, der von Cavões de Loriga ist 780 m lang bei gleicher Kapazität.

Sehr schön ist die Strecke von Torre nach Manteigas. Man fährt parallel zum Rio Zézere auf gerader Strecke durchs Gletschertal. Geologen freuen sich über die Serien von Moränenzügen.

Atemberaubend ist die extrem kurvenreiche Straße, die die Serra da Estrela im Süden durchkreuzt: Von Covilhã via Unhais da Serra nach Seia. Bei Teixeira entweder auf der N 231 nach Loriga abbiegen – oder weiter in Richtung Südwesten fahren, nach Arganil, einer hübschen Stadt außerhalb der Serra.

Unterkunft: In Covilhã: *** Hotel Solneve; Pensionen: *** Montalto, Costa; ** São Francisco, Avenida, Central, Duarte, Panorama, São João. Belmonte: Residencial Altitude (Rua Pedro Álvares Cabral 33). In Gouveia: *** Hotel de Gouveia, günstige Arrangements unter der Woche; Pension Estrela; **** Estalagem D. José. Privatzimmer. In Manteigas: *** Hotel Manteigas; Pensionen: *** Serradalto; * Estrela. Penhas Douradas: billig und viel Atmosphäre im Caverna do Virito; im Nachbarhaus kann man bei Padre António Tarrinha in einem seiner 90 Betten (in Schlafsälen 4 bis 8 Personen, Männlein und Weiblein getrennt, versteht sich) nächtigen und pro Person 25 Mark zahlen, oder im Haus des Parque Natural de Serra da Estrela bei gleichen Kosten. In Penhas de Saude: ****Estalagem Pastor; Jugendherberge (ganzjährig). Sabugueiro: Residencial Altitude, Abrigo da Montanha, Privatzimmer. Seia: **** Estalagem de Seia; Pensionen Camelo, Serra da Estrela. **Turismo de Habitação:** In Gouveia: im Dorf Pacos da Serra die Casa Grande (TR) ✆ 038-4 33 41; in Nespereira die Quinta da Tremoa (TR) ✆ 038-4 20 87. In Manteigas: mitten im Ort in der Rua de Santo António 67 die hübsche Casa de S. Roque ✆ 075-98 11 25.

Camping: 12 Plätze, 6 davon im Gebirge.

Essen: In der Serra außerhalb oben genannter Orte kaum Verpflegung möglich – also gut vorsorgen. Bei Wanderungen immer Wasser mitführen.

Bus: Verkehr zwischen Seia und Covilhã auf der langen Strecke via Unhais da Serra. RN-Express von Seia nach Lissabon.

Bahn: Bahnhöfe in Nelas und Gouveia (der Bahnhof ist mehr als 10 km vom Ort entfernt), Richtung Viseu. Covilhã für Castelo Branco und Lissabon.

Märkte/Feste: Covilhã: Carnaval da Neve zum Jahrmarkt São Tiago Ende Juli. Gouveia: Jahrmarkt am 2. Sonntag im August. Manteigas: Markt jeden 1. Samstag im Monat.

Turismo: Belmonte: Praça Pedro Álvares Cabral, ✆ 075-91 14 88. Gouveia: Avenida dos Bombeiros Voluntários, ✆ 038-4 21 85. Manteigas: Rua Dr. Carvalho, ✆ 075-98 11 29.

Westliche Beira Alta

Bergrücken, abgestuft von Terrassen wie tiefgrüne Ringelröcke, reihen sich hintereinander und nehmen mit zunehmender Entfernung lichtes Blau an. Hitze steht über dem Land. Weiße Quintas blenden. Vom Reichtum dieser Region zeugen die unzähligen Barockbauten, die man in kleinsten Dörfern vorfindet. Sie entstanden, als im 18. Jh. der Portweinboom und die Goldeinfuhr aus Brasilien für enormen Aufschwung sorgten.

Lamego

Eine ebenfalls barocke Kirche krönt Lamego: **Nossa Senhora dos Remédios.** Das Emporsteigen auf den 700 Stufen hoch zur blaugekachelten und doppeltürmigen Kirche wird zur Wallfahrt, die jährlich Hunderttausende auf sich nehmen, um die Heilige Maria um Wunder anzuflehen und ihre Gelübde nachher im Ort mit Schinken und Wein zu unterlegen.

Das Hauptfest findet am 8. September statt. Tagelang bereitet sich Lamego auf das Eintreffen der Massen vor, die meistens in Gruppen von weither zu Fuß, wenn nicht auf Knien kommen. Dann badet die Stadt in Blütenblättern, rausgeputzt sind die Kinder, Fackelzüge wandeln des nachts durch Gassen und Straßen, es wird gesungen und getanzt, Autorallyes röhren nach Regua und retour, auf dem Markt offerieren Händler die Heilige Mutter Gottes in allen Größen neben Blechpfannen, Büstenhaltern und Sandalen. Ganz Lamego ist dann barocker als jede Kirche.

Aber auch an ›normalen‹ Tagen zeigt sich Lamego prächtig. Wenn Mönch Bernardo de Brito richtig übersetzte, befand schon Ptolemäus im 2. Jh.: »Die Stadt *Lemacenorum* ist an Schönheit und Opulenz die erste in Iberien.« Die auf einer kleinen Ebene ausgebreitete Stadt läuft an den Hängen ringsum aus. Ein **Castelo** und die Kirche Nossa Senhora dos Remédios (erbaut 1750–51, die Treppen wurden in diesem Jh. fertiggestellt) überragen die Bischofsstadt, in der die **Kathedrale** wie ein Riesenklotz aus verwittertem Granit den Zeiten trotzt. Eine ältere stand hier schon seit dem 6. Jh., als Lamego Bischofssitz der Westgoten war. Von hier aus wurde der Nordwesten Iberiens christianisiert. Im 8. Jh. überrannten die Mauren den Ort und flohen anno 1057 vor der Reconquista. Der älteste Teil der Kathedrale ist der Turm aus dem 12. Jh. Die Fassade ist manuelinisch-gotisch; Kreuzgang und einige andere Teile sind Renaissance. Das Portal ist üppig mit Tier- und Menschenfiguren und floralen Ornamenten geschmückt. Einige Figuren aber fehlen: Nicht weil der Zahn der Zeit an ihnen nagte; vielmehr wirkte sich der Fanatismus eines Paters fatal aus, weil ihm einige

An der Pilgerkirche Remedios in Lamego

Westliche Beira Alta

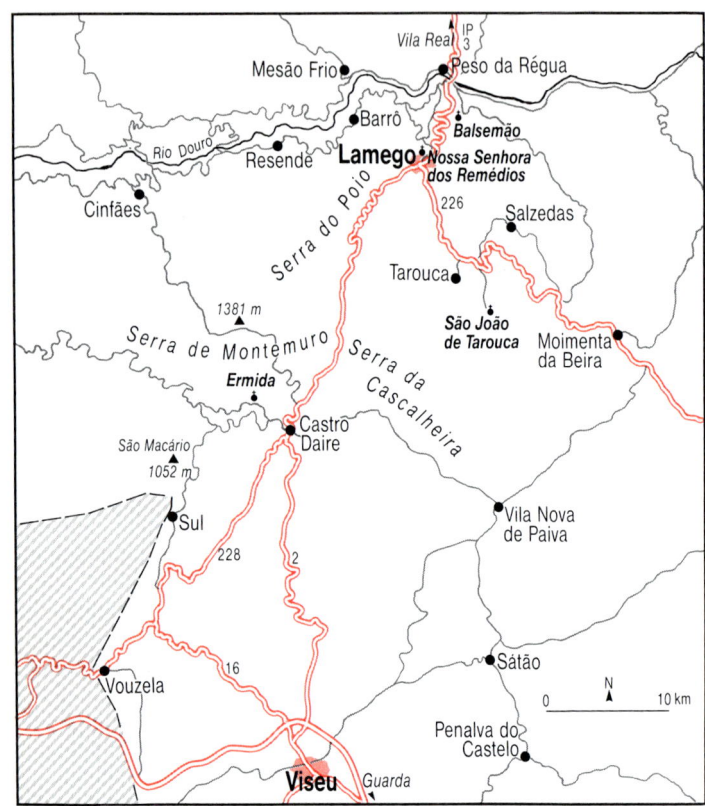

Westliche Beira Alta

besonders fröhliche und in Teilen überdimensionierte Figuren allzu fleischlich-menschlich schienen. Also ließ der Gottesmann sie entfernen. Übrigens ist der Stilmix in der Kathedrale erstaunlich harmonisch gelungen.

Den nördlichen Kathedralplatz **Largo de Camões** begrenzt ein ehemaliger Bischofspalast. Er beherbergt das **Museu Regional** mit den verbliebenen fünf Paneelen eines anno 1506 gemalten mehrteiligen Altarbildes. Er wird Grão Vasco zugeschrieben. Wegen der unterschiedlichen Ausführung der einzelnen Paneele kann man annehmen, daß auch die Schüler des Meisters Hand anlegten. Flämische Gobelins bilden griechische Sagen

LAMEGO

wie die des Ödipus ab. Weitere Gemälde, Azulejos und Statuen (vor allem Marien-Skulpturen) runden das Ausstellungsprogramm ab.

Vom Kathedralplatz führt die Avenida Visconde de Teixeira geradewegs durch den Ort und geht in den Treppenaufgang zur Wallfahrtskirche über. Einige schöne Gebäude aus dem 18. und 19. Jh. säumen die im oberen Bereich von einem breiten Mittelstreifen getrennte Avenida. Im Wirrwarr der Gassen zum Castelo kann man sich verirren. Vor allem, wenn man in den Tavernen zu viel Douro-Wein trinkt. Oder vom Raposeira-Sekt, dem einzigen Sekt im Lande, der einem Champagner ähnelt. Die 1 km außerhalb von Lamego gelegene Sektkellerei kann man werktäglich bis 17 Uhr besuchen.

Der Weg hinauf zum Castelo (erbaut 12./13. Jh.) beginnt in der engen Geschäftsstraße Rua do Olaria, die in die Rua de Almacave übergeht und am Praça do Comércio endet. Dabei passiert man die romanische **Almacave-Kirche** (12. Jh.). Sie soll auf den Grundfesten einer maurischen Moschee errichtet sein.

Das Castelo ist von niedrigen Steinhäusern umringt. Sein Turm ist jetzt Zentrum der Pfadfinder, und das mit Recht: in den siebziger Jahren räumten sie den Schutt mehrerer Jahrhunderte weg. Für ein paar Escudos Eintritt kann man ihre Ausstellung von Knoten, Wegmarkierungen und Zeltausrüstungen besichtigen.

In der Nähe des Castelo gibt es ein faszinierendes Bauwerk: Im Hinterhof in der Rua do Almacave 30 geht es vom 4. Stock aus in den Hinterhof, wo – man glaubt zunächst, man stünde vor einer Baracke – im Dunkel eine gut erhaltene romanische Fassade auftaucht: die historische alte **Stadt-Zisterne** (13. Jh.). In akuten Trockenzeiten muß sie noch zur Ergänzung der Wasserversorgung herhalten. Bezeichnenderweise lebt hier der Feuerwehrchef.

Die Umgebung von Lamego

Die Portwein-Region

Das Städtchen **Peso da Régua** unten am Rio Douro ist keine Schönheit. Aber die Fahrt dorthin führt durch herrliches Weinland. Régua ist das Zentrum der **Portwein-Region,** die Marquês Pombal 1756 festlegte. Er ließ die Anbauzone mit 335 Granitblöcken markieren, in die das Wort *Feitoria* (Faktorei) und das Datum eingemeißelt waren. Etwa 100 dieser *Pombalinos* gibt es noch – einige liegen irgendwo am Wegrand oder im Gebüsch, andere werden als Zierde in Gärten genützt oder als Stütze für einen alten Türrahmen... Die Region ist heute um ein vielfaches größer als zu Pombals Zeiten und reicht von Barqueiros im Osten bis zur spanischen Grenze. Über 25 000 Hektar

Westliche Beira Alta

werden von etwa 25 000 Weinbauern bebaut. 40 % der Trauben finden in der Portweinproduktion Verwendung, der Rest wird zu Tafelweinen und Sekt verarbeitet. Den Löwenanteil der Bebauungsfläche machen die Hügel entlang des Rio Douro aus, der Rest entfällt auf die steilen Seitentäler der Rios Corgo, Torto, Tua und Pinhão.

Bei Régua überspannen zwei Brücken den Fluß, der wenige Kilometer östlich gestaut wird. In Regua, wo alles teurer ist als anderswo, kann man zwei Kellereien besichtigen. An der Uferstraße befinden sich die Hallen der Firma Martinez, wo riesige Eichenfässer Schlange stehen. Am vordersten sind Hochwassermarkierungen angebracht. Zuletzt stieg der Douro im Jahr 1989 einige Meter über die Ufer. Die Marke für 1962 ist 20 cm unterm Dach.

Am südlichen Flußufer führt eine Straße zu den Kellern der Portwein-Firma Sandeman. Die Besichtigung ist uninteressant (der ›Roh-Wein‹ wird in Zementbehältern, nicht in Eichenfässern gelagert), aber wenn man weiter als bis zur Firmenabzweigung fährt, gelangt man zu schönen Herrenhäusern oberhalb des Rio (s. Farbt. 1). Den Namen Sandeman oder sogar das Getränk im Kopf, wird man den idyllisch gelegenen Ort **Sande** (4 km von der Brücke entfernt) aufsuchen. Er steigt fast senkrecht an: Von weitem sieht es aus, als würden die Häuser übereinander stehen. Die in der Nähe gelegene Kapelle **São Pedro de Balsemão** (Straße sehr holprig) liegt bei Sande oberhalb des gestauten Rio Varosa. Sie ist aus dem 7. Jh. und geht auf die germanischen Sweben zurück. Nur wenige original byzantinische Teile sind erkennbar – die Kapelle wurde im 14. Jh. erneuert. Der Sarkophag des Dom Afonso de Porto gibt dem Ganzen den Anschein einer Totenstätte.

Moimenta und Salzedas

Die Uferstraße N 222 in Richtung Osten ist bezaubernd. Immer an Weingärten entlang führt sie durch die Portweinregion. Man staunt über die schwungvollen und kühnen Terrassen (die immer häufiger

RÉGUA/MOIMENTA

maschinengerecht verbreitert werden), wo auf jedem sich bietenden Flecken die Trauben gedeihen. Nach 18 km heißt es rechts in die N 323 in Richtung Tabuaço abbiegen und rauf in die Berglandschaft fahren: **Moimenta da Beira** birgt mit seinem ab 1594 erbauten **Benediktiner-Kloster** nämlich einen wahren Schatz. Mehrfarbige Azulejos (mit die ersten Portugals) und der prunkvolle Talha-Altar machen den Besuch interessant. Weiter geht es jetzt auf der schönen Strecke der N 223 vorbei an der Serra de Leomil zu einem weiteren Kloster, São João de Tarouca. Entweder in Passo links abbiegen (sehr schmale Straße) oder bei Mondim de Beira (Abstecher etwa 4 km).

Im Douro-Gebiet schlug Landesgründer Afonso Henrique die entscheidende Schlacht gegen die Mauren. Aus Dankbarkeit für den Sieg legte er den Grundstein für das **Kloster São João,** heute ein kleines Dorf, wenige Kilometer von Tarouca entfernt. Das Kloster wurde 1179 das erste der Zisterzienser in Portugal. Leider ist es arg verwahrlost. Was Wert hatte und abtransportierbar war, ließ die Regierung nach Lissabon bringen. Das Altarbild des São Pedro von Meister Gaspar Vaz in der schönen romanischen Kirche wurde 1992 tatsächlich zurückgebracht. Die mittelalterliche Grabstätte von König Dinis' Bastard-Sohn Graf von Barcelos konnte man wegen des schweren Gewichtes aber nicht entleihen.

Nördlich von Tarouca liegt **Ucanha** am Rio Varosa. Abwasser-

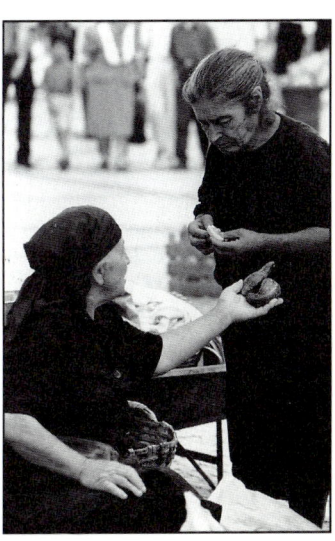

Westliche Beira Alta

rinnen, alte Becken, halbverfallene Waschhäuser – alles strebt dem Flüßchen zu, in dem sich trotz des Drecks die Dorfjugend tummelt. Beherrscht wird die idyllische Szene von einem Zollhaus in einem viereckigen Wehrturm neben der Brücke, die sich in weitem Bogen über den Fluß spannt; sie wurde um 1163 erbaut. Damals erhielt die Mutter von Erstkönig Afonso Henrique die Diözese Salzedas. Die Wehrbrücke, die einzige ihrer Art in Portugal, diente der Befestigung der Südgrenze ihres Reiches und zum Eintreiben von Zoll. 1472 wurde die Brücke erneuert. Heute hängen die Dorfleute ihre Wäsche zum Trocknen von den zwei Turmfenstern; Ziegen rupfen das Unkraut neben den antiken Steinen ab.

4 km weiter durch Pinienwälder, und man gelangt nach **Salzedas.** Das dortige Kloster war von noch größerer Bedeutung als das in Tarouca. 1168 wurde es mit Geldern aus den Taschen von Landesmutter Teresa ausgebaut und den Augustinern zur Verfügung gestellt; 1196 bekamen es die Zisterzienser.

Was man im 18. Jh. alles erneuerte und damit an Ursprünglichem ausradierte, und was seit der Säkularisation im Jahre 1834 (rückzuführen auf Pombals Gesetzgebung) verfiel, versuchen nun Gruppen von Archäologen und Studenten in Sommerkursen ausfindig zu machen. Sie reparieren die schwersten Schäden. Derer gibt es haufenweise. Das uralte Kloster ist in üblem Zustand. Düster und dunkel ist es in der Klosterkirche, so daß man die beiden Gemälde von Grão Vasco (s. Viseu) fast übersieht.

Ferreirim liegt 1 km seitwärts der Straße nach Lamego. Das Konvent Santo António wurde im 14. Jh. von den Franziskanern angelegt. Leider ist auch dieses schöne historische Gebäude in schlechtem Zustand, was den Besuch zu Vorstellungen und Phantasien anfacht, malt man sich die Szenen des ehemaligen Klosterbetriebes aus. Viele Ruinenstücke geben dazu reichlich Anlaß. Die Fassade des Klosters ist von seltener Schönheit.

Typisch Portugal: Der Putz bröckelt, die Fassaden stürzen ein, aber das Leben ringsum geht weiter. Der diskrete Charme, den die teils herbe, teils liebliche Landschaft im Zusammenspiel mit den freundlichen Menschen und den schönen Bauten ausströmt, läßt einen nicht unberührt.

Resende und Cinfães

Von Lamego windet sich eine abenteuerlich schöne Straße westlich nach **Miradouro de Boavista,** wo man, wie der Name verspricht, eine herrliche Aussicht über das Dourotal gewinnt. Nun, die gesamte Strecke ist eine langgezogene Aussichtsplattform. Der Halt in dem wunderschön gelegenen Dorf Barrô gibt Gelegenheit, die romanische Kirche aus dem 12. Jh. zu besuchen oder ein Gläschen vom lokalen Wein

SALZEDAS/RESENDE/CINFÃES

zu genießen. Ähnliches gilt für São Martinho dos Mouros, den nächsten Ort. Auch **Resende** weist, wie fast alle Orte am Douro, eine romanische Kirche vor, sie liegt am Ortsrand.

Cinfães schließlich ist ein betriebsames Städtchen, Handelszentrum für den spritzigen Vinho Verde, roten wie weißen. Von hier geht eine faszinierende Fahrt südöstlich in das unbekannteste Gebirge Portugals, die **Serra de Montemuro** und weiter nach Castro Daire. Entweder fährt man von dort zurück nach Lamego oder südlich nach Viseu oder aber am Douro entlang in Richtung Porto.

Unterkunft: In Lamego: viele Hotels und Pensionen, in der Hochsaison und um den 8. Sept. oft ausgebucht. Recht teuer die Albergaria do Cerrado und die Pousada. Preiswerter sind die Pensionen Paulo und Residencial Solar, am billigsten die Dormidas in der Rua Santa Cruz 15 und in der Rua da Olaria 61. In Regua: Pension Aliança, billiger Moreira, Belo Horizonte und Gonçalves. Bei Sande: Quinta dos Agros. **Turismo de Habitação:** einige sehr schöne Häuser. In Lamego: Casa dos Varais (TH) ✆ 054-2 32 51; Casa de Santo Antoni (TH, sehr gepflegt) ✆ 054-69 93 46; Quinta de Santa Eufémia (TR) ✆ 054-2 48 20; Vila Hostilina (TR) ✆ 054-6 23 94; in Penude bei Lamego: Quinta da Timpeira ✆ 054-6 28 11. In Cinfães: Quinta de Miragaia ✆ 055-6 82 14; Quinta do Lameiro (TR) ✆ 055-6 94 95; In Resende: Casa de São Gens (TR) ✆ 054-9 72 70; Casa do Casal (TR) ✆ 054-9 77 23; Caso do Fundo da Aldeia (AT) ✆ 054-9 78 90; Casa do Mato (TH) ✆ 054-9 75 37.

Camping: 4 km außerhalb von Lamego auf dem Weg in die Serra das Meadas, hochgelegener Platz, an Wochenenden wimmelt es von Picknickern.

Essen: Restaurants in Hülle und Fülle. In Lamego ist das Império (mit Pension) besonders populär.

Bus: In Lamago: Nach Viseu morgens 8.10 Uhr. Nach Régua stündlich 7–19 Uhr. Nach Guarda werktäglich. Gute Verbindungen nach Porto, Lissabon und anderen Städten. Zentrale Busstation hinterm Museum.

Feste: São João wird wie fast überall gefeiert, am 23. Juni. Hauptfest am 8. September, üppig.

Turismo: In Lamego: an der Avenida gegenüber der Sé, ✆ 054-6 20 05, Fax 6 37 58.

Viseu

Wie in so vielen Städten präsentiert sich die Moderne auch in Viseu (22 000 Einwohner) mit häßlichen Neubauten rings ums Alte. Doch drinnen schlägt ein kräftiges Herz. Im Umkreis von einem halben Kilometer taucht man in die Zeiten der Weltmacht Portugal und bestaunt einen Gipfel der Malerei.

Erst aber sollte man sich wieder mal hinsetzen und Kaffee trinken. Und zwar am **Rossio**, dem zentralen Platz. An der Westseite residiert die **Câmara Municipal** in einem palastähnlichen Gebäude. Die Platz-

Westliche Beira Alta

Nordseite ist eine hohe Mauerrundung, von oben bis unten mit Azulejos verkleidet – eine der meistfotografierten Stellen in der Stadt. Auf der Platzmitte spenden Bäume dichten Schatten; Kinder springen herum; auf den Bänken halten die alten Herren ein Nickerchen oder lesen Zeitung, und das Platzcafé ist der beliebteste Treffpunkt von Viseu.

Von hier aus sind es nur ein paar Schritte ins historische Zentrum. Man passiert die Azulejo-Wand (vielleicht wirft man vorher noch einen Blick in den ›Club de Viseu‹ gleich oberhalb der Kachelwand, wo die Herren der Stadt, wenige Damen auch, geruhsam Tee trinken, Billard spielen, lesen oder Vorträgen lauschen). Hügelan werden die Häuser älter, die Moderne tritt gleichsam Schritt für Schritt zurück, vor uns liegt das Mittelalter.

Hinter dem Torbogen **Soar de Cima** eröffnet sich der pittoreske **Largo Pintor Gato** mit der achteckigen Kapelle Nossa Senhora dos Remédios (1742). Noch eine Ecke, und wir haben ihn erreicht, diesen herrlichen Platz **Adro da Sé,** den drei eindrucksvolle Bauwerke einfassen: eine Barockkirche, ein Museumspalast, eine **Kathedrale**.

Gegenüber der altersgrauen Kathedrale – die Fassaden stehen sich parallel gegenüber – ragt die doppeltürmige weißgetünchte **Misericórdia-Kirche** auf; hoch, breit, als wär's bloß eine Fassade mit nichts dahinter. Dieser Eindruck entsteht, weil die rückwärtigen Wände in spitzem Winkel zulaufen. In der geräumigen Kirche hochzeitet man mit Vorliebe, Zigeuner zelebrieren eigene Messen, und im integrierten Seitenbau büffeln Architekturstudenten. Oder sie hocken hinter der Sé und skizzieren die Stelle, wo der Riesenbau wie aus den Felsen gewachsen scheint.

Viseu war das Zentrum für die Maler Portugals um die Jahrtausendmitte anno 1500. Der Maler Grão Vasco scharte eine Gruppe von Studenten um sich, was den Namen ›Schule von Viseu‹ geläufig machte. Deren Werke zieren etliche Kirchen im weiten Umkreis. Sie sind teilweise faszinierend! Vor

Innenhof der Kathedrale in Viseu

VISEU

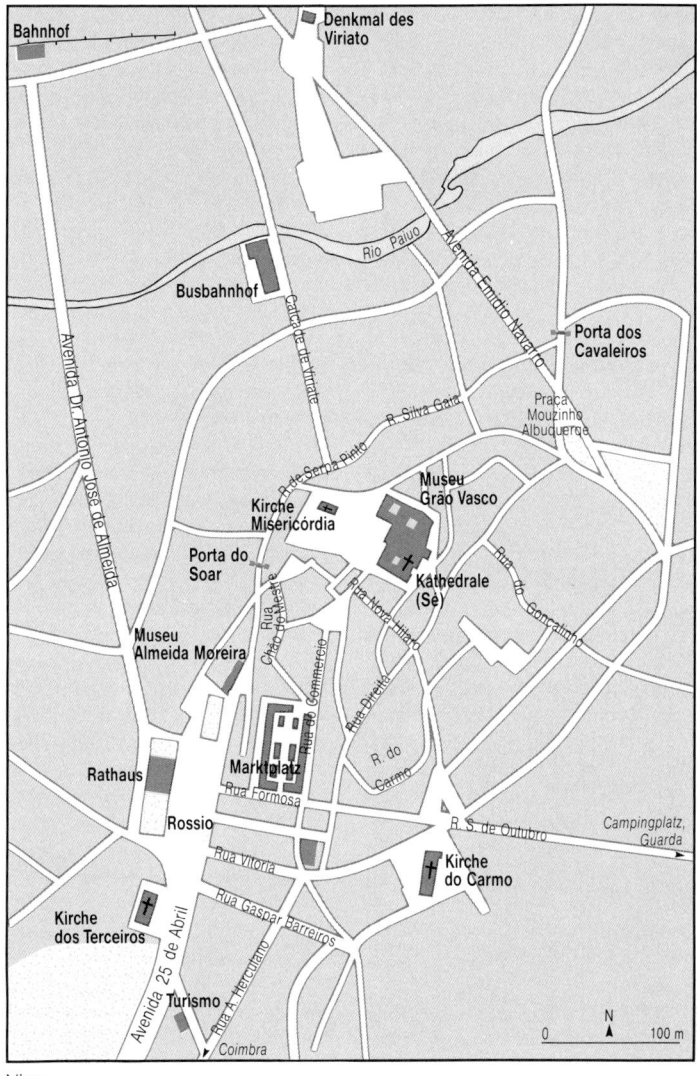

Viseu

Westliche Beira Alta

allem der Meister höchstpersönlich porträtierte Typen, so skurril und bizarr, daß nur Hieronymus Bosch ihn übertrifft. Das **Museu Grão Vasco** neben der Kathedrale ist eine Pilgerstätte für Liebhaber der Renaissance-Maler wie auch der Malerei des späten 19. Jh. und der frühen Moderne. Einige Namen aus dieser Epoche: Alberto da Sousa (mit Motiven aus Viseu), Sousa Pinto, José Malhão, João Vaz, José de Brito, Soares Lopes. In jedem Raum sind Werke von zwei bis drei Malern ausgestellt, neben Möbeln aus dem 17. bis 19. Jh. Der Gang durch dieses liebevoll eingerichtete Museum ist ein Genuß. Es ist im Paço dos Três Escalões, dem Flügelbau vor der Kathedrale, untergebracht. Er war früher Bischofspalast, dann Priesterseminar (ab 1593).

Im Innenhof der Sé rechts vom Eingang spannen sich anmutige hohe Rundbögen von Säule zu Säule und formen einen quadratischen Wandelgang, der an Eleganz seinesgleichen sucht. Dann und wann kommt jemand aus dem Trubel des nahen Marktes herüber, um andächtig eine Kerze aufzustellen oder vor einem der drei Altäre zu beten. Einige Steine mit römischen Inschriften zeugen von der Zeit, da Viseu eine bedeutende römische Stadt war.

Die doppeltürmige romanische Sé hat etliche Veränderungen überlebt. So wurde auch die Fassade im 17. Jh. neu gestaltet, ernst und düster wirkt sie nun. Innen erscheint die Kirche freundlicher und größer als von außen. Das Deckengewölbe zieren Granitdekorationen: Taue, die sich in mächtigen Knoten verknüpfen – eine manuelinische Reverenz an die seemännischen Errungenschaften Portugals. Dieses schöne Gewölbe ersetzte 1513 die alte Holzdecke. Grotesk ist die Malerei (frühes 17. Jh.) im Tonnengewölbe des Chors: da ranken sich Sirenen und Zentauren lüstern ineinander. Der Azulejo-Kreuzgang zeigt Szenen aus dem Leben des Heiligen Benedikt. Von der oberen Galerie des Kreuzgangs gelangt man zu den Räumen des antiken Hauses von S. Teotónio, heute das Museum für Kirchenkunst, das man nur nach Voranmeldung besuchen kann. Aus triftigem Grund: In den vergangenen Jahren wurden einige wertvolle Stücke gestohlen.

In der Gegend um den Kathedralplatz, den höchsten Punkt der fast 500 m hoch gelegenen Stadt, kann man sich in den Gassen und Winkeln richtig schön treiben lassen. **Der Largo de Dom Duarte** ist nach dem Sohn dieser Stadt benannt, der in der Mitte des 15. Jh. auf dem Königsstuhl saß. Er war der älteste Bruder von Heinrich dem Seefahrer. Von hier aus hat man einen schönen Blick auf die Duarte-Statue, mit dem Hintergrund der Kathedrale, Befestigungsturm und Mauer, sowie dem eigenwilligen Wandelgang der Domherren. In der Rua de D. Duarte gibt es einen mittelalterlichen Turm mit einem manuelinischen Doppelfenster.

Viriato, der Lusitaner

Bei jedem Spaziergang durch Viseu oder in der Umgebung spürt man Altes, Vergangenes. In den Wäldern stößt man auf Dolmen oder *Antas* und Reste von urzeitlichen Siedlungen. Vor Felsen mit merkwürdig markanten Formen bleibt man verwundert stehen und fragt sich, ob sie Bestandteile eines Megalithgrabes aus der Jungsteinzeit waren. Sind die scharfen Kanten von Menschenhand bearbeitet, oder sind sie Resultate geologischer Prozesse?

Nicht anders bei den Brücken, die so manchen Bach überspannen. Sind sie römisch? Stammen sie aus der maurischen Zeit? Und diese alten Wege und Straßen: Über einen Meter breite Steinplatten bilden den Wegbelag. Die Rinnen von Karren und Fuhrwerken, die jahrhundertelang hier entlang polterten, sind tief. Vergangenes wird schlagartig präsent, und man wird sich bewußt, daß hier Menschen lebten. Sie haben Spuren zurückgelassen, und wir können wie Puzzlespieler Stück für Stück zusammensetzen und uns über jedes einzelne Fundstück freuen.

Vor 2000 Jahren schon war diese Gegend dicht besiedelt. Hier war es auch, wo laut dem Historiker Strabo jene Menschen wohnten, die er so beschrieb: »Das kräftigste iberische Volk, das den Armeen der Römer am längsten Widerstand leistete«. Über 50 Jahre wehrten sich die Lusitaner, zuletzt unter der Führung des legendären Kämpfers Viriato. Er persönlich führte seine Krieger 9 Jahre lang erfolgreich gegen die Römer an, hielt sie pausenlos mit guerillaähnlichen Attacken in Atem und warf sie nach einer Schlacht sogar zurück. Nicht genug: Er verfolgte die Römer, jagte sie nach Madrid und Toledo, dann quer durch Andalusien und setzte sogar nach Nordafrika über, um die kopflos Fliehenden auszuschalten.

Die Römer waren so beeindruckt, daß sie dem Viriato einen autonomen Status für seine Region gewährten. Sein Ende kam im Jahr 139 v. Chr. durch die Hände falscher Freunde: Sie töteten den schlafenden Viriato in seinem Zelt und kassierten von den Römern die Belohnung in purem Gold. Binnen zwei Jahren fegte nun die römische Herrschaft über den letzten freien Landstrich Iberiens und unterwarf die Region der römischen Verwaltung.

Man findet im Norden Portugals etliche Granitgräber, in die der Name *Viriato* eingeritzt ist, wahrscheinlich, weil viele Eltern ihre Kinder nach dem Helden benannten. Und natürlich beanspruchen einige Or-

Westliche Beira Alta

te, daß in ihren Mauern der Viriato geboren sei. So findet man in Folgosinho in der Serra da Estrela ein uraltes Haus. In einem Stein ist der Spruch eingemeißelt: *Hic Domus Viriati Fuit* – »Hier war das Haus des Viriato«.

Die Römer zeigten später so viel Respekt vor dem virilen Viriato und seinen Männern, daß sie die gesamte Provinz, die westlichste ihres Imperiums, Lusitania nannten. Diese Provinz sollte später die Kernzone Portugals ausmachen.

Ganz in der Nähe liegt der **Mercado Municipal** (7), wo die Marktfrauen im oberen Bereich Fleisch und Fisch, im unteren Obst und Gemüse feilbieten. Ein Abstecher weg vom Markt, und schon ist man zurück am Rossio, dem zentralen Platz, oder auf der Hauptgeschäftsstraße Rua Formosa.

Rund um Viseu

In **Vouzela** ist man schnell: die IP 5 westlich verlassen und die zweite Ausfahrt Vila Cha de Monte nehmen. Grünes Waldgebiet, viele Äcker, kleine Dörfer. Unten beim Rio Vouga, einem der schönsten Flüsse Portugals, liegt Vouzela. Dieses Provinzstädtchen prägt ein eigenwilliger Stolz, der sich in der eigenen Zeitung, in der liebevollen Pflege der kleinen Gärten und dem Bewußtsein der Schönheit des Ortes ausdrückt. Nicht einzelne Bauwerke sind es, die bezaubern, sondern der Ort in seiner Gesamtheit. Nun, die **Römerbrücke** ist ein Juwel: Man findet sie, wenn man vom Platz in der Ortsmitte in die Rua do Ponte abbiegt. Die Quintas

Blick auf Pena

links wie rechts sind eine wahre Pracht. Unten auf der uralten Brücke hocken die Dorfkinder, angeln oder springen ins Wasser und jagen Frösche, vorsichtig die am Ufer zum Trocknen ausgebreiteten Wäschestücke umgehend. Die romanische Igreja Matriz (13. Jh.) hinter dem eleganten Eisenbahnviadukt (Zuglinie eingestellt) liegt an einer herrlichen Position. Der Pelourinho wird von Einheimischen als ›Gerüst‹ bezeichnet, womit sie auf die Hinrichtungen anspielen, die hier im Rahmen der Inquisition stattfanden.

Vouzela ist ein günstiger Ausgangspunkt für Ausflüge in die **Serra do Caramulo.** Die N 16 führt auf einer ebenso abwechslungs- wie kurvenreichen Strecke durch das Naturschutzgebiet der nördlichen Serra nach Albergaria-a-Velha und Aveiro. Fast parallel dazu schraubt man sich auf der schmalen N 227 zunächst nach Santa Cruz de Trapa (romanische Kirche), dann geht es vorbei am ehemaligen Kloster São Cristovão de Lafões (jetzt private Quinta) westwärts nach Vale de Cambra, eine besonders reizvolle Strecke.

Westliche Beira Alta

Rundfahrt über Castro Daire

Keine 10 km östlich von Vouzela durchfährt man den Thermalort **Termas de São Pedro,** wo am Ufer des Rio Vouga und unterhalb des Intel-Hotels römische Ausgrabungen von der Badekultur der Römer Zeugnis geben. Alle älteren Herrschaften scheinen auf das Heil aus dem Wasser zu warten. Viel hübscher und realer ist das nahe Provinzstädtchen **São Pedro do Sul,** so benannt nach dem Flüßchen Sul, das hier in den Rio Vouga mündet. Die blaugekachelte schmale Kirche am Platz in der Dorfmitte ist fast kitschig schön. Prächtige Quintas weisen auf den Reichtum dieser Agrar- und Weingegend hin.

Von der N 228 in Richtung Castro Daire geht bei São Felix eine Straße in Richtung Sul ab. Die Maisschuppen, die nördlich vom Douro *Espigueiro* heißen, nennt man hier *Canastro*. In Sul geht eine Straße zum Berg **São Macário** (1052 m) ab. Am Gipfel gibt es zwei Kapellen, eine davon wird von einer hohen Mauer gegen den starken Wind geschützt. Südlich ragen die Berge der Serra do Caramulo auf, nördlich die Serra de Montemuro (bis 1381 m). Im Osten bäumt sich die Serra da Estrela (bis 2000 m) auf. Kurz vor dem Gipfel führt ein Weg (im unteren Bereich asphaltiert) zu dem tief im schluchtartigen Talende gelegenen Dörfchen **Pena,** einem der schönsten Portugals (s. Abb. S. 206). Alle Häuser sind aus Schiefersteinen aufgeschichtet. Hier leben noch ganze 14 Menschen. Sie arbeiten auf den nahen terrassierten Feldern, wo Wein und Gemüse wächst. Im Gespräch mit dem einzigen Bewohner, der schon einmal für ein paar Jahre in der Fremde (in Angola) wohnte, Senhor Luçiano da Costa, erfährt man, daß der jüngste Dorfbewohner um die 20 Jahre alt ist. Das vom Bauern angebotene Gläschen seines ausgezeichneten Vinho Verde abzulehnen, hieße ihn kränken: Unmöglich! Stolz zeigt er sein altes Haus, das einzige im Dorf, das einmal weiß getüncht war. Bei ihm kann man in einem der obenliegenden Schlafzimmer Quartier beziehen.

Zurück nach Sul und hinauf in die Berge. Beim Schild Casa Museu links nach **Gafanhão** abbiegen. Im niedlichen Museum sind Gemälde und Holzschuhe, Dreschflegel und Skulpturen ausgestellt. Gafanhão bildet zusammen mit weiteren acht Dörfchen eine Gemeinde, eine *freguesia*. In ihr gibt es knapp 200 Wahlberechtigte. Zurück, wo die Straße nach Gafanhão abbog, weiter Richtung Norden: Im nächsten Dorf **Grijó** hockt eine beeindruckende alte Quinta mit grandiosen Fenstern auf einem Bergvorsprung, von wo aus man einen herrlichen Überblick über das Tal des Rio Paiva hat. Die Quinta steht leer. Die Dorfbauern keltern im Saal neben der ehemaligen Eingangshalle den Vinho Verde. Im nächsten und größeren Ort Reriz wohnen wohlhabendere Bauern, weil es in der milden Niederung Oliven gibt, deren Öl sie den Dörflern der Umgebung verkaufen. In der auf einem Berghöcker thronenden barocken Kirche arbeiten Mönche. Nach Ester abbiegen und am Rio Paiva entlang in Richtung Castro Daire fahren. 2 km hinter dem Ort Pinheiro (schöne Kirche aus dem frühen 17. Jh.) ragt linker Hand die einsam gelegene **Ermida do Paiva** (12. Jh.) auf, der einzige Tempel des Franziskaner-Ordens der Kapuziner. Die Mönche lebten auf einfachste Art, trugen Kutten und gingen barfuß, womit sie die Regeln des Heiligen Franz von Assisi aus dem Jahre 1223 wahrten. Jeder Stein trägt das Symbol eines Steinmetzes.

Castro Daire, ein bezauberndes Marktstädtchen, ist das Zentrum eines weiten Einzugsbereiches. Jeder zweite Laden bietet Agrargegenstände und Werkzeug an, von der Schaufel bis zur Schüssel, vom Traktor bis zum Sack voll Korken. Das Städtchen liegt hoch überm Tal auf einem vorspringenden Felshöcker. Unten wäscht der wilde Fluß die Granitfelsen ab. Im Restaurant Brazilia treffen sich mittags die Bauern wie die Stadtangestellten und stehen Schlange für das billige und gute Essen.

Westlich geht es zu Füßen der Serra de Cascalheira (bis 1037 m) in Richtung Vila Nova de Paiva in ein kaum besiedeltes Gebiet. **Pendilhe,** einer der nächsten Orte, ist halb verfallen. In der Dorfmitte zeugen die auf einem Granitfelsen stehenden zwei Dutzend *canastros* von der nicht fernen Zeit, da die Kommune für jeden sorgte. Nur Frauen und ein paar alte Männer leben noch im Dorf. Ana Maria wohnt mit zwei Töchtern in einem über tausend Jahre alten Haus. Sie hat kein Geld, um die einstürzende Decke des Stalles zu reparieren. Und wer weiß, wann sich ihr Mann wieder blicken läßt. Wie alle anderen ist er vor Jahren nach Lissabon zum Geldverdienen gegangen – und geblieben.

Vila Nova de Paiva ist nicht attraktiv. Südlich davon sieht man nun immer mehr riesige Granitfelsen, die bis 500 m und mehr an Durchmesser erreichen. Weiter geht es nach Satão (Kastell, romanische Kirche), dann nach Penalva do Castelo mit seiner majestätischen Quinta da Insua in schönem Park; die Igreja de Misericórdia (18. Jh.) ist mit zwei Paneelen von Malern der Viseu-Schule ausgestattet. Weiter nach **Mangualde:** Dort ist der Palácio dos Condes de Anadia mit seinen 120 Fenstern prunkvoll, ebenso das Interieur mit Möbeln des 17. bis 19. Jh. Die langgestreckte Igreja Matriz geht auf romanisch-gotische Ursprünge zurück. Das nächste Städtchen Nelas liegt schon im Bereich des Dão (Zentralportugal). Der Palast Conde de Santar im nahen Dörfchen Santar ist eindrucksvoll.

Südwestlich geht es zum Städtchen Carregal do Sal, wo die palastähnliche **Quinta Solar dos**

Albergaria ein edles Beispiel der Architektur des 15. Jh. gibt, weiter dann auf der N 234 nach Santa Comba Dão, dem Geburtsort von Diktator Salazar. Hier wird der Rio Dão gestaut. Von Osten kommend, füllt auch der Rio Mondego den herrlich schön gelegenen Stausee Barragem da Aguieira nordwestlich von Coimbra.

Unterkunft: In Viseu: **** Hotel Grão Vasco, gediegen; *** Moinho Vento und Maná; ** Avenida. Nicht viele Pensionen in der Stadtmitte. Probieren kann man es in der Bela Vista und im D. Duarte, beide in der Rua A. Herculano. Die Dormidas Chão de Mestre nahe der Kathedrale ist für Abenteurer. Billig auch das Viriato und das Lusitanio. São Pedro do Sul: etliche Pensionen und Hotels im Thermal-Vorort, teurer als in Vouzela. Dort Pensão Ferreira, gut. **Turismo de Habitação:** bei Viseu: Casa de Rebordinho (TH) ✆ 032-2 13 37. In Castro Daire: Casa Campo das Bizarras (TR, sehr schön, mit Tennisplatz und Pool, preiswert) ✆ 032-3 61 07. In Carregal do Sal: Casa de Cabris (TH) ✆ 032-6 83 51; Casa Nossa Senh. da Conceição ✆ 032-69 11 65. In Mangualde: Casa da Mesquitela (TH) ✆ 032-61 42 10; Casa de Quintela (TH) ✆ 032-6 29 36. In Nelas: Casa de Abreu Madeira (TH, sehr populär) ✆ 032-6 71 83; Quinta da Alameda (AT) ✆ 032-9 48 82; Quinta do Vale do Chão (TR) ✆ 032-9 44 43 19. In Penalva do Castelo: Casa Magalhães Coutinho (TH) ✆ 032-6 42 19. In São Pedro do Sul: Quinta da Lagarteira (TH) ✆ 032-7 13 22; Quinta das Latas (AT, Preise wie TH) ✆ 032-7 18 55; Quinta da Comenda (TH im Zentrum der Malteser-Ritter, einziges biologisches Weingut in Portugal) ✆ 032-71 11 01, Fax 71 21 98.

Camping: In Viseu: im Stadtpark do Fontelo, in der Nähe des Schwimmbads. Castro Daire: 5 km außerhalb beim Thermalörtchen Carvalhal. Vouzela: beim Fluß.

Essen: In Viseu: ausgezeichnet in vielen Restaurants, auch preiswert. Probieren Sie es mal im Contico (Ruas S. Hilario) oder in den kleinen Bars bei der Kathedrale, wie dem Royal (Rua da Paz). Die Dão-Weine sind köstlich! In einigen Restaurants als billiger Hauswein *(Vinho da casa)* erhältlich.

Bus: In Viseu: Zentraler Busbahnhof 400 m vom Rossio. Gute Verbindungen nach Porto, Lissabon, Castro Daire, Lamego, Vila Real und Chaves, Coimbra, Guarda, Serra da Estrela. Am Busbahnhof erfragen.

Bahn: In Viseu: Bahnhof am unteren Ende der Avenida Antonio José de Almeida. Züge nach Lissabon oder Porto.

Discotheken: In Viseu: Day after und Chaplin.

Feste: Die Feira de São Mateus in Viseu verbindet Genüßliches mit Praktischem. Landwirtschaftliche Leistungsschau und Volksfest im September. **Wochenmarkt:** Dienstags.

Turismo: In Viseu: Freundlich gutes Info-Material. Av. Calouste Gulbenkian, ✆ 032-42 20 14, Fax 42 18 64.

Die Burg von Feira ▷

Rota da Luz

Rota da Luz

Südlich von Porto zeigt sich die Vielfalt der nordportugiesischen Landschaft exemplarisch: Vom Aveiro-Haff und den endlosen Sandstränden geht es hinauf in wellige Waldgebiete; dann faltet sich die Erdhaut zu Felskämmen und einsamen Serras.

Aveiro

An Flußmündungen siedelten sich die Römer mit Vorliebe an – so auch an der des Rio Vouga. *Talabriga* nannten sie den geschützt gelegenen Ort am ausgedehnten Haff. Im 15. Jh. erlebte er – wie alle Hafenorte – einen rasanten Aufschwung dank Portugals maritimer Abenteuer. Mit dem Holz der nahen Eichen- und Pinienwälder entstanden stolze Karavellen; von hier aus stachen die Kabeljaufischer in Richtung Neufundland in See. Bald spiegelte sich der Aufschwung in prunkvollen Kirchen, Palästen und Quintas.

In der ersten Hälfte des 16. Jh. wurde der wirtschaftlich bedeutsame Raum um Aveiro zum Herzogtum erhoben. Dann kam das Jahr 1575: Ein verheerender Orkan machte der Blüte ein Ende. Sturmwellen lagerten vor der Mündung des Rio Vouga ungeheure Sandmassen ab, machten über Nacht die einzige Verbindung zwischen Meer und Haff unpassierbar. Am nächsten Morgen befand sich Aveiro abgeschnitten vom Meer 8 km im Landesinnern, der Hafen war lahmgelegt. Die Stadt mit fast 14 000 Einwohnern (das war damals sehr viel) schrumpfte binnen zweier Generationen auf 3500. Viele Leute wanderten in die Algarve und die überseeischen Kolonien aus.

Im weiten lagunenartigen Haff, der **Ria**, fand man Alternativen zur Existenzsicherung: Im Brackwasser wachsen Algen unter idealen Voraussetzungen. Algenfischer rechen noch heute den Tang aus flachen Booten *(barcos moliçeiros)* ab und breiten ihn auf dem Sandstrand zum Trocknen aus. Die Algen werden als Dünger verwendet. Mit dem Siegeszug der modernen Chemie geht der Naturdünger allerdings schweren Zeiten entgegen.

Der Fischreichtum der Ria wurde sprichwörtlich, der hier angebaute Reis ebenso. Zu einem weiteren Standbein der Ökonomie entwickelten sich die Salinen, die man direkt neben der Stadt anlegte. Die ganze Ausdehnung der 6000 ha großen Ria wird erst deutlich, wenn man am Ufer entlang fährt, reitet, radelt oder läuft. Die nördliche Nehrung, die die Ria vom Meer trennt, reicht bis Ovar und ist fast 30 km lang. Die südliche erstreckt sich über 25 km von Barra nach Praia da Mar.

1808 brauste wieder ein irrer Sturm über See und Land. Diesmal holte er viel Sand weg. Die Stadträte erkannten die Chance und ließen in den folgenden Monaten eine Durchfahrt zum Meer freibaggern.

AVEIRO

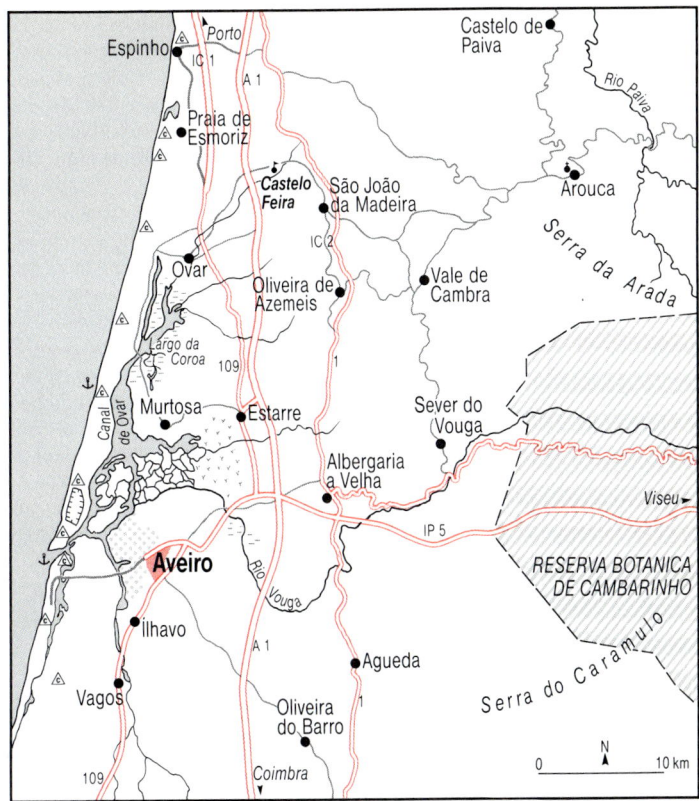

Rota da Luz

Die Lebensader pulsierte wieder, die Stadt atmete und lebte auf. Bald errang der Kabeljaufang wieder seine alte Bedeutung. Und wieder entstanden Bauwerke als sichtbare Zeichen des neuerlichen Aufschwungs (besonders die Handelshäuser am Kanal und einige sakrale Bauten). Heute erlebt die Stadt eine neue Welle des Wohlstands. Der Tourismus, eine Universität und die Industrie sind dafür verantwortlich. Im Umland findet man Dutzende von Fabriken für Keramik, Möbel, Kork, Maschinenbau und Schuhe. Manchmal breitet sich über der Ria ein schwefliger Gestank aus. Man glaubt, schuld sei das stille Wasser. Aber es sind die Abwässer von Papierfabriken, die in der Nähe der Eukalyptuswälder satte Gewinne für ausländische Besitzer erwirtschaf-

Rota da Luz

ten. Die Einwohnerschaft Aveiros ist in den vergangenen 20 Jahren auf 70 000 hochgeschnellt. Wenn in den Sommermonaten die neuen Siedlungen auf den Landzungen, die Campingplätze, Hotels und Pensionen ausgebucht sind, vervielfacht sich diese Zahl. Doch selbst dann verliert die Region ihren Zauber nicht.

Stadtrundgang

Der **Canal Central** beherrscht das Stadtbild von Aveiro. Die Stadtplaner haben im Tourismus eine Haupteinnahmequelle entdeckt, wofür die Adresse des Büros spricht: Es ist in einem ehemaligen Patrizierhaus gleich am Kanal untergebracht. Im überblickbaren historischen Herzen der Stadt liegen die Gebäude nah beieinander, die den Besuch im Rahmen eines ›Kulturbummels‹ lohnen: Die **Kathedrale São Domingo** aus dem 15. Jh. erfuhr im 16. Jh. wesentliche Veränderungen. Außen ist sie nicht sehr anziehend, der Innenraum mit dem barocken Hochaltar, den Azulejoverkleidungen beim Kreuzgang und dem Kirchenschatz beim Kapitelsaal umso mehr. Der Platz vor der Kathedrale, der Adro da Sé, ist von herrlichen Bauwerken umrahmt: Auf der anderen Seite ragt die Fassade der **Misericórdia-Kirche** wie für eine Filmkulisse hingestellt auf. Sie ist aus dem frühen 16. Jh., entstand nach

AVEIRO

Plänen von Baumeister Filippo Terzi und gilt als eines der ersten Werke des Frühbarock in der Ablösung der Renaissance. Leider erfuhr sie einige abwertende ›Verbesserungen‹. Ihr Innenraum wirkt angesichts der majestätischen Front um einige Nummern zu klein geraten.

Gotisch-manuelinisch ist die Stiftskirche des **Convento de Jesús** (15. Jh., beherbergt das **Museu de Aveiro**). Hier lebte ab 1472 die schöne Joana, Tochter des Königs Afonso V. als Klosterschwester. Dieses Schicksal zog sie einer für ihren Vater politisch opportunen Ehe vor. 18 Jahre später starb die Prinzessin unter den Nonnen. Ihre Entsagung der weltlichen Gelüste wurde 1756 mit der Heiligsprechung durch den Papst vergolten. Ihre Reichtümer vermachte sie dem Kloster. Natürlich ist Joana Princesa Aveiros Schutzpatronin. Und natürlich hat man ihre Zelle später vergoldet – sie ist jetzt Bestandteil des sehenswerten Museums. In den hehren Hallen findet man herrliche Plastiken und Gemälde. Eines davon – das Bildnis der Heiligen Joana – wird dem wichtigsten Maler Portugals, Nuno Gonçalves, zugeschrieben. Bei einem Kaffee (man hört jetzt das Wörtchen *bica* für Café häufiger, ein Zeichen dafür, daß wir Portugals Norden verlassen) und ein oder zwei ›süßen weichen Eiern‹ *(ovos molos)* kann man die überwältigenden Eindrücke kirchlicher Kunst im weltlichen Genuß nachwirken lassen.

Unterkunft: Mehrere *** Hotels wie Afonso V., Imperial, João Padeiro, Pomba Branca. Ein Dutzend Pensionen wie Estrela oder Residencial Palmeira. Casa de Hospedes Parracho (Rua Ténente Resende) und nebenan das Dormidas Ferro spartanisch einfach, doch mitten drin und billig.

Essen: Überraschend wenig Lokale. Frischer Fisch ist angesagt. El Mercantel beim Rossio oft voll.

Bus: RN-Express nach Porto. Via Ílhavo, Mira und Leira nach Lissabon; Coimbra; mit Privatfirmen nach São Jacinto, Ovar, Vila de Feira, Ílhavo, Barra, Costa Nova. Beim Turismo hängt aktueller Plan.

Sonntag in Aveiro

Rota da Luz

Bahn: Linie Porto–Lissabon mit Nah-, Eil- und Schnellzügen.

Autovermietung: Avis Av. Dr. Lourenço Peixinho, 181B: Cordoso e Sousa Rua Castro Matoso 34; Hervis.

Bootsausflüge: Vom 15. Juni bis 15. September täglich Rundfahrten von Aveiro via Gafanha, São Jacinto, Casa Abrigo und Pousada nach Torreira. Abfahrt 10 Uhr, Rückkehr 17 Uhr. Erwachsene ca. DM 20, Kinder DM 10. In den übrigen Monaten werden die gleichen Schiffe (moderne verglaste Fahrzeuge) nach Bedarf vermietet. Teuer.

Feste: Festa da Ria in den zwei letzten Augustwochen. Mit Bootsrennen, Trachtenschauen und viel bunter Folklore. Sehr touristisch. Stadtfest der Schutzpatronin Joana Princesa am 12. Mai. Karnevalsumzüge in Ovar. **Aktivitäten:** Kurse traditioneller Weinproduktion im Instituto Emprego Formação Profissional, Arouca, ✆ 056-94 31 44. Klettern in den Bergen des Caramulo und der Serra da Arada. Radeln rund ums Haff. Wandern: von Strandläufen bis zu Höhenwanderungen in den Serras. Hütten oder ähnliche Einrichtungen nicht vorhanden. Fischen: Flüsse in den Unterläufen schmutzig; in den Bergen sauber, viele Fische; an der Küste keine Lizenz notwendig; an Flüssen unterschiedlich, beim Turismo erfragen. Reiten: Am Meer entlang und in den Serras; Mietställe in Agueda, Aveiro, Estarreja, Sever de Vouga und Vagos. Tennis: In teuren Hotels, sonst gute Plätze in Parks, öffentlichen Gartenanlagen und Sportzentren. Kanu: gute Voraussetzungen in vielen Flüssen und im Haff; für Könner reizvoll die Flüsse im Caramulo-Gebiet. Windsurfen: Großartig an der Küste und in der Ria. Auch Fermentelos-See gut. Wellensurfen: abhängig vom Gefälle der Sandstrände. In der Regel sehr gut, besonders während der heftigen Winde im August. Tauchen: wegen der Wellen in Strandnähe weniger angebracht, umso mehr auf hoher See (sehr klares Wasser) und im Haff. Golf: keine Plätze. Segeln: Meer und Ria gut für alle Klassen; Wassersportclubs bieten Einrichtungen in Aveiro, Torreira, Vagos.

Turismo: In Aveiro (Zentrum der Rota da Luz) am Kanal. Zweigstellen in allen großen Orten, wie Arouca oder Agueda. Gutes Info-Material und Stadtpläne. ✆ 054-6 20 05, Fax 6 37 58.

Die Umgebung von Aveiro

Knapp 5 km südlich von Aveiro liegt **Ílhavo** an der N 109. Viele Häuser sind mit fast kitschig blumigen Azulejos (Jahrhundertwende bis 30er Jahre) verkleidet. Am Ortsausgang befindet sich die renommierte Porzellanmanufaktur **Vista Alegre** (gegr. 1824), wo man in einem Hausmuseum die alte Tradition mit Stücken aus der Produktion demonstriert. Kaum bekannt ist freilich, daß man nebenan im Haus der Besitzer der Manufaktur, in der Quinta do Paço da Ermida (Turismo de Habitação), als Gast wohnen kann. Im **Volkskunde- und Seefahrtsmuseum** wird einem das Leben der Leute vom Haff und der Küste in simpler und gleichzeitig

AVEIRO/CASTELO FEIRA/ESPINHO

ehrlicher Art vorgeführt, mit Modellen, Fotos und Gummistiefeln.

In **Avanca** (an der N 109 in Richtung Ovar) ist ein kleines Museum für den Nobelpreisträger und Chemiker Egas Moníz eine feine Adresse an Regentagen, während an der Nordspitze des Haffs der gesamte Ort **Ovar** so etwas wie ein Kachelmuseum ist. Die eigenwilligen Stationen eines Kreuzweges – kleine Kapellen – zeugen von der religiösen Kultur in der Hafflandschaft, wovon noch mehr im **Museum für sakrale Kunst** zu sehen ist (offen an Wochenenden). Wer nur Zeit für eine Verschnaufpause in Ovar hat, sollte den Biskuitkuchen *Pao-de-lo* probieren, der nicht nur lecker aussieht.

Etwa 10 km nordöstlich liegt auf einem Hügel nahe der Autobahn Porto–Lissabon das zauberhafte maurische **Castelo Feira.** Trotz einiger späterer Anbauten ist es authentisch. Es gibt einige römische Inschriften, wahrscheinlich, weil vor den Mauren die Römer ein Kastell an der hier durchführenden Straße unterhielten. Die Halle im Castelo zeigt großartige maurische Strukturen und Dekorationen. Die merkwürdigen Dome über der Burg kann man besteigen. Reinsteigen kann man in den Tunnel, der die Hauptteile der Burg verbindet. Rittergeschichten werden wach, man hört Ketten rasseln und Schwerter die Luft durchsirren – ein romantisches Ausflugsziel, umgeben von einem wundervollen Wald.

Die Küste

80 km Küste, 80 km Strand und Sand: von grobkörnig und golden bis pudrig weich und weiß. Die gesamte Küstenstrecke ist zum Baden ideal, und alle Wassersportarten können nach Lust und Laune betrieben werden. Fast immer schließt ein Gürtel von Dünen die Strände ab. Das Wasser ist besonders jodreich.

Nördlichster Punkt der Rota da Luz ist **Espinho**. Die Stadt macht keinen attraktiven Eindruck. Die Straßen sind im Schachbrettmuster angeordnet. Nummern haben sie, nicht Namen. Im Zentrum ragen einige 15-stöckige Häuser in den Himmel, eines davon beherbergt das Casino mit seinen zehn Roulette-Tischen und sechs Tischen für Blackjack. Wenn man Hemd und Hof verspielt hat, kann man gleich ins Freie stürmen und in die Fluten springen – der Strand ist keine 50 Meter entfernt. Im Hochsommer und an allen Wochenenden verwandelt sich die sonst halbleere Stadt in einen quirligen Urlaubsort. Die Cafés sind voll, in den Restaurants findet man kaum Platz, auch wenn sie noch so groß sind. Am südlichen Ende hausen die Fischer in abgesonderten Quartieren.

Bei der Fahrt entlang der Küste gelangt man in mehrere Orte, die an den Endpunkten von Stichstraßen liegen. Sie entstanden in den ersten dreißig Jahren dieses

Rota da Luz

Saline von Aveiro

Jahrhunderts, als Urlaub und Freizeit in Mode kamen. Wer konnte, baute sich ein Haus in Meernähe. Jetzt rauscht eine neue Bauwelle mit der Vehemenz einer Springflut über Portugal. Nur wenige Dörfer halten gegen die Welle aus, und sie bestehen wie vor hundert oder zweihundert Jahren aus Holzhütten. Netze sind überall ausgebreitet, am Strand, zwischen Hütten und Bäumen. Es riecht nach Fisch, man merkt die Armut, spürt aber keine Bitterkeit. Die in der Nähe unter Pinienbäumen wie Pilze aufwuchernden Villen und Apartmentblocks machen den Kontrast besonders kraß.

Praia de Esmoriz hat Ursprüngliches besser bewahrt als andere Orte, trotz Campingplätzen und vieler neuer Häuser. Das Restaurant Tabua de Salvacao bei der Praia de Cortegaça ist billig und gut, und hier treffen sich Fischer wie Camper. Die Welten stoßen gütlich aufeinander. Beim Dorffest am ersten Septemberwochenende (wenn die meisten Urlauber wieder weg sind) schäumt die Laune über. Zwischen Furadouro und Ovar beginnt die Ria. Die Orte entlang der N 327 sind zur Straße hin ausgerichtet. Auf den folgenden 30 km dehnt sich bis São Jacinto ein riesiger Pinienforst hinter Dünen aus, in dem einige schöne Campingplätze versteckt sind. In der Nähe der fischreichen Ria und der Dünen konnte sich eine beachtliche Vogelwelt erhalten.

Zwischen Quintas do Norte und Torreira führt eine Betonbrücke aufs ›echte‹ Land. Über Estarreja, einen hübschen Ort mit einer weithin sichtbaren weißen Häusergruppe auf einem Hügel am Rio Antua, gelangt man nach Aveiro. Oder man fährt oder radelt auf der Landzunge und direkt an der Ria weiter südlich, vorbei an Campingplätzen und Wäldern, bis São Jacinto. Die Fähre schifft Passagiere zur 300 m entfernten anderen Seite nach Barra. Mitten im Haff sind die Strände Areinho und Monte Branco für Familien ideal, weil das Wasser seicht und ruhig ist.

PRAIA DE ESMORIZ/COSTA NOVA

Nach Castelo de Paiva und Arouca

Südlich von Aveiro beginnt eine Kette von Stränden gleich beim Mündungsort Barra. Zwischen diesem Ort und **Costa Nova de Prado** sind in den vergangenen Jahren viele Apartmenthäuser und Hotels aus dem Sandboden geschossen. Trotzdem haben einige Orte in ihren alten Zentren einen eigenen Stil bewahrt. Die vertikal gestreiften Holzhäuser der Fischer (*palheiros*) von Costa Nova sind Magnetpunkte für Touristen. Trotzdem sind diese Orte nur in der Hochsaison voll, und selbst dann verlaufen sich die Menschen am endlosen Strand. Die Brise verweht jeden Geruch von städtischer Kultur.

Diese Route im Norden von Rota da Luz führt in eine sehr stille Region. Östlich der stark frequentierten N 1 (auf der Höhe von Fiães abbiegen) ist die Gegend viel dünner besiedelt als der Küstenraum. Zwischen den Wäldern (Eukalyptus, Pinien, Kiefern) dehnen sich kleine Handtuchfelder aus, eng und klein sind die Dörfer. Bei **Canedo** kommen mehrere Straßen zusammen. Von der kurvigen N 222 bieten sich immer wieder Ausblicke aufs Douro-Tal, das hier sanft und breit ist. Links wie rechts der Straße liegen viele versteckte kleine Orte. Abstecher lohnen sich! Zum Beispiel nach Gondarem und seinem Nachbardorf Midões. Beide teilen sich die auf halber Strecke gelegene Kirche. Gondarem hat an die zwanzig Häuser. Die Hälfte steht leer, gammelt vor sich hin. Ans Renovieren denkt hier niemand. Die Jungen wollen in Porto oder in Frankreich modern leben, die Alten sterben aus. Immerhin gibt es noch zwei junge Ehepaare unter den 24 Bewohnern. Alle arbeiten auf dem Feld, niemand pendelt in die Stadt. Das Dorf liegt auf einem Höcker über dem Dourotal. Bunte Wiesen umrahmen die Granitsiedlung. Die Leute bauen Mais an, Weizen, Bohnen, Tomaten, Kohl. 1963 erhielt Gondarem Wasseranschluß, vor fünf Jahren Strom.

Rota da Luz

Neues Leben in Costa Nova

In den Souvenir-Shops kann man die Holzhäuser von Costa Nova als Tonmodelle kaufen. Attraktiv sind sie, ungewöhnlich. Was sie so anziehend macht, ist die schlanke rechteckige Form. Ungewöhnlich sind die Farben: vertikale Holzplanken, grüngestrichen, rot, blau oder gelb, durchziehen die weißen Holzfassaden. Die wirken, als gehörten sie in ein Malbuch für Kinder, nicht in eine Häuserzeile, die das portugiesische Festland vom wütenden Atlantik trennt. Die meisten Häuser sind vermietet oder an wohlhabende Aveiro-Familien verkauft; andere sind Restaurants oder Läden. Auf einem Streifen Land zwischen Haff und Meer gelegen, sind sie die Lieblingsobjekte der fotografierenden Touristen. Sie geben ja auch zusammen mit den Ständen für Obst und den bunten Sonnenschirmen den schönsten Hintergrund für Schnappschüsse ab. All dies ist am nördlichen Ende des Dorfes.

Die Fischer wohnen am südlichen. Hier sind die niedrigen Häuser weder aus Holz, noch sind sie gestrichen. Im Sommer spielt sich das Leben draußen vor den Türen ab. Kinder plärren, Mütter hängen Wäsche über die Leinen und schreien sich den Dorfklatsch zu, Hunde streunen herum. Wenn ein Tourist sich herverirrt, in fluoreszierenden Shorts und schickem Shirt, ist der Kontrast mit den verhutzelten alten Witwen, schwarz von Kopf bis Fuß, besonders scharf. Die Fischersleute heißen die merkwürdigen Fremden nicht willkommen; feindlich sind sie aber auch nicht. Die Touristen spüren die Spannung und eilen zurück zum anderen Ende des Dorfes.

Die Fischer fangen mit traditionellen Methoden. Aus Notwendigkeit, nicht weil es ihnen gefällt. Sind die Netze von den kleinen Booten ausgeworfen, holt man sie an zwei Enden wieder ein, mit Ochsengespannen und jeder freien Hand, die hilft. In den letzten Jahren fingen sie immer weniger, von Mal zu Mal. Der Wettbewerb mit modernen Fangbooten und die Angst vor europäischen Bestimmungen haben nicht geholfen: Die Einkommen der Fischer sind gesunken. Ihre Söhne und Töchter suchen Jobs in den Bars und Restaurants am anderen Ortsende; aber das sind bloß saisonale Jobs. Also versuchen sie ihr Glück in Aveiro oder noch weiter weg, in gesichtslosen Orten mit Papier-, Keramik- und Metallfabriken.

Die Traditionen der portugiesischen Fischer sind immer noch so stark, daß sie die Kommunen zusammenhalten. Fast jede Nacht wird zunächst in einem einzelnen Haus gefeiert, dann im halben Ort... Bei

COSTA NOVA

einer *Festa* zum Schutzheiligen die Boote, zischen in die nen ziehen durch Tradition – ja. derne verachten das Leben auch Namenstag des segnet der Pfarrer Feuerwerke Luft, Prozessio- die Straßen. Aber das Mo- sie nicht. Wenn immer noch hart ist – früher war es geradezu ein Elend. Der Atlantik sorgte dafür, daß jede Familie den Verlust eines Sohnes, Mannes, Vaters beklagte. Und wenn die Fischer nichts fingen, hatten ihre Familien nichts zu essen. Immerhin gibt es jetzt ein beschränktes, aber funktionierendes soziales Netz. Viele Fischer träumen von einem supermodernen Boot, gegen das sie ihr altes sofort eintauschen würden. Die Jungen wollen Karriere bei einer modernen Firma machen.

Und die süßen alten Häuser? Wollen sie nicht dorthin zurück? »Laß nur die Touristen drin wohnen! Im Winter zieht's und ist's kalt, im Sommer wird man da drin gebacken!«, seufzt Dona Fernanda. Sie sollte es wissen: Zusammen mit ihrem Mann focht sie einen langen Kampf, um ihr Holzhaus instand zu halten. Seit ein paar Jahren ist sie Witwe. Am liebsten würde sie jetzt in einem modernen Apartmentblock leben, gleich neben dem Supermarkt. Doch selbst wenn sie die astronomisch hohe Miete (die kleinste Einheit kostet etwa dreimal so viel wie ihre Rente) zahlen könnte – ohne ihre Familie und Nachbarschaft wollte sie kaum leben. Sie lacht über den Gedanken, alle mitzunehmen und das Hochhaus in der Rua de São Martinho auf ähnliche Weise zu kolonisieren wie die Touristen die Holzhäuser. Aber wo sollte sie dann sitzen und die Welt an sich vorüberziehen lassen?

Margrit Hutber

Rota da Luz

Via Pedorido und Raiva geht es zum Mittelpunkt der Region, zum 1800-Seelen-Ort **Castelo da Paiva**: ein Provinzstädtchen, in dem sich alles um den zentralen baumbestandenen Platz dreht. Um ihn herum gruppieren sich die Câmara, die Bank, die Cafés, ein halbes Dutzend Geschäfte und die Kirche. Das Restaurant/Pension Vicente bietet feine wie derbe regionale Küche – unbedingt besuchenswert. Eines der ältesten Häuser ist die Casa da Cardia aus dem 15. Jh. Das älteste Baurelikt ist das mittelalterliche **Marmoiral de Boavista** (Grabstätte) aus dem 12. Jh. Markt gibt es am 6. und 21. jeden Monats.

Das schönste am Ort ist seine Umgebung: Bei Fornos mündet der Rio Paiva in den Douro. Eine kleine Insel beim Treffpunkt der beiden Flüsse trug früher ein keltisches Wehrdorf, ein Castro. Darauf geht der Name Castelo de Paiva zurück. Ein richtiges Kastell gab es nie. Oberhalb der Mündung liegt die Quinta do Lameiro. Auf den Hängen der Umgebung wachsen die Trauben für einen köstlich prikkelnden Vinho Verde.

Die N 224 windet sich von Castelo de Paiva in die Berge am Rande der Region Paraiso Real und zu Füßen des Cerro do Cão (720 m) südwärts in Richtung Arouca. Oder man fährt von Fornos am Douro entlang nach Soustelo und dann auf schmalen Straßen in fast menschenverlassene Gegenden; Fornelos und Espiunca werden durchfahren, dann geht es in weiten Schleifen hinab nach **Arouca**. Diese Provinzstadt (24 000 Einwohner) ist ganz von Hügeln umringt. Die terrassierten Hänge reichen bis an den Ortsrand. Auch hier wächst spritziger Vinho Verde. 1987 verwandelte ein verheerendes Feuer die riesigen Wälder im weiten Umkreis in Kahlflächen. Einige Hügel wurden inzwischen mit Eukalyptusbäumen neu aufgeforstet.

Das Zentrum von Arouca ist – wie könnte es anders sein – ein schöner Platz. Hier gibt es auf dichtem Raum viel Sehenswertes: Die Südseite nimmt das monumentale **Convento Real Mosteiro** ein. In der Klosterkirche findet man den goldgeschmückten Kristallsarg der 1256 verstorbenen Königin Mafalda, Tochter von König Sancho II., die in diesem Kloster ihre Tage nach der Scheidung von König Henrique I. von Kastilien verbrachte. Die prachtvoll vergoldeten Holzschnitzereien stammen von dem namhaften portugiesischen Barockbildhauer Jacinto Vieira. Die gewaltige Orgel mit ihren 1352 Stimmen und 24 Registern sowie das teils vergoldete Chorgestühl aus brasilianischen Hölzern sind Höhepunkte sakraler Pracht. Weitere grandiose Triptychons, Diptychons, Figuren und Schmuck sind im Klostermuseum ausgestellt.

Auch dafür ist das Kloster bekannt: Vor dem Hintergrund der Auseinandersetzung zwischen dem reaktionären König Miguel und dem Anhänger der konstitutionellen Monarchie, Prinz Pedro, kam es zum Bürgerkrieg in Porto. Dabei brannte

AROUCA/AGUEDA

Portos Franziskanerabtei ab (die Franziskaner hielten zu Miguel). Marquês de Pombal ordnete daraufhin die Säkularisierung aller Klöster an. In Arouca konnte der Orden jedoch durchsetzen, daß er über das Kloster verfügen dürfe, solange die letzte Nonne noch darin lebte. Sie starb erst im Alter von fast hundert Jahren... Bis in die 1830er Jahre blieb Arouca folglich ein Klosterort.

Auf der gegenüberliegenden Seite des Platzes steht die **Misericórdia-Kapelle** (erbaut 1612). Nicht nur daß sie klein ist, alt, baufällig, undicht das Dach – sie ist unglaublich schlicht und schön. 48 Ölgemälde, jedes davon ein Kunstwerk von Rang, zieren die Holzkassetten der Decke.

Arouca ist ein idealer Standort für Wanderer. Auf der Nordseite der Serra da Arada kleben kleine Dörfer an den Abhängen der Berge wie Nistplätze von Vögeln. Janarde, Rio de Frades und Covelo de Paivo haben kaum noch Einwohner. Der schönste Ort ist **Idrave,** von Covelo aus in einer Stunde zu Fuß erreichbar (keine Straße). Nur noch ein altes Paar (1992 war Senhora 83 Jahre alt) lebt in dem Dorf, das oft von Wolkenfetzen verhüllt ist. Die hier aufgezählten Dörfer sind selbst in Portugal völlig unbekannt. Für mehrtägiges Wandern in der Umgebung von Arouca ist die Bleibe in der Granit-Quinta de Boco (Turismo de Habitação) empfehlenswert.

Via Vale de Cambra geht es zurück zur N 1 und nördlich nach Porto, südlich nach Aveiro.

Fahrt nach Agueda und in die Serra do Caramulo

Die Landschaft zwischen Aveiro und Agueda ist ebenso reizvoll. Hinter der neuen Autobahnbrücke überquert die N 230, von Aveiro kommend, den Rio Vouga neben einer schönen alten Brücke, die nicht mehr benutzt wird. Hier fließt der Rio Cértima in den Rio Vouga, nachdem er den natürlichen und idyllisch gelegenen See Pateira de Fermentelos durchströmt hat. Im Mai blüht ein Seerosen-Teppich an seiner Oberfläche gelb auf. Ähnlich wie in der Ria werden hier Algen aus dem Wasser geholt und als Dünger in der Landwirtschaft verwendet. Auf der Südseite des Sees steht ein verloren wirkendes Denkmal für Emigranten: Viele Einheimische wandern nach Venezuela aus.

Ein Abstecher zum nur 3 km entfernten Dörfchen **Trofa** lohnt sich: Die kleine Kapelle ist ein Edelstück purer Renaissance. Das Pantheon der Lemos strahlt einen Reichtum aus, der in der Nachbarschaft angesichts der Lebensumstände vieler Einheimischer fast peinlich wirkt. Ähnliches gilt für die vielen grandiosen Herrensitze in diesem Ackerland.

Leider ist der Fluß durch **Agueda** mehr ein Abwasserkanal als ein Forellenfluß, wie in Prospekten angepriesen. Die N 1 trennt das Städtchen radikal. In seiner Umgebung gibt es zahlreiche Keramikfabriken.

Nur der Boom dieser Industrie erklärt die Präsenz eines Palasthotels in der Quinta da Barralha. Die Restaurants (z. B. O Talher) sind besser als in Aveiro, weshalb viele Leute von dort hierher fahren.

Ein Ausflug in die **Serra do Caramulo** führt dann weit weg von Industrie und Menschenbetrieb. Die schmale N 230 steigt hinter Bolfiar an, riesige Wälder überziehen die welligen Hügel. Steil und tief wird das Tal des Rio Agueda, bis man São João do Monte auf einer Hochebene erreicht. Hinter Arca geht es wieder bergauf. An der Kreuzung mit der N 333-2 rechts (südlich) abbiegen und bis zum Ort **Caramulo** fahren. Das örtliche Automuseum mit seinem Salazar-Mercedes und anderen ›Stars‹ wirkt irgendwie fehl am Platz. Fahren wir bergauf zum Ende der Straße unterhalb des 1075 m hohen Gipfels Carmulino: Der Blick von hier oben ist ein Erlebnis. Man wähnt sich in einem vom Wind gerüttelten Segelflieger. Auf der östlichen Seite liegt tief unten die Ebene von Viseu. Weit im Westen glänzt die Silberfläche der Ria vor

einem lichtblauen Hintergrund, den sich Himmel und Meer teilen. Die Straße endet hier, also muß man wieder umkehren. So man ins nächste Sträßchen links abbiegt, erkennt man im Schatten der umliegenden Gipfel – sie ragen kaum hundert Meter aus der felsigen Hochebene hervor – einige kleine Dörfer, deren niedrige Häuser mit ihren flachen Dächern wie vom Wind gegen den Berg gepreßt wirken. Das erste Teilstück auf der nun folgenden etwa 15 km langen Rundfahrt durch die Hochfläche um Caramulo führt in Bauerndörfer mit alten Granithäusern, Maisspeichern, winzigen Kapellen; kein Café, kein Restaurant gibt es hier; die Menschen schuften den ganzen Tag auf den umliegenden Feldern. Kommt man mit ihnen ins Gespräch, kann man sich über ihren ungebrochenen Frohsinn nur wundern. Das Sträßchen kurvt an plätschernden Bächen und grün leuchtenden Wiesen vorbei. Bei São João do Monte, das wir auf der Herfahrt durchfuhren, stößt man wieder auf die N 230 und kann entweder zurück in Richtung

Agueda fahren oder auf dem Weg in Richtung Viseu nach Caramulo, um sich dann in endlosen Kurven und Serpentinen hinab nach Campo de Besteiros zu schrauben. Will man von hier aus nun Porto ansteuern, so biegt man bei Campia auf die IP 5 ein und erreicht bei Albergaria-a-Velha die Autobahn.

Unterkunft: In Agueda: Luxus im *****Palasthotel; nüchterne Pousada São António an der N 1; schöner die Pousada Jerónimo bei Caramulo. In Oliveira do Bairro: gute Estalagem da Pateira. In Arouca: Recidenstial Pedro. In Castelo de Paiva: Residensial Castelo Douro, Almeida Filhos. In Ílhavo: ***Hotel Barra und Albergaria Arimar, Pensionen Jardim und Galera. In Oliveira de Azemeis: ***Hotel Dighton und Estalagem S. Miguel. In Ovar: Albergaria S. Cristovão. In Espinho: *****Hotel Solverde mit Hubschrauberlandeplatz... Aparthotel Solverde über dem Casino, einige andere ähnlich teure Häuser. Viele Pensionen, nicht billig. In kleinen Dörfern preiswerte Privatzimmer. **Turismo de Habitação**: In Espinho Vila Maria (an der Durchfahrtsstraße) ✆ 034-72 03 53. In Arouca Quinta do Boço, Granithaus, schön gelegen, gute Zimmer, ✆ 056-94 41 69. Bei Castelo de Paiva in Fornos die Quinta do Lameiro, Granithaus überm Douro, idealer Standort zum mehrtägigen Erkunden der weiteren Umgebung, ✆ 055-6 94 95. Casa Rodrigues dos Santos ✆ 055-2 27 61. In Ílhavo: Quinta do Paço da Ermida neben dem Porzellanmuseum Vista Alegre, ✆ 034-32 24 96. In Oliveira de Azemeis die Casa de Cidados, ✆ 056-68 27 23.

Camping: Orbitur-Plätze gut ausgestattet. Weitere Plätze in Agueda, São Jacinto (2), Ílhavo (2), Murtosa, Oliveira de Azemeis, Ovar (3), Vagos.

Restaurants: Altmodische und neumodische, solche für Touristen, andere für Einheimische. Wenn die Stühle und das Dekor aus Plastik sind, ist die Küche kaum besser. An der Küste gilt die Regel: wo die Fischer sich treffen, gibt es frischen Fisch. Allgemein günstige Preise, manche ›typische‹ Häuser in den touristischen Zentren teurer.

Feste: In jedem Ort gibt es jährliche Volksfeste, beim Turismo erfragen.

Literaturempfehlungen

Portugiesische Literatur

Branco, Camilo Castelo: Das Verhängnis der Liebe. Freiburg 1988 (bedeutendster portugiesischer Novellist des 19. Jh.).

Camões, Luís de: Die Lusiaden. Darmstadt 1979 (das 1572 erschienene Hauptwerk des »portugiesischen Goethe«).

Lobo Antunes, António: Die Vögel kommen zurück. München 1989 (politische Liebesgeschichte aus dem heutigen Portugal).

Meier, Harri u. Dieter Woll (Hrsg.): Portugiesische Märchen. Reinbek 1992 (Märchen, Schwänke, Sagen und Legenden).

Meyer-Clason, Curt: Portugiesische Tagebücher 1969–1976. Königstein/Ts. 1979 Ders., mit Dieter Offenhäusser (Hrsg.): Portugiesische Erzählungen des 20. Jh. Freiburg 1988.

Pessoa, Fernando: Das Buch der Unruhe. Frankfurt am Main 1987 (fragmentarische Prosa, 1913–34 entstanden, aber erst 1982 publiziert, gilt als ein Hauptwerk der europäischen Moderne).

Queiroz, Eça de: Die Maias. München 1986 (Gesellschaftssatire aus dem 19. Jh., spielt in Lissabons »High Society«).

Saramago, José: Hoffnung im Alentejo. Reinbek 1987 (zeitgenössische, sozialkritische Familienchronik). Vom selben Autor: Geschichte der Belagerung von Lissabon. Reinbeck 1992 (historisch-politischer Roman).

Siepmann, Helmut: Portugiesische Literatur des 19. und 20. Jh. Darmstadt 1987.

Geschichte und Politik

Bieber, Horst: Portugal (Revolutionsjahre 1974/75). Hannover 1975.

Loth, Heinrich: Das portugiesische Kolonialreich. Ost-Berlin 1982.

Schmitt, Eberhard (Hrsg.): Dokumente zur Geschichte der europäischen Expansion, Bd. 2: Die großen Entdeckungen. München 1984.

Reise- und Sprachführer

Fischer, Thomas: Portugal: Reise-Handbuch (DuMont Richtig Reisen). Köln 1987.

Nidiaye, Safi: Portugal. Wo die Sehnsucht zu Hause ist. München 1992.

Oettinger, Jörg: Portugiesisch für Globetrotter. Bielefeld 1985.

Strelocke, Hans: Portugal – Vom Algarve zum Minho (DuMont Kunst-Reiseführer). Köln 1982.

Wasserrad am Rio Tuela ▷

Praktische Reiseinformationen

Reisevorbereitungen
Diplomatische Vertretungen . 230
Informationsstellen 230
Einreisebestimmungen . . 230
Gesundheitsvorsorge . . . 231
Reisegepäck 231
Reisekasse 231
Reiseunternehmen 232
Reisezeit 232
Wertsachen, Dokumente . 232

Anreise
... mit dem Flugzeug . . . 233
... mit dem Auto 233
... mit der Bahn 233
... mit dem Autoreisezug 233
... mit dem Bus 233

Reisen im Lande
... mit dem Flugzeug . . . 234
... mit dem Auto 234
... mit der Bahn 235
... mit dem Bus 235
... mit dem Taxi 236
... mit Tram und Stadtbus 236
... per Anhalter 236
Reisevorschläge 236

Unterkunft und Essen
Hotels und Pensionen . . 237
Camping 238
Restaurants 238
Weine, Märkte 239
Läden 240

Urlaubsaktivitäten
Baden 240
Wassersport 241

Fischen, Wandern 241
Tennis, Radfahren 241
Feste und Feiertage 242

Sprachführer 243

Informationen von A–Z
Apotheken 248
Auskünfte 248
Autokarten 249
Banken 249
Behinderte 249
Briefmarken 249
Deutsches Kulturinstitut . 249
Discotheken, Drogen . . . 249
Frauen 250
Gesetzliche Feiertage . . 250
Gesundheit 250
Grenzübergänge 250
Internat. Nachrichten . . . 250
Kinderermäßigung 250
Kino, Kontaktlinsen 251
Lebensmittel 251
Medien, Notruf 251
Öffnungszeiten 251
Postämter, Postleitzahl . . 251
Polizei 251
Preise 252
Sexualität 252
Sicherheit 252
Souvenirs 252
Telefon, Trinkgeld 252
Trinkwasser 253
Vegetarier, Zeit 253

Glossar. 254
Abbildungsnachweis . . . 254
Register 255

Reisevorbereitungen

Reisevorbereitung

Diplomatische Vertretungen Portugals

. . . in Deutschland:
Botschaft (ohne Konsularabteilung): Ubierstr. 78, 5300 Bonn 2, ✆ 02 28-36 30 11. *Generalkonsulat:* Graf Adolf-Str. 16, 4000 Düsseldorf 1, ✆ 02 11-8 06 33. Zeppelin-Str. 15, 6000 Frankfurt a. M., ✆ 0 69-70 20 66. Gänsemarkt 23, 2000 Hamburg 36, ✆ 0 40-34 34 78. Schloßwall 2, 4500 Osnabrück, ✆ 05 41-4 80 46. Königstr. 20, 7000 Stuttgart 1, ✆ 07 11-22 50 13. Honorarkonsulat: Thomas-Bimmer-Ring 9, 8000 München 22, ✆ 0 89-29 21 31. Beeskowdamm 3–11, 1000 Berlin 37, ✆ 0 30-8 15 60 27.

. . . in Österreich:
Botschaft: Operngasse 20b, 1040 Wien, ✆ 02 22-56 75 36; *Konsularabteilung:* Schwarzenberggasse 1, ✆ 02 22-53 32 97. *Honorarkonsulate:* Mozartstr. 5/3, 4020 Linz, ✆ 07 32-2 46 60. Bergstr. 2a, 5020 Salzburg, ✆ 06 62-7 39 02.

. . . in der Schweiz:
Botschaft (mit Konsularabteilung): Kollerweg 32, 3006 Bern, ✆ 0 31-43 17 73. Konsulat: 39, Rue de Lausanne, 1201 Genf, ✆ 0 22-31 19 80.

Informationsstellen

Mittelmäßiges Infomaterial erhält man von portugiesischen Touristikämtern.

Spezial-Prospekte, wie über Thermalkurorte oder Volksfeste, sind ebenfalls dort – auf ausdrücklichen Wunsch – erhältlich:

In Deutschland: Kaiserstr. 66, 6000 Frankfurt a. M., ✆ 0 69-23 40 94.

In der Schweiz: Quai Gustave Ador 50, 1207 Genf, ✆ 0 22-35 74 10.

Einreisebestimmungen

Personaldokumente: Deutsche und Schweizer benötigen Personalausweis, Österreicher brauchen den Reisepaß bei einem Aufenthalt bis zu drei Monaten. Kinder unter 16 benötigen Kinderausweis oder Eintrag im Elternpaß.

Kfz-Papiere: Führerschein und Fahrzeugschein. Internationale Grüne Versicherungskarte. Kurzkasko und Insassenunfallversicherung empfohlen.

Für Reisemobile und Wohnwagen ist Inventarverzeichnis notwendig, formlos, oder auf Vordrucken, die man an der Grenze erhält. Falls der Wagen nicht auf

INFORMATIONSSTELLEN/PAPIERE/GEPÄCK

den eigenen Namen zugelassen ist, benötigt man die amtlich beglaubigte Vollmacht des Halters (Vordrucke gibt es bei den oben genannten Konsulaten).

Haustiere: Amtstierärztliches Gesundheitszeugnis muß unmittelbar vor der Reise ausgestellt werden, für Hunde ist eine Tollwutschutzimpfung mindestens 30 Tage, max. 12 Monate vor der Einreise vorgeschrieben.

Aufenthaltsdauer: Bis 90 Tage ununterbrochen, bei mehrmaligen Einreisen max. 180 Tage pro Jahr. Verlängerung durch Ausländeramt genehmigen lassen. Für längeren Aufenthalt Genehmigung bei *Serviço de Estrangeiros* einholen. Besucher aus Nicht-EG-Ländern müssen bei der Ankunft an Grenze, Hafen oder Flughafen Einreiseformulare ausfüllen. Duplikat bis zur Ausreise aufbewahren!

Gesundheitsvorsorge

Keine Impfungen nötig. Geben Sie dem Magen ein wenig Zeit zum Umstellen, weil in Portugal viel mit (sehr gutem) Olivenöl gekocht wird. Obst und Gemüse sollte man vor Verzehr waschen. Gutes Trinkwasser.

Bei akuter Verletzung oder Erkrankung nächstes Krankenhaus *(Hospital)*, Notaufnahme *(Urgéncia)* aufsuchen. Ambulante Standardmaßnahmen, wie Verband anlegen oder Röntgenaufnahme, sind kostenlos.

Reisegepäck

Die Temperaturen sind gemäßigt. Nur im Hochsommer klettert das Thermometer auf 35 °C und höher. Selbst im August kann es frische Tage geben. Dann freut man sich über den mitgenommenen dicken Pulli. Während des ganzen Jahres kann es zu überraschenden Schauern kommen, im Winter zu tagelangem Regen: Anorak mitnehmen. Wer in den Höhenregionen der Serras wandern will, sollte geeignetes Schuhwerk tragen und in jeder Hinsicht bergtauglich ausgerüstet sein. Sonnenbrille und -creme nicht vergessen – am windigen Strand und in der Höhe holt man sich binnen einer Stunde einen Sonnenbrand. Für längere Bergtouren ist die Mitnahme eines Zeltes empfehlenswert; es gibt keine Berghütten für Wanderer.

Fotomaterial: Häufig hört man, Filme in Portugal seien alt und teuer. Das hat sich geändert: In guten Geschäften erhält man Markenfilme neuen Datums oft billiger als in Mitteleuropa. Vor allem Zubehör wie Batterien ist preiswerter.

Reisekasse

Einfuhr/Ausfuhr von Devisen ist frei – EG-Regelung. Der Escudo ist im Rahmen der europäischen Währungsschlange der DM angepaßt und seit einigen Jahren eine sehr stabile Währung. Der Wechselkurs unterliegt nur geringen Schwankungen und kann als Faustregel bei

Reisevorbereitungen

1 DM = 85 Escudos *(Esc)* angesetzt werden. Ungünstigere Kurse beim Tauschen in Hotels und auf Campingplätzen.

Das Preisniveau ist gering, was Essengehen und Trinken betrifft. Man kann für 10 DM ein komplettes Menü bekommen, ein gutes noch dazu. Die Preise aller Güter in den Supermärkten haben mittleres europäisches Niveau, Hotels und Pensionen sind in den unteren Preisklassen billiger, in den oberen nicht. Es gibt folgende Münzen: 1; 2,50 (bald aus dem Verkehr), 5; 10; 20; 50; 100; 200 Esc. Als Scheine: 500; 1000; 2000; 5000; 10 000 Esc.

Reiseunternehmen

Über 200 Firmen allein in Deutschland bieten Portugal-Reisen an. Einige haben langjährige Erfahrung. Die meisten freilich nur in der Algarve. Der Norden Portugals ist vielen Firmen unbekannter als manches exotische Land. Erst seit wenigen Jahren finden die Herrenhäuser (Quintas) Beachtung. Bucht man sie bei den Reiseveranstaltern, zahlt man unter Umständen mehr als doppelt so viel wie bei direkter Buchung.

Spezialanbieter für Portugal sind u. a. Olimar, Köln und Mendes, Hamburg.

Reisezeit

Eitel Sonnenschein ist von Juli bis September zu erwarten. Aber auch in den Übergangszeiten kann es sehr schönes Wetter geben. Nicht die besten Zeiten zum Reisen sind Dezember, Januar und Februar. In diesen Monaten kommt es zu langanhaltenden starken Regenfällen, in Bergregionen auch zu Schneefall. Schönster Reisemonat ist der Juni, wenn alles prallgrün ist, die Kastanien blühen und in den Bergregionen die Büsche in roter oder gelber Farbe schimmern. Selbst im Hochsommer ist Nordportugal üppig grün. Nach einer Fahrt durchs brauntrockene Spanien ist die Überraschung perfekt. Im Oktober/November leuchten Weinberge und Mischwälder herbstlich auf.

Wertsachen und Dokumente

Neben Flugticket, gültigem Personalausweis oder Reisepaß, Euroschecks, Bargeld sollte man, falls vorhanden, den Studentenausweis mitnehmen (Preisnachlässe bei der Bahn und in Museen). Wertsachen in größeren Hotels zur Verwahrung abgeben. Diebstähle auf offener Straße kommen selten vor. Porto ist allerdings verrufen wegen vieler Autoeinbrüche. Dort gibt es auch geschickte Taschendiebe. Campingplätze an der Küste sind nicht sehr sicher. Die Diebe sind auf den Plätzen zu finden, nicht in den Orten. Reisegepäckversicherung ist ratsam. Da sie in der Regel nur 50 % der Foto- oder Videoausrüstung deckt, sollte man eine zusätzliche Versicherung erwägen.

Anreise

... mit dem Flugzeug

Der Internationale Flughafen *Pedras Rubras* 15 km nördlich von Porto verbindet per Linienflug mit Frankfurt und Düsseldorf, Genf und Zürich; mit Wien nur via Lissabon. Die portugiesische Fluggesellschaft TAP, Lufthansa und Swissair berechnen fast 2000 Mark für den Normaltarif, bieten jedoch in Reisebüros Spartarife an, die etwa halb so teuer sind. In den Sommermonaten gibt es viel billigere Charterflüge, auch von portugiesischen Unternehmen wie LAR, Air Atlantic und Portugália. Letztere fliegt zweimal wöchentlich von Köln nach Porto.

... mit der Bahn

Von Köln oder Frankfurt fährt man etwa 36 Stunden lang via Paris nach Porto. Hin- und Rückfahrt kosten (1992) um 400 Mark, Einzelfahrt um 240 Mark. In Paris Ankunft im *Gare du Nord*, mit Metro zum *Gare d'Austerlitz* (etwas franz. Geld bereithalten!), via Bordeaux nach Spanien. An der Grenze Aufenthalt – Umsteigen auf iberische Breitspurbahn. Schöne Fahrt quer durch Spanien nach Vilar Formoso und Guarda, dort werden die Wagen nach Lissabon und Porto getrennt. Ankunft in Porto Campanhã.

... mit dem Auto

Schwierigstes Teilstück ist die französisch-spanische Grenze, weil sich der gesamte Transitverkehr durch die Nadelöhre bei Perpignon und Biarritz quetscht. Wenn im August die Lawine aus Emigranten und Iberia-Touristen gen Süden rollt, wird das Fahren zur Qual. Dann lohnt sich das Ausweichen auf die Pässe der Pyrenäen (schönes Landschaftserlebnis). In Spanien geht es auf gut ausgebauten Straßen/Autobahnen rasch südwestwärts. In der Hochsaison den Grenzübergang bei Vilar Formoso meiden und kleine Grenzstellen nutzen.

... mit dem Autoreisezug

Ab Paris-Austerlitz nach Porto. Auskünfte bei SNCF, 6000 Frankfurt a. M., Rüterstr. 1, ✆ 0 69-72 84 44.

... mit dem Bus

Privatunternehmen fahren mindestens zweimal wöchentlich aus Deutschland und der Schweiz nach Porto, Chaves, Vila Real, Bragança und zurück. Reisebüros informieren. In Porto zu erfragen im Büro Praça da Galiza 96 oder den Büros der *Rodoviária Nacional*.

Reisen im Lande

Reisen im Lande

... mit dem Flugzeug

Die TAP fliegt mehrmals täglich von Porto nach Lissabon und Faro.

... mit dem Auto

Keine Frage: das ist die beste und bequemste Art, Nordportugal zu erkunden und kennenzulernen, vorausgesetzt, man will nicht rasen (was auf den kurvenreichen Strecken zum gefährlichen Abenteuer wird), sondern auch mal rasten. Portugiesische Fahrer haben zweifellos ein hitzigeres Temperament, richtig aggressiv fahren sie jedoch nur in und um Porto, ansonsten chauffieren sie einfach flotter und versuchen das Vordrängeln bei jeder passenden und unpassenden Gelegenheit. Portugal hat die höchste Unfallrate in Europa. In den Bergen kommt es häufig zu längeren Schlangen hinter langsamen LKW. Warum nicht ein Päuschen einlegen? Ohnehin sollte man bei der Reiseplanung eine niedrige Durchschnittsgeschwindigkeit einkalkulieren. Wer 200 km Landstraße am Tag schaffen will, muß sich arg dranhalten.

Tankstellen sind fast überall anzutreffen, bei Fahrten in die entlegensten Regionen ist jedoch das vorherige Volltanken ratsam, vor allem, wenn man bleifrei fährt. In größeren Orten gibt es 24-Stunden-Service. Benzin und Diesel sind in Spanien etwa 20 % billiger als in Portugal – vor der Grenze volltanken. Überall Einheitspreis, 1992 146 Esc für Super, 100 Esc für Diesel, 136 Esc für bleifreies Benzin – das gibt es an den meisten Tankstellen. Nordportugal hat zwei Autobahnen mit Mautgebühr: Porto/Lissabon und Porto/Braga.

Verkehrsregelung: Höchstgeschwindigkeiten: PKW/Motorräder in Ortschaften 60 km/h, Landstraßen 90 km/h, Autobahnen 120 km/h. Wohnwagen/Wohnmobile in Ortschaften 50 km/h, Landstraßen 70 km/h, Autobahn 80 km/h. Vorfahrt hat, wer von rechts kommt, motorisierte Fahrzeuge immer vor Fuhrwerken und Radfahrern. Heilloses Durcheinander an Kreisverkehren. Wer im Kreis ist, könnte Vorfahrt haben. Gurtanlegepflicht: außerorts. Promillegrenze: 0,5.

Übernachten mit dem **Reisemobil** oder **Wohnwagen** ist außerhalb von Campingplätzen auf Straßen, Park- oder Rastplätzen verboten, wird aber in ländlichen Regionen nicht geahndet. Vorsicht im Küstenbereich: Dort kann es zu heftigen Windeinfällen kommen. Wohnwagenvorzelt absichern!

MIT DEM AUTO/MIT BAHN UND BUS

Bei Pannen wende man sich an: *Automovel Club de Portugal* (ACP), Zentrale ✆ 01-73 61 21.

In und um Porto macht das Autofahren keinen Spaß. Die Brücken sind regelmäßig verstopft, die Zufahrten ins Zentrum nicht weniger, und einen Parkplatz finden heißt nach Perlen tauchen. Am besten parkt man auf der anderen Douro-Seite in Vila Nova de Gaia und läßt das Auto stehen.

Die Beschilderung ist im gesamten Land dürftig und teils widersprüchlich. Da fährt man nach Porto, liest 56 km und 10 km näher zu Porto heißt es dann 57 km ... Oder ein Schild zeigt nach links und sagt ›Régua‹, das andere nach rechts und sagt ›Régua‹. Eine gute Straßenkarte ist also unabdingbar!

Mietwagen gibt es in allen größeren Orten. Preis und Qualität variieren, kleine Firmen außerhalb der Zentren sind oft günstiger. Buchungen von Deutschland, der Schweiz und Österreich sind in der Regel zuverlässig und sogar billiger! Außerdem bekommt man sein Auto gleich am Flugplatz in Porto ausgehändigt. Mindestalter: 21 Jahre, bei einigen Fahrzeugtypen 25 Jahre. Einjähriger Führerscheinbesitz ist Vorraussetzung.

... mit der Bahn

Die Portugiesische Eisenbahn Caminho de Ferro (CP) bietet einen zuverlässigen und sehr preisgünstigen Service. Die Fahrt Lissabon-Porto kostete 1991 um die 20 DM, in der 1. Klasse 50 % extra. Für mehrmaliges Reisen und Umsteigen ist der Touristenpaß Bilhete Turístico unbedingt empfehlenswert. Für 7 Tage unbegrenztes Reisen zahlt man DM 110, für 2 Wochen DM 175, für 3 Wochen DM 250. Kinder unter 4 Jahren fahren kostenfrei, Kinder bis 12 zum halben Fahrpreis. Schnellzüge *(Rapidos)* und Intercitys sind reservierungspflichtig, ebenso der Schnellzug *Talgo Luis de Camões* von Lissabon nach Madrid. Die meisten Züge in Nordportugal sind Nah- und Eilzüge. Sie fahren zuverlässig, aber nicht unbedingt sehr pünktlich, doch sie bieten eine ungemein angenehme Art, in beschaulicher Langsamkeit durchs Land zu schaukeln. Zu den schönsten Urlaubstrips in Nordportugal zählt die Bahnfahrt entlang des Rio Douro (s. S. 88). Die Bahnhöfe sind oft kilometerweit vom angegebenen Ort entfernt.

... mit dem Bus

Die staatliche Busgesellschaft *Rodoviária Nacional* betreibt ein nationales Netz mit Verbindungen von Ort zu Ort, von Stadt zu Stadt und von Zentrum zu Zentrum. Die Schnellbusse heißen *Expressos*. Die Fahrpreise liegen unwesentlich höher als die der Bahn – also auch sehr günstig und man fährt ähnlich langsam. Weil die Fernstraßen in den vergangenen Jahren repariert wurden, hat sich der Fern-Service

Reisen im Lande

verbessert. Darüber hinaus gibt es zahlreiche und teils große Unternehmen, die regelmäßige Verbindungen zwischen den Zentren Porto und Lissabon und den Provinzen betreiben, so daß man selbst von einem Städtchen wie Melgaço im äußersten Nordosten dreimal täglich zu den Metropolen fahren könnte. Billig und zuverlässig!

... mit dem Taxi

Die schwarzen Taxis mit dem unverkennbar grünen Dach sind recht billig und in den größeren Orten mit einem Taxameter ausgerüstet. Grundpreis 200 Esc, etwa DM 1,90. Auf dem Land zahlt man über den Daumen gepeilt etwa 100 Esc pro Kilometer. Übergepäck von mehr als 30 kg wird mit einem Aufschlag von 50 % des Fahrpreises berechnet. Unbedingt Quittung *(recibo)* verlangen – das verringert die Gefahr, daß man von jenen Fahrern reingelegt wird, die an Bahnhöfen und Flughäfen die Ausländer abfangen, die die fremde Währung noch nicht einschätzen können.

... mit Tram und Stadtbus

In Porto gibt es ein Straßenbahnnetz aus den 20er Jahren, und die ältesten Wagen sind noch aus dieser Zeit, die jüngsten aus den 50er Jahren. Man glaubt, man fährt in einem Museumsstück. Am schönsten ist die Strecke nach Foz de Douro. Die Stadtbusse verkehren häufig, doch ist man wegen der ewigen Staus zu Fuß oft besser dran. Sehr billig.

... per Anhalter

Relativ einfach und nicht so verpönt wie in Mitteleuropa. Vor allem in der Provinz wird man fast umgehend mitgenommen – wenn ein Auto kommt. Mädchen/Frauen allein sollten es bleiben lassen. Vorsicht: Die in Portugal oft unklaren Versicherungsverhältnisse bergen Risiken. Freitags trampen Tausende von Soldaten.

Reisevorschläge

Nordportugal ist ein Reiseland für Individualisten. Deshalb sind die folgenden sechs vorgeschlagenen Touren nur als Muster gedacht.

Route 1: Portela do Homem – Gerês – Braga – Viana do Castelo – Valença – São Gregorio. Diese Strecke führt durch eine der reiz-

REISEVORSCHLÄGE/HOTELS

vollsten Landschaften Nordportugals. Die Strecke ist in wenigen Tagen ohne Hektik zu bewältigen. Sie führt durch Berg- und Seenland und an der Küste entlang.

Route 2: Portelo – Bragança – Chaves – Vila Real – Lamego – Porto – Aveiro – Viseu – Guarda – Serra da Estrela – Trancoso – Almeida – Vilar Formoso. Zwei Wochen Nordportugal kompakt. Alle Landschaftstypen, Städte, einsame Burgendörfer. Wohnen in Quintas.

Route 3: Irgendein Städtchen (Beispiele: Castro Daire, Amarante, Mirandela, Ponte da Barca) als Ausgangs- und Stützpunkt für intensives Wandern wählen und im Umkreis von maximal 25 km Lokales kennenlernen: Menschen, Natur, Küche, Kunst. Zwei pralle Wochen sollte man sich mindestens gönnen.

Route 4: Bleiben Sie in Porto. Die faszinierende Stadt lernt man – wie alle Städte – nicht an einem Tag kennen, aber durchaus in einer Woche. Die Einfahrt nach Porto ist langwierig. Auto stehen lassen und zu Fuß gehen, schnuppern und viel, viel gucken. Essen und Trinken vom Feinsten und Urigsten.

Route 5: Nationalpark Gerês. Anfahrt via Spanien oder Braga. Radeln und Wandern in einer Landschaft aus kahlschroffem Felsland, im Tal üppigstes Grün. Wohnen in Forsthäusern aus Granit oder auf herrlichen Campingplätzen.

Route 6: Serra da Estrela. Erhebende Einsamkeit hoch über den Wolken. Wie schon Filmemacher Werner Herzog sagte: »Tourismus ist Sünde, Wandern eine Tugend«. Man lernt den Satz in der Serra verstehen. Billiges Wohnen in schönen Pensionen und Quintas.

Unterkunft und Essen

Hotels und Pensionen

Hotels für ›gehobene Ansprüche‹ findet man an der Küste und in Porto, aber auch in den Städten des Innenlandes. Die Preise der 5-Sterne-Häuser entsprechen denen in Mitteleuropa, DM 180–400 pro Nacht und Paar. Gute 4-Sterne-Häuser kosten um DM 70–150, billige Pensionen um DM 40 pro Nacht und Paar, die billigsten um DM 20. *Dormidas* sind einfache billige Quartiere. Eine *Pensão* (Pension) ist in der Regel einfacher ausgestattet als ein *Residencial*. In touristischen Orten findet man *Albergarias*, Aparthotels mit guter Ausstattung, recht teuer. Einzelzimmer sind oft etwa 25 % billiger, in manchen Häusern wird aber kein Nachlaß gegeben. Quintas des *Turismo de Habi-*

Unterkunft und Essen

tação kosten pro Nacht und Paar DM 50-130.

Camping

Die Plätze *Parques de campismo* an der Küste sind teils gut ausgestattet und haben, wie bei Aveiro, viele Stellplätze, teilweise unter Pinienbäumen und in den Dünen. Freies Zelten ist in den meisten Küstenorten und in touristischen Gegenden verboten. Wer wild campt, sollte den Platz sauber verlassen. Besser noch: vorher die Leute im nächsten Dorf um Erlaubnis fragen, die werden sich darüber eher freuen als ärgern. **Preise:** Die Plätze der Firma *Orbitur* sind teurer als andere; billig sind die städtischen, einige davon mit guter Ausstattung. Der portugiesische Campingführer *Roteiro campista* hat deutsche Zeichenerklärungen und ist in Buchhandlungen für ca. 400 Esc zu kaufen. Der Campingführer des ADAC ist eine verläßliche Quelle mit strenger Bewertung.

Restaurants

Fast in jedem Dorf findet man ein Restaurant, in größeren Orten viele, in Porto hunderte. Der Grund: sie sind so preiwert und gut, daß auch die Einheimischen trotz niedriger Löhne gern und oft essen gehen. Wer raffinierte Gerichte à la Frankreich erwartet, wird enttäuscht. Nichts in der nordportugiesischen Küche ist ausgefeilt; alles ist simpel, ehrlich, gut; die Zutaten optimal. Ob Fisch, Fleisch, Gemüse, Obst – die Frische ist frappierend. Kein Wunder, daß Pariser nach Porto pilgern, um Meeresfrüchte und feine Fische zu zelebrieren, für die sie an der Seine das Fünf- bis Zehnfache zahlen müßten. Der Tourismus und der Einfluß der (heimgekehrten) Emigranten haben sich nicht günstig ausgewirkt. Viele Restaurants bieten Steak und Schnitzel mit Pommes Frites an, triefend in Öl, und haben trotzdem volle Tische. In der Regel fängt ein Essen mit der Kohlsuppe *Caldo Verde* an, die in den meisten Restaurants um 120 Esc kostet. Nach dem Essen folgt eine Süßigkeit wie Mousse de Chocolate oder Creme de Leite (am besten: in der Auslage zeigen lassen), später wird Kaffee und ein Weintrester *Bagaço* gereicht.

Der beliebteste Speisefisch ist *Bacalhau*, der Stockfisch. *Bacalhau a Braz*, kleingeschnitten und mit Kartoffeln verkocht – lecker! *Bacalhau da Nata* ist mit Sahnecreme angemacht. Es gibt über 300 verschiedene Bacalhau-Rezepte. Häufig findet man im Norden mit Schinken gefüllte Forelle *Truta recheada*, die Schlachtplatte *Cozido a Portuguesa*; Kutteln mit Wurst und brauner Soße heißen *Tripas*, Lamm- *(Borrego)* und Kaninchen *(Coelho)*-Gerichte sind Spezialitäten. Zicklein heißt *Cabrito*. *Leitão* (Spanferkel) findet man vor allem in der Gegend um Aveiro, überall an der Küste den Reis mit Meeresfrüchten *Arroz de Mariscos*. Mit Muscheln garnierte Fleischgerichte, die man auch im Norden gern ißt, heißen *Carne a Alentejana* – sie können ausgezeichnet schmecken.

Im Norden gibt es den herzhaften Bergkäse *Serra da Estrela*, aus anderen Serras kommen kleine runde Ziegenkäse. Um manche Süßigkeiten ranken sich Volksfeste: In Amarante um phallusförmige Gebilde namens *palhas*, in Viseu um *Castanhas do Ovo*, in Aveiro um die süßen weichen Eier *Ovos moles*.

Für den kleinen Hunger verlangt man jeweils *meia dose* (halbe Portion), und auch die ist oft sehr reichlich. Übrigens haben Kellner nichts dagegen, wenn man zu zweit nur eine ganze Portion bestellt. *Prato do Dia* – Tagesgericht. *Pequeno Almoço* – Frühstück (fast immer ohne Käse und Wurst). *Almoço* – Mittagessen, 12–14.30 Uhr. *Jantar* – Abendessen, ab 19 Uhr.

Preise: Jedes Restaurant muß ein touristisches Menü *(Ementa Turistica)* anbieten. In billigen Häusern kostet es inklusive Kaffee und 1/4 Ltr Wein bis 1000 Esc, in mittleren bis 2000 Esc, in teuren bis 5000 Esc (1992).

Weine

Portugals Weine allein sind eine Reise wert. Ob gereifte *(vinho maduro)*, grüne *(vinho verde)* oder Portweine: überall gibt es Vorzügliches. Im Minho und im Douro-Gebiet ist der Tischwein üblicherweise ein roter *vinho verde*, frisch, kühl und spritzig. Der weiße *vinho verde* ist eleganter. Sein moussierender Charakter findet in Europa immer mehr Anhänger. Die fast 100 km östlich von Porto gereiften Portweine (sie werden in Portos Nachbarstadt Vila Nova de Gaia gelagert, veredelt und abgefüllt) genießen Weltruf (s. S. 27). In den Restaurants findet man recht gute Selektionen. Auf dem Land kann man die lokalen Weine am besten kennenlernen, wenn man den Hauswein *vinho da casa* bestellt – gut und billig. Der letzte Jahrgang der Extraklasse war 1985. Trocken heißt *seco*, halbtrocken *meio seco*.

Märkte

Jede Stadt hat einen *Mercado Municipal* in einem überdachten Gebäude mit fest installierten Ständen. Die Bereiche Obst/Gemüse sind üblicherweise von Fisch/Fleisch gut getrennt. Hier findet man alles Frische bunt gestapelt. An manchen Ständen lohnt sich das Aufpassen, wenn die Marktfrauen über den Daumen gepeilt 600 Gramm zum Kilopreis berechnen... Fast immer aber bieten die Märkte Gelegenheit zum billigen Einkauf, nur in Touristenorten wie Gerês oder Vila do Conde sind sie teurer als die Läden. Weil der Betrieb am Montag erst anläuft, gibt es an diesem Tag wenig frisches Obst und Gemüse, Fisch fast gar nicht.

Urlaubsaktivitäten

Wochenmärkte werden an festgelegten Tagen in jedem größeren Ort abgehalten. Mit Ständen für Schuhe und Unterhosen, Pfannen und Marienbilder, manchmal auch mit einem guten kunsthandwerklichen Angebot.

Läden

In kleinen Orten ist die Dorfkneipe gleichzeitig der Dorfladen, in dem man Basisgüter wie Reis, Waschmittel, Öl und Streichhölzer erhält. In größeren Orten sind *Mini-Supermercados* lokale Einkaufszentren. In den Städten macht das Einkaufen schon wegen der herrlichen alten Läden Spaß. Die meisten stammen aus der Zeit der Jahrhundertwende und sind nicht nur so ausgestattet wie damals, auch die Art der Bedienung ist unverändert...

In größeren Orten sieht man immer häufiger die *Centros Commerciais* – Einkaufszentren mit Supermarkt und mehreren kleinen Läden, geöffnet bis in die Nacht, auch an Wochenenden. Kaufhäuser wie Karstadt oder Kaufhof gibt es nicht, überdimensionale Zentren nur in Porto.

Urlaubsaktivitäten

Baden

Der Atlantik ist nicht so warm wie das Mittelmeer. Im Sommer liegen die Wassertemperaturen bei 15 bis 17°C, im Winter ebenfalls, wenn nicht überraschende Strömungen im Winter etwas wärmeres Wasser (bis 19°C) zur Küste drücken. Der Salzgehalt beträgt um 35 %, der Jodgehalt ist hoch und wird von Ärzten empfohlen. Gezeiten: Die Differenz zwischen Hoch- und Niedrigwasser liegt bei nur 1,50 bis 2,50 m. Der überwiegende Teil der nordportugiesischen Küste ist Sandstrand mit dahinterliegendem Dünengürtel. Das Landschaftsbild ist sehr angenehm. Dünen bieten zudem Schutz vor starken Windeinfällen. Beim Schwimmen jenseits der Brandungslinie ist grundsätzlich Vorsicht angesagt, weil es zu abtreibenden Strömungen kommt. Die heftige Brandung ist nicht zu unterschätzen: Gerät man in den Wirbel einer brechenden Welle, wird man wie ein Streichholz durchs Wasser gezogen.

Zahlreiche Stauseen haben im Sommer angenehme Temperaturen um 20–23 °C. Und sauberes Wasser, anders als die Flüsse, denn die sind nur in den Oberläufen und außerhalb größerer Orte noch als sauber zu bezeichnen.

Nacktbaden ist generell verboten, wird aber an abgelegenen Stel-

BADEN/WASSERSPORT/WANDERN

len geduldet. Man sollte dem Moralempfinden der Einheimischen Genüge leisten und sie nicht provozieren. Viele Frauen, auch Portugiesinnen, baden und sonnen am Meer oben ohne.

Wassersport

Beste Voraussetzungen zum **Kanufahren** finden sich an den Oberläufen der Rios Montego und Zêzere, für **Wellensurfer** bietet der Atlantik an vielen Tagen gute Verhältnisse. **Windsurfen** ist wegen der oft recht hohen Wellen nur für Könner ein Vergnügen (dann aber ein großes). Ideal für Anfänger sind die Stauseen im Minho. Das **Tauchen** wird durch den Wellengang erschwert, ist aber im Atlantik ein Erlebnis. Die Sicht ist recht günstig, Fischvorkommen und die Fauna wirken bereichernd. Das Wasser der Stauseen ist nicht sehr klar. Die Sichtweite liegt bei knapp 5 m, im Hochsommer noch darunter.

Fischen

Fischen ist am Atlantik vom Ufer aus möglich, man fängt u. a. Makrelen, schollenähnliche Fische, Meeräschen. Man kann von Fischern Boote und Ausrüstung mieten und zusammen mit ihnen zum Hochseefischen auslaufen. Günstige Standorte sind lokal zu erfragen, z. B. in Miramar, Vila do Conde und Matesinhos.

Wandern

Alle Regionen Nordportugals sind wie fürs Wandern geschaffen. Ob in den Höhenzügen der Serras, in den Waldgebieten, rund um Stauseen, am Meer oder an Flüssen entlang – Wandern ist die beste Art, das Land kennen- und schätzen zu lernen. Gutes Schuhwerk nötig, Wasser mitführen! Keine Infrastruktur für Wanderer – für mehrtägige Touren sollte man also unbedingt ein Zelt mitnehmen. Wanderkarten sind so gut wie nirgendwo erhältlich. Für präzises (militärisches!) Kartenwerk in Portos Buchhandlung *Porta Editora* (Rua da Fabrica) stöbern, zusammen mit einem Portugiesen (ist Vorschrift).

Tennis

Tennis kann in den Anlagen guter Hotels gespielt werden, sonst auf städtischen Plätzen. Einige Quintas des *Turismo Habitação* stellen eigene Plätze frei zur Verfügung.

Radfahren

Die alten, schön anzuschauenden Kopfsteinpflasterstraßen waren für Radfahrer die Hölle, und viele Nebenstraßen sind immer noch in schlechtem Zustand. Doch gibt es jetzt viele neue Straßen mit glatten Oberflächen. Dank der Landschaft ist das Radeln trotz der steilen und kurvenreichen Strecken ein herrli-

Urlaubsaktivitäten

ches Erlebnis. Vorsicht vor Autofahrern, die rigoros überholen! In einigen Küstenorten ist es möglich, Räder zu leihen.

Feste und Feiertage

Alle Dörfer haben jährlich ein gutes Dutzend Feste zu feiern. Der Tag des lokalen Schutzheiligen ist das wichtigste. Wegen der Emigranten-Situation haben die Feste im Hochsommer eine zusätzliche Bedeutung bekommen: Sie führen die Einwohnerschaft in ihrer Gesamtheit zusammen. Entsprechend ausgelassen und fröhlich geht es bei diesen Gelegenheiten zu.

Romaria ist eine Wallfahrt mit anschließendem Fest. *Festa* nennt man jede religiös motivierte Feier. *Feira* ist eine Messe (Agrarmessen, Ausstellungen für Kunsthandwerk). Beim Turismo über lokale Ereignisse informieren. Zu den wichtigsten zählen:

Januar: *Festa de São Gonçalo e São Cristovão* in Vila Nova de Gaia.
Februar: Karneval in Ovar bei Aveiro.
März: *Festa de São José* in Lanhoso im Minho.
Ende März/April: *Semana Santa* in Braga.
April: überall Feste zum Gedenken des Revolutionstages 25. April 1974, neuerdings von konservativen Kräften heruntergespielt.
Mai: Tag der Arbeit am 1. Mai. Anfang Mai *Festa das Cruzes* in Barcelos im Minho. Überall Fronleichnams-Prozessionen (je nach Ostertermin erst im Juni).
Juni: am ersten Wochenende des Monats das Fest *São Gonçalo* in Amarante. In vielen Orten das Fest *Santo António* (12./13.), *São João* (wie in Braga und Porto, am 23./24.), *São Pedro* (wie in Vila Real und Póvoa de Varzim, am 28./29.).
Juli: Anfang des Monats *Romaria de São Torcato* in Guimarães. Fest *São Tiago* in vielen Orten (wie in Miranda de Douro, Mondim de Basto, am 25.).
August: Am Monatsbeginn *Festas de Gualterianas* in Guimarães, *Festas de São Bras* in Terras de Bouro im Minho. Am 15. Mariä Himmelfahrt, wird überall gefeiert, mit Raketen und Volksfest. In Viana do Castelo *Festas da Senhora da Agonía* vom 15.–20. Ende August *Festa de São Bartolomeu* in Foz de Douro bei Porto, und in Miranda de Douro die *Festa da Santa Bárbara* (monumentales Folklore-Ereignis). In allen Dörfern Feste der Emigranten.
September: Um den 8. geht's in Lamego bei der *Romaria da Senhora dos Remédios* hoch und heilig zu. Die *Feira do São Mateus* gibt es in Viseu zur Monatsmitte, einen Septembermarkt in Ponte de Lima.
Oktober: In Vieira im Minho lockt am Monatsanfang die *Feira da Ladra*.
November: Markt in Chaves am Monatsbeginn.
Dezember: Prozessionen am 8. zum Tag der Unbefleckten Empfängnis. Weihnachten nur am 25.

FESTE UND FEIERTAGE/SPRACHFÜHRER

Sprachführer

Die portugiesische Sprache ist eine der ältesten Europas: im 12. Jh. wurde ein in Porto gesprochener Dialekt der Amtssprache Latein zur Nationalsprache erhoben. Als romanische Sprache hat das Portugiesische mit dem Spanischen viel gemein, wird jedoch völlig anders ausgesprochen. Das Spanische ist scharf, schnell, melodienarm, das Portugiesische melodisch. Die vielen nasalen und gezischten Laute machen es dem Ausländer oft unverständlich und schwer nachzuahmen. Die Grammatik ist streng durchkonstruiert. Überall in Nordportugal versteht man sich auf die gleiche Sprache. Es gibt keine nennenswerten Dialekte.

Betonung und Aussprache

Die Betonung liegt bei Wortendungen auf a, e, m, o, s auf der vorletzten, bei anderen Endungen auf der letzten Silbe; abweichend von dieser Grundregel wird eine Silbe mit Akzent oder Tilde (˜) stets betont.

Vokale: In unbetonten Silben werden a und e abgeschwächt, o wie u gesprochen. Vokale mit Tilde bilden ebenso wie Silbenendungen -am, -em, -im, -om, -um Nasallaute. Akzente: ˆ verlängert den Vokal, ´ öffnet ihn. Diphtonge: Bei ai, au, ei, eu, iu, ou werden beide Vokale einzeln, wenn auch zusammengezogen, gesprochen. Das v wird im Norden oft als b ausgesprochen.

- c – vor a, o, u wie dt. k, vor e/i wie stimmloses s;
- ç – vor a, o, u wie stimmloses s;
- ch – wie dt. sch;
- g – vor a, o, u wie in dt. Gas, vor e/i wie in Etage;
- gu – vor e/i wie in dt. Gas;
- h – stumm (außer ch, oh, nh);
- j – wie g in Etage;
- lh – wie dt. lj;
- nh – wie dt. nj (bzw. span. ñ);
- qu – vor a/o wie dt. ku, vor e/i wie dt. k;
- s – am Wort- oder Silbenende wie sch;
- v – wie dt. w;
- x – je nach Wort wie dt. ks, s oder sch;
- z – am Wortanfang wie stimmhaftes s, am Ende wie sch.

Kleines Wörterbuch

Allgemeines

Deutsch	Portugiesisch
guten Morgen	bom dia
guten Tag	boa tarde

Sprachführer

guten Abend, gute Nacht	boa noite
bis später	até logo
auf Wiedersehen	adeus
ja/nein	sim/não
bitte	por favor
(vielen) Dank	(muito) obrigado
keine Ursache	de nada
gestatten Sie	com licença
Verzeihung	desculpe
ich verstehe nicht	não entendo
sprechen Sie Engl./Franz/Dt.?	fala inglès francès/alemão
ich möchte	queria
wo ist...?	onde fica...?
wo ist der Weg nach...?	qualéo cam? nho para...?
groß/klein	grande/pequeno
größer/kleiner	maior/mais pequeno
viel; sehr	muito
mehr/weniger	mais/menos
gut/schlecht	bom/boa, mau/má
heiß/kalt	quente/frio

An der Grenze

Grenze	fronteira
Ein-/Ausreise	entrada/saída
Zollbehörde	alfândega
Reisepaß	passaporte
Personalausweis	bilhete de identidade
nichts zu verzollen	nada a declarar

Im Hotel

haben Sie Zimmer frei?	há quartos livres?
ein Einzel-/Doppelzimmer	um quarto individual/duplo
mit/ohne Bad	con/sem banho
mit einem Bett/zwei Betten	com uma/duas cama(s)
für...Nächte	para...noites

Geld, Einkauf

Geld	dinheiro
Preis	preço
was kostet	quanto custa

WÖRTERBUCH

billig/teuer — barato/caro
das ist sehr teuer — é muito caro
haben Sie? — há...? oder tem...?

Länder/Nationalitäten
Bundesrepublik Deutschland — República Federal Alemã
der/die Deutsche — o alemão/a alemã
Schweiz — Suíça
Schweizer(in) — o suíço/a suíça
Österreich — Austria
Österreicher(in) — austríaco/austríaca

Im Restaurant
Speisekarte — lista oder emenata
Teller — prato
Tagesgericht — prato do dia
(halbe) Portion — (meia) dose
Messer — faca
Gabel — garfo
Glas — copo
Flasche — garrafa
Servietten — guardanapos
bitte bringen Sie mir — traga-me por favor...
die Rechnung — a conta

Brot, Vorspeisen, Gewürze
Brot (fast immer weiß) — pão
Butter — manteiga
Oliven — azeitonas
Salz — sal
Pfeffer — pimenta
Olivenöl — azeite
Essig — vinagre
Zitrone — limão
Knoblauch — alho
Zucker — açúcar

Fleisch
Schwein — porco
Lende — lombo
Kotelett — costelata
Schnitzel — escalope
Spanferkel — leitão
gek. Schinken — fiambre
Räucherschinken — presunto
Rind — vaca

Sprachführer

Kalb	vitela
Jungstier	novilho
(Rump-)Steak	bife
Hammel	carneiro
Kaninchen	coelho
Hähnchen	frango

Fisch
Aale	enguias
Stockfisch	bacalhau
Sardinen	sardinhas
Stichling	carapaus
Rotbarsch	salmonete
Seezunge	linguado
Thunfisch	atum
Krake	polvo
Tintenfisch	lulas

Meeresfrüchte
Languste	lagosta
Krabbe	camarão
Muscheln	ameijoas und berbigoes

Beilagen
Kartoffeln	batatas
Pommes frites	batatas fritas
Reis	arroz
Nudelwaren	massa
Sauce	molho
gem. Salat	salada mista
grüner Salat	alface
Tomate	tomate
Zwiebel	cebola
Paprika	pimento
Gemüse	legumes
Gurke	pepino
Mohrrübe	cenoura
Spargel	espargo
dicke Bohnen	favas
weiße Bohnen	feijão branco
Bohneneintopf	feijoada
Pilze	cogumelos

Nachspeisen
Käse	queijo
Pudding	pudim
Milchreis mit Zimt	arroz doce

WÖRTERBUCH

Schokoladencreme	mousse de chocolate
Honig	mel
Eis	gelado

Obst

Apfel	maçã
Birne	pêra
Trauben	uvas
Apfelsine	laranja
Melone	melão
Wassermelone	melancia

Wein

weiß	branco
rot	tinto
grün	verde
Tischwein	vinho de mesa
Aperitif	aperitivo
Dessertwein	digestivo
trocken	seco
süß	doce

Datum, Tageszeit

Datum	data
Tag	dia
Monat	mês
Jahr	ano
Vormittag	manhã
Nachmittag	tarde
Abend, Nacht	noite
heute	hoje
morgen	amanhã
früh/spät	cedo/tarde
wie spät ist es?	que horas são

Wochentage

Montag	segunda-feira
Dienstag	terça-feira
Mittwoch	quarta-feira
Donnerstag	quinta-feira
Freitag	sexta-feira
Samstag	sábado
Sonntag	domingo

Auf der Post

Postamt	correio
Briefmarken	selos

Informationen A–Z

Brief/Postkarte	carta/postal
öffentl. Fernsprecher	telefone publico
Vorwahl	indicativo
Telefonbuch	lista

Öffentl. Verkehrsmittel

Bus	autocarro
Haltestelle	paragem
Flugzeug	avião
Flughafen	aeroporto
eine Fahrkarte nach…	um bilhete para…
Ankunft	chegada
Abfahrt	partida

Richtungen

Norden	norte
Süden	sul
Westen	oeste
Osten	leste
nach links/	à esquerda/
rechts	direita
geradeaus	em frente
zurück	atrás

Informationen von A–Z

Apotheken

In allen größeren Orten, auch auf dem Land. Öffnungszeiten 9–13 und 15–19 Uhr, Sa 9–13 Uhr. Nachtapotheke/Wochenenddienst wird an jeder Apotheke angezeigt. Generell gilt: Lizenzwaren erheblich billiger als Original-Import, bei gleicher Qualität. Apotheken führen auch Sonnencremes, Tampons, Hygieneartikel und Verhütungsmittel.

Auskünfte

Über lokale Veranstaltungen, Hotels, Restaurants etc. erhält man Auskünfte bei den Büros *Turismo* in allen Städten und zahlreichen größeren Orten. Sie sind mit einem schrägstehenden *i* gekennzeichnet und in der Regel von 9.30–12.30 und 14.30–17.30 Uhr geöffnet.

APOTHEKEN/BANKEN/DISCOTHEKEN

Autokarten

Es gibt mehrere Marken im Maßstab 1:400 000. Alle haben sie eklatante Ungenauigkeiten. 1993 publizierte der Automobilclub Portugal eine neue Karte im Maßstab 1:300 000 – die ist besser. In guten Buchhandlungen erhältlich.

Banken

Banken lösen Schecks ein und nehmen Geldwechsel vor. Öffnungszeiten Mo–Fr 9–15 Uhr (einige ab 8.30, andere ab 9.30 Uhr). Beim Tauschen Paß oder Personalausweis vorlegen. Reiseschecks bringen besseren Kurs. Euroschecks in Escudo ausstellen. Höchstbetrag 30 000 Esc. Mit EC-Karten auch an den überall aufgestellten Multibanco-Automaten erhältlich. Mit Postsparbuch kann man bei Postämtern Geld abheben.

Behinderte

Behinderte haben es in Portugal nicht leicht, weil nur wenige Züge oder Busse für Rollstühle ausgerüstet sind. Selbst teure Hotels bieten kaum Sondereinrichtungen. Nützliche Hinweise gibt es in der Broschüre *Pequena Guia de Turismo para Deficientes* (Kleiner Führer für Behinderte, mit englischer Übersetzung) beim Institut für Tourismus, Rua Alexandre Herculano 51, 4 Lissabon.

Briefmarken

Jedes Jahr steigen die Kosten für internationale und nationale Briefsendungen. Die Marken dazu gibt es kurz vor Eintritt der nächsten Erhöhung. Marken sind an allen Postämtern zu haben. Man sollte auf Briefmarken *(selos)* bestehen und sich nicht mit computergedruckten Klebestreifen zufriedengeben.

Deutsches Kulturinstitut

Adresse des *Goethe-Instituts* in Porto, Rua do Campo Alegre 278, ✆ 02-69 14 08.

Diskotheken

Selbst in entlegenen Dörfern sind Discos zu finden, erst recht also in den Städten. Einige in Campingplatznähe sind schallisoliert. In Porto, Bragança und anderen Städten gibt es Live-Konzerte lokaler Gruppen.

Drogen

Mit zunehmender Kaufkraft und steigenden Löhnen expandiert leider auch der Drogenmarkt. Vor allem in Porto, wo der ›Stoff‹ in Schiffen aus Südamerika landet. Wer mit Drogen erwischt wird, hat große Schwierigkeiten und sofortige Inhaftierung zu erwarten.

Informationen A–Z

Frauen

Die meisten Frauen atmen erst einmal tief durch, wenn sie Spanien durchreist haben und portugiesischen Boden betreten, weil sie jetzt viel weniger angemacht werden. Trotzdem: Männer zischeln gerne und oft den Frauen – vor allem blonden – hinterher, und dieses ›tssst‹ geht auf die Nerven. Männer werden immer dann zur Last, wenn sie in Gruppen herumstehen. Richtig angepöbelt oder sogar begrapscht werden Frauen jedoch nicht, und wenn doch, sollte man sofort die Polizei rufen. Nur so kann man die Verhältnisse ändern. Aber sie sind, wie Frauen immer wieder bestätigen, in Portugal besser als in jedem anderen romanischen Land.

Gesetzliche Feiertage

Neujahr, Karnevalsdienstag, Karfreitag, 25. April (Revolutionstag 1974), 1. Mai (Tag der Arbeit), Fronleichnam, 10. Juni (Nationalfeiertag), 15. August (Mariä Himmelfahrt), 5. Oktober (Ausrufung der Republik 1910), 1. November (Allerheiligen), 1. Dezember (Ende der spanischen Fremdherrschaft 1640), 8. Dezember (Unbefleckte Empfängnis), 25. Dezember (1. Weihnachtstag). Alle Orte haben zusätzliche kommunale Feiertage am Tag des Gemeinde-Schutzheiligen.

Gesundheit

Keine besonderen Vorbereitungen oder Impfungen nötig. Viele Hospitäler in den Städten haben 24-Stunden-Notfalldienst *(urgência)*. Auf dem Land ist mit langwierigen Anfahrten zu rechnen.

Grenzübergänge

Über den Rio Minho: Personenfähre Caminha; Autofähren Vila Nova de Cerveira und Monção; Valença; São Gregório; Ameijoeira; Lindoso; Portela do Homem; Feces de Abajo; bei Montouto; Portelo; Quintanilha; Miranda de Douro; Bemposta; Vilar Formoso; die meisten sind täglich geöffnet von 8–21 Uhr, Vilar Formoso und Valença rund um die Uhr. Portela do Homem an Wochenenden geschlossen.

Internationale Nachrichten

Auf der Deutschen Welle Kurzwellenfrequenz 6075 kHz/49 m-Band und 9545 KHz/31 m-Band. Europäische Zeitungen/Zeitschriften sind in vielen Orten zu kaufen.

Kinderermäßigung

Bahn: bis 4 Jahre frei, bis 12 Jahre halber Preis. Hotels: bis 8 Jahre 50 % Ermäßigung auf Zusatzbett und Mahlzeiten.

FRAUEN/KINO/MEDIEN/POST

Kino

In Porto kann man meist eine gute Auswahl aktueller internationaler Filme zu sehen bekommen, im Original mit portugiesischen Untertiteln. In Touristenorten laufen Hollywood-Schinken. 2 bis 4 Mark Eintritt. Abendvorstellungen beginnen um 21.30 Uhr.

Kontaktlinsen

Der Wind an der Küste macht den Augen zu schaffen. Brille für den Fall der Fälle mitnehmen. Wegen des sehr hellen Lichts braucht man ohnehin eine Sonnenbrille – warum dann nicht gleich eine optische.

Lebensmittel

Lebensmittel sind in Portugal im allgemeinen weniger chemiehaltig als in Mitteleuropa. Auf Frischhaltedatum achten. Auf Literflaschen (Bier, Limo, Wein) gibt es zwischen 30 und 50 Esc Pfand.

Medien

Radio: Es gibt viele lokale Sender auf UKW (FM) mit Popmusik und Werbung oder aktuellen Durchsagen. **Fernsehen:** Täglich ab 8 Uhr auf zwei öffentlich-rechtlichen Kanälen, ab 1993 auf zwei weiteren privaten Kanälen, die sich mit Werbespots finanzieren. **Zeitungen:** Mehrere nationale Titel, wie *Diário de Notícias, Público, Expresso*. In Nordportugal ist *Jornal de Notícias* die meistgelesene Zeitung.

Notruf

In allen Orten 115.

Öffnungszeiten

In der Regel 9–13 Uhr und 15–19 Uhr. Supermärkte bis 22 Uhr. *Centros Commerciais* (Einkaufszentren mit diversen Läden) häufig 9–22 Uhr, auch Sa/So.

Postämter

Postämter heißen *Correios* und leisten üblichen Postservice. Geöffnet von 8.30–12.30 und 14.30–18 Uhr. Sa/So geschl. In Dörfern findet man in Läden/Bars mit dem Aushängeschild *CTT* Telefon und Briefmarken. Briefe nach Mitteleuropa dauern 3–5 Tage.

Postleitzahl

Zu Ihrer Adresse in Portugal sollten Sie immer die Postleitzahl angeben, da viele Ortsnamen zigmal vorkommen, wie Vila Verde oder Vila Nova.

Polizei

Sicherheitspolizei *Policia da Segurança Publica (PSP)* mit Stellen in

Informationen A–Z

allen größeren Orten, auf dem Land die *Guarda Nacional Republicana (GNR)*.

Preise

Steuern und Abgaben sind in der Regel im Preis enthalten. Bei Autoreparaturen und Serviceleistungen werden 16 % Mehrwertsteuer *(IVA)* addiert.

Sexualität

Der Norden Portugals ist sehr katholisch. Trotzdem sieht man im Bäckerladen oder beim Friseur die Pin-up-Kalender hängen. Doppelte Moral? Nach der Revolution im Jahre 1974 haben sich alle Fesseln gelockert, auch die sexuellen. Vor zehn Jahren sah man kaum eine Portugiesin oben ohne am Strand, heute sieht man nicht viele oben mit. Viele sexuelle Tabus weichen. Die Toleranzschwelle ist trotzdem noch niedrig, und alles, was vom ›Normalmaß‹ abweicht, wird vermieden. Homosexualität ist noch sehr viel verschwiegener als in Mitteleuropa. Nur in Porto und dort nur in den Nachtclubs sieht man Lesben oder Schwule überhaupt und ohne Scheu agieren.

Sicherheit

Die Kriminalitätsrate ist auffallend gering. In den Städten nimmt sie freilich zu; besonders in Porto sind Autoeinbrüche ein verbreitetes Übel. Dort muß man in dichten Menschenansammlungen mit Taschendieben rechnen. Bei Verlust des Personalausweises/Passes an die Vertretung des Heimatlandes wenden.

Souvenirs

Kunsthandwerk gibt es überall zu kaufen: schwarze Tonwaren, Tongeschirr, bemalte Tonfiguren, Teppiche, Decken. Sehr preiswert.

Telefon

National und international kann man von den Hotels und Cafés aus telefonieren, oder bei der Post und *CTT*-Stellen. Ein Drei-Minuten-Gespräch nach Mitteleuropa kostet acht Mark. Keine Verbilligung am Abend oder Wochenende. **Vorwahl:**
Deutschland: 00 49
Österreich: 00 43
Schweiz: 00 41
Portugal von Europa aus: 0 03 51, gefolgt von der Regionalvorwahl ohne 0. Von Spanien aus: 0 73 51.

Trinkgeld

Bei Rechnungen in Hotels und Restaurants sind Bedienungsgelder enthalten. Man freut sich natürlich über jeden zusätzlichen Escudo. Ist

SEXUALITÄT/TELEFON/ZEIT

die Bedienung freundlich, sind 5–10 % angemessen, 15 % sind sehr großzügig.

Trinkwasser

Das Wasser in Portugal ist gut bis sehr gut. Natürliches Mineralwasser in Liter- und 5-Liter-Flaschen überall erhältlich.

Vegetarier

Die Bedürfnisse von Vegetariern werden vernachlässigt, trotz des herrlichen Gemüses auf den Märkten. In Restaurants sollte man dennoch seine Wünsche äußern – in der Regel werden sie nach anfänglichem Zögern dann doch erfüllt.

Zeit

In Portugal gilt die westeuropäische Zeit: Winter wie Sommer eine Stunde von der mitteleuropäischen Zeit abrechnen.

Bitte schreiben Sie uns, wenn sich etwas geändert hat!
Alle Angaben in diesem Buch wurden vom Autor nach bestem Wissen erstellt und von ihm und dem Verlag mit größtmöglicher Sorgfalt überprüft. Doch sind Änderungen und Fehler leider nicht vollständig auszuschließen. Daher erfolgen die Angaben – wie wir im Sinne des Produkthaftungsrechts betonen müssen – ohne jegliche Verpflichtung oder Garantie des Verlages oder des Autors. Beide übernehmen keinerlei Verantwortung und Haftung für etwaige inhaltliche Unstimmigkeiten.
Wir bitten um Verständnis und werden Korrekturhinweise dankbar aufgreifen: DuMont Buchverlag, Postfach 10 04 68, Mittelstraße 12–14, 5000 Köln 1.

Register

Glossar

Adro – Kirchplatz
Alameda – Promenade, Allee
Anta – Megalithgrab
Arco – Rundbogen
Azulejo – glasierte und bemalte Kachel
Câmara Municipal – Rathaus
Castelo – Kastell, Burg
Castro – Wehrdorf, kelt-iberisch
Capela – Kapelle
Cemitério – Friedhof
Chafariz – öffentlicher Brunnen
Citânia – vorrömische Siedlung
Coluna – Säule
Convento – Konvent
Ermida – abgelegene Kapelle
Estátua – Statue
Festa – Fest (jeder Art)
Fonte – Brunnen
Fortaleza – Fort, Festungsanlage
Igreja – Kirche
Igreja Matriz – Pfarrkirche
Janela – Fenster
Judaismo – Judentum
Judiária – Judenviertel in alten Städten
Largo – Platz
Manuelino – manuelinischer Stil, ab 1495
Mocárabe – maurisch-arabesker Stil
Mouro – maurisch
Monumento – Denkmal
Mosteiro – Konvent, Kloster
Nave – Kirchenschiff
Nossa Senhora – Jungfrau Maria
Ordem – Ritterorden: vor allem Avis, Santiago, Cristo
Orgão – Orgel
Palácio – Herrenhaus/Palast
Pelourinho – Steinsäule, Pranger
Peregrinação – Bußfahrt, Wallfahrt
Pintura a fresco – Wandmalerei
Quadro – Gemälde, Bild
Quinta – Herrenhaus
Retabulo – Altarbild
Rio – Fluß
Románico – Romanischer Stil
Romaria – Wallfahrt mit Kirmes
Sé – Kathedrale
Serra – Gebirge
Sino – Kirchenglocke
Solar – nobler Herrensitz
Torre de menagem – Burgturm

Abbildungsnachweis

Farbabbildungen
Rolf Osang, Lissabon

Schwarzweißabbildungen
Archiv für Kunst und Geschichte, Berlin: S. 37, 151

Ullstein Bilderdienst, Berlin: S. 35, 39; 66 (Fotograf: Sven Simon)
Alle anderen: Rolf Osang

Karten und Pläne
DuMont Buchverlag, Köln

GLOSSAR/PERSONENREGISTER

Register

Personenverzeichnis

Afonso Henrique, König 31, 52 f., 62, 72, 100, 106, 108, 118, 171, 180, 192, 199 f.
Afonso III., König 31, 113
Afonso IV., König 31
Afonso V., König 215
Afonso, José 38 f., 41, 56, **57 ff.**, 61
Alexander III., Papst 31
Alexander VI., Papst 33
Almeida, António Nicolau de 67
Álvares, Nuno 143
Álvares, Luís 158
Araber (Mauren) 16, 30, 52, 54, 61, 72, 113, 143, 165, 171, 180, 195, 217

Barros, Rui 66, 68
Barros Bastos, Arthur Carlos de 167
Beresford, engl. General 35
Branco, Camilo Castelo 227
Branco, José Mário 61
Brito, Bernardo de 195
Brito, José de 204

Cabral, Pedro Álvares 186
Caetano, Marcelo 38, 40
Campes, Luis de 62, **64,** 144, 153 f., 177, 182, 196, 227
Cao, Diogo 153
Camona, Fragoso 36

Carbeiro, Francisco Sá 43
Cardoso, Sousa 54, 162
Carlos, König 36
Castilho, João 100
Castro, Domingos 68
Castro, Dionisio 68
Castro, José Maria de 65
Chaves, Pedro Matos 68
Correia, Manuel 61
Costa, Gomes da 36
Costa, Jorge Nuno Pinto da 67 f.
Cunhal, Álvaro 42

Dia, Bartolomeu 3
Dinis, I., König 17, 94, 111, 143, 147, 180, 199

Eanes, Gil 33
Eanes, Ramalho 40
Eiffel, Gustave 54, 86, 105, 112, 133
Eusebio 66

Ferdinand, span. König 33
Fernão, König 32
Filipe I., König 34, 162
Futre, Paulo 66, 68

Garrett, Almeida 64
Godinho, Sérgio 61
Gois, Luis 61
Gomes, Costa 38
Gonçalves, Nuno 54, 79, 215

Heinrich der Seefahrer 32, 74, 79 f., 150, 204

Henrique (Heinrich), Herzog von Burgund 30, 100, 106, 113
Henrique, Prinz s. Heinrich der Seefahrer
Herculano, Alexandre 64, 170
Hernandez, Gregorio 173

Isabel von Aragon 180
Isabella, span. Königin 33

Joana, Prinzessin 215
João I., König 32, 74, 79, 106 f., 134, 190
João II., König 33, 162
João IV., König 34
João VI., König 35
João, Maria 62
Jorge, Artur 66, 68
Joyce, James 170
Juden 16, 30, 33, 37, 167, 187

Kelten 16, 29, 72, 98, 154, 167
Keltiberer s. Kelten
Kolumbus, Christoph 33, 150 f.
Kyão, Rão 62

Lamy, Pedro 68
Leowigild, Westgotenkönig 30
Lobo Antunes, António 227
Lopes, Carlos 65, 68

255

Register

Lopes, João d. Ältere 114, 120
Lopes, Soares 204
Lopes, Teixeira 84, 87

Madjer 68
Magellan, Ferdinand **150 f.**, 154
Malhão, José 55, 204
Mamede, Fernando 68
Manuel I., König 33 f., 54, 82, 100, 114, 159
Martins, Deuladeu 134
Mauren s. Araber
Miguel I., König 36, 73, 75, 222 f.
Mota, Rosa 65, 68

Nasoni, Nicolo 55, 80 ff., 85, 154

Pedro IV., König von Brasilien 35 f., **73**, 75, 81, 83, 222
Pedroto, José Maria 67
Pereira, Mário Moniz 68
Pessoa, Fernando 62, **64 f.**, 227
Philippa von Lancaster 32, 74, 79, 134
Pintasilgo, Maria de Lurdes 50
Pinto, João 68
Pinto, Sousa 204
Pitoes, Bischof 72
Pombal (Marquês Pombal) 27, **34 f.**, 74, 81, 159, 182, 197, 200, 223
Porto, Silva 54

Queiróz, Eça de 64, 95, 227

Reis, Soares dos 54, 83, 86 f., 106
Ribeiro, João 65
Ribeiro, Aquilino 18 f.
Römer 16, 29, 52, 72, 113, 137, 141, 143, 150, 152, 158, 165, 168, 192, 205 f., 212, 217

Salazar, António de Oliveira 20, 24, **36 ff.**, 40, 42, 50, 56, 58, 60, 63, 65, 77, 99, 106, 167, 210, 224
Salzedo, José 22 f.
Sancho I., König 165, 177, 192
Sancho II., König 31, 147
Santos, Ary dos 61
Santos, Diogo Castro 68
Saraiva do Carvalho, Otela 39, 41 f.
Saramago, José 227
Sarmento, Martins 98, 106
Sebastian, König 162
Silva, António José da 64
Silva, Cavaco 40, 43
Siza, Álvaro 63
Soares, Mário 40, 42 f.
Sousa, Diogo de, Erzbischof 100
Spínola, António de 38, 40 f.
Sweben 30, 52, 72, 84, 98, 165, 198

Taveira, Tomas 56
Teresa, Mutter Afonso Henriques 100, 108, 200
Theodomir, Swebenkönig 84

Vargas, António Pinho 62
Vasco da Gama 33, 64
Vasco, Grão 54, 174, 192, 196, 202, 204
Vaz, João 204
Vicente, Gil 62
Vieira, António 63
Vieira, Jacinto 222
Vieira, Siza 95
Viriato, der Lusitaner 30, **205 f.**

Wellington, engl. General 184
Westgoten 30, 52, 72, 165, 195

Zweig, Stefan 150 f.

PERSONEN/ORTE

Orts- und Sachverzeichnis

Agueda 223 f., 226
Águiar de Sousa 89
Albergaria-a-Velha 207, 226
Alcácer-Quibir 34
Alentejo 31, 46, 57
Alfândega da Fé 159
Algarve 14, 19, 24, 31 f., 42, 46, 227
Almeida 183 ff.
Alto Rabagão, Stausee 148 f.
Amarante 108, 143, **160 ff.**
Angola 36, 40, 42, 57, 62
Arouca 222 f.
Avanca 217
Aveiro 12, 17, 20, 24 f., 50, 57, 70, 87, 130, 207, **212 ff.**, 218 ff., 223 f.
Azulejos 61, 81, 85, 101, 104, 115, **181,** 185, 197, 199, 202, 204, 214, 216

Barcelona 65
Barcelos 55, 101, **103 ff.**
Basto 108
Batalha 53 f.
Beira Alta 12 ff., 17, 178 ff., 183, 196
Belmonte 57, 186 f.
Bom Jesus, Pilgerstätte 55, 102, 131
Boticas 148 f.
Braga 17, 20, 50, 52 f., 55, 70, 97, **98 ff.,** 105, 131, 140, 143, 192
Bragança 20, 24, 34, 70, 90, 105, 143 f., 147 f., 159, **165 ff.,** 170 f., 173

Brasilien 17, 33 ff., 51, 73, 96, 167, 186, 195

Cabeceiras do Basto 109
Caminha 111, 117, 133
Caramulo 224 ff.
Castelo da Paiva 89, 222
Castro Daire 201, 208 f.
Celorico da Beira 180, 188, 192
Ceuta 32, 34, 74
Chaves 24, 52, 70, **143 ff.,** 147 f., 152, 156, 171
Cinfães 89, 201
Citânia de Briteiros 52, 71, **98**
Coimbra 23, 31, 53 f., 57, 61 f., 64, 77, 177, 192, 210
Costa Nova de Prado 219 ff.
Costa Verde 95, 111
Covilhã 187 f., 192 f.

Diktatur 24, 44, 50, 58, 63, 77
Dornelas 149

EG (Europäische Gemeinschaft) 21, 25, 40, **43 ff.**, 97, 103
Emigration 50 f.
England 27, 32, 34 ff., 74, 150
Entdeckungen 32 f., 114, 150, 227
Ermida da Paiva 209
Espinho 70, 89, 217
Esposende 96 f.

Fado 56 f., **60 f.**
Faschismus 36, 40

Feira, Castelo 71, 210 f., 217
Ferreirim 200
Folgosinho 189, 191 f.
Foz do Douro 87
Frankreich 27, 36, 50, 96, 219
Freixo de Espada a Cinta 174
Fußball 45, **66 ff.**, 109

Gafanhão 208
Gerês 16, 108, 140
Gouveia 188, 190
Grĳo 208
Guarda 20, 53, 174, **177 ff.**, 186, 188
Guimarães 31, 50, 70 f., 98, 104, **105 ff.**
Guinea-Bissau 38, 40, 62

Idrave 223
Ílhavo 216
Inquisition 33

Kap Bojador 33
Kapverdische Inseln 33, 37, 62
Karavelle 32, 73, 114, 186
Kastilien 31, 171, 192
Kirche 20, 45, 47
Kolonien 17, 32, 38, 76, 167, 227

Lagos 32 f.
Lamego 52 f., 71, 89, **195 ff.**, 200 f.
Linhares 188 f., 192
Lissabon 13, 22, 33, 35 ff., 40, 45, 49 f., 54 f., 57, 66 ff., 72 f., 75,

Register

77, 86, 88, 100, 134, 140, 167, 209, 227

Macau 34, 40
Madeira 13, 17, 20, 25
Madrid 13
Mangualde 209
Manteigas 186 ff., 190, 193
Marialva 71, 182 f.
Marokko 34, 63
Mateus, Palácio 128 f., 154
Matosinhos 25, 87
Meda 183
Melgaço 134 f.
Mensão Frio 90
Methuen-Vertrag 27, 34, 74
Minho 16, 19 f., 22, 42, 50 f., 56, 72, 94 f., 98, 104, 116, 120, 133, 227
Miramar 88
Miranda de Douro 54, 70, 90, **171 ff.**
Mirandela 71, **158 ff.**, 167, 170
Moçambique 36, 38, 40, 42, 62
Mogadouro 159, 174
Moimenta de Beira 199
Monçao 133 f.
Montalegre 140, 149 f., 152
Montezinho, Nationalpark 71, **167 f.**
Murça 159 f.

Nelkenrevolution s. Revolution

Outeiro 17
Ovar 212, 217 f.
Ovilhã 50

Panoias, Kultstätte 154
Pedras Salgadas 152
Pena 206 ff.
Pendilhe 209
Peneda-Gerês, Nationalpark 52, 71, 112, 135, **137 ff.**, 148, 152
Penedono 182
Peso da Régua s. Régua
Pinhão 27, 88, 90, 124 f., 181, 198
Pinhel 183
Ponte de Barca 136
Ponte de Lima 52, 119, 136, 181
Porto 13, 17, 20, 22, 24 f., 27 f., 30 f., 35 f., 40 f., 45, 49 f., 52 f., 55, 62 f., 66 ff., 70, **72–92**, 94 f., 111, 120, 122 f., 155, 167, 181, 201, 212, 219, 222 f., 226
Portwein 21, **26 ff.**, 34, 74, 81, 86 f., 90, 134, 156, 195, **197 f.**
Póvoa de Lanhoso 108
Póvoa do Varzim 87, 95
Praia de Esmoriz 218
Praia de Lavadores 88

Quintas 24, 90, 107, **118 f.,** 136, 147, 174, 181, 186, 195, 206 ff., 216, 222, 224

Rebordelo 148
Reconquista 30 f., 52, 72, 113, 158, 165
Régua 27, 88, 90, 121, 197 f.
Resende 201
Revolution 17, 20, **38 f.,** 41 f., 44, 56, 58, 227
Ria d'Aveiro 14, 96, 212, 218, 223 f.

Rio Cávado 150
Rio Douro 12, 16 f., 26, 63, 68, 72, 75, 81, **85 ff.,** 121, 159, 168, 171 f., 174, 177, **197 ff.**, 219, 222
Rio Lima 112 f., 135 ff.
Rio Minho 12, 134
Rio Mondego 14, 188 f., 192, 210
Rio Paiva 208 f.
Rio Vouga 206, 208, 223
Rio Tâmega 90, 143, 155, 160 ff., 171
Rio Tua 158, 198
Rio Tuela 170, 227 f.
Rio Zézere 187, 189 f., 192 f.
Rota da Luz 89, 213, 217, 219

Sabrosa 154
Salzedas 200
Sande 198
São Bartolomeu do Mar 96
São Pedro do Sul 208
Sebugal 185
Seia 192 f.
Sernancelhe 182
Serra da Estrela 12 f., 52, 57, 71, 177, **186 ff.**, 208
Serra de Alvão 19, 71, 152, 155, 160
Serra de Montemuro 48, 132, 201, 208
Serra de Nogueira 170
Serra do Barroso 148, 150, 155
Serra do Caramulo 207 f., 224
Serra do Marao 71, 90, 160
Setubal 57, 59
Sortelha 52, 185

Spanien 12, 21, 30 f., 33 f., 36, 50, 138, 143, 150, 165, 178

Tarouca 199 f.
Termas de São Pedro 208
Terra Quente 12, 156, 158 f., 170
Tibães, Kloster 101
Torre de Moncorvo 159, 174, 193
Trancoso 180
Trás-os-Montes 12, 14, 17, 47, 50 ff., 144, 148, 165, 167
Trofa 223

Valença 71, 133, 184
Viana do Castelo 20, 54, 70 f., 111, **112 ff.**, 120, 136
Vidago 152
Vila do Conde 87, 94
Vila Flôr 52, 159
Vila Nova de Gaia 27 f., 75, 77 f., 80, 86 f.
Vila Pouca de Aguiar 152, 155
Vila Real 20, 50, 55, 71, 90, 108, 128 f., 147, **152 f.**, 159 f.
Vilar Formoso 12, 185
Vimoso 171
Vinhais 148, 169
Viseu 12, 20, 29, 53 f., 71, 118, 130, 181, **201 ff.**, 224, 226
Vouzela 130, 206, 208

Portugal

Vom Algarve zum Minho

Von Hans Strelocke. 432 Seiten mit 34 farbigen und 131 einfarbigen Abbildungen, 134 Karten und Zeichnungen, 40 Seiten praktischen Reisehinweisen, Glossar, Register, kartoniert (DuMont Kunst-Reiseführer)

»Kulturgeschichtliche Informationen, die auch die wesentlichen Zusammenhänge aufzeigen, vermittelt in bewährter Weise der Kunst-Reiseführer Portugal des Verlags DuMont.« *Geschichte mit Pfiff*

»Lissabon läßt sich gut auf eigene Faust entdecken. Wer sich vorher gern ausführlich informieren möchte, dem sei der DuMont Kunst-Reiseführer Portugal empfohlen.« *Stern*

»Richtig reisen«: Portugal

Reise-Handbuch

Von Thomas Fischer. 408 Seiten mit 40 farbigen und 173 einfarbigen Abbildungen, 43 Karten und Plänen, 38 Seiten praktischen Reisehinweisen, Register sowie einem deutsch-portugiesischen Wörterbuch, kartoniert

»Der Portugal-Führer der Reihe »Richtig reisen« verrät Augenmaß und Fingerspitzengefühl für Land und Leute trotz der erstaunlichen Fülle von Informationen, die er zu bieten weiß. Wer den westlichen Rand Europas für sich persönlich entdecken will, ist mit diesem Führer gut beraten.«

Frankfurter Allgemeine Zeitung

Algarve

Mit einem Kurzführer durch Lissabon

Von Jochen Heuer. 239 Seiten mit 10 farbigen und 75 einfarbigen Abbildungen, 2 Karten und Plänen, 25 Seiten praktischen Reisehinweisen, Register, kartoniert (DuMont Reise-Taschenbücher, Band 2041)

»Der Band ›Algarve‹ von Jochen Heuer, mit einem Kurzführer durch Lissabon, erleichtert die Wahl des Badeortes und begleitet mit viel Hintergrundinformationen bei Ausflügen. Zu einem guten Verständnis des Reiselandes verhelfen die Texte über den Alltag der Portugiesen, Geschichte, Politik und Kultur. Das gut ausgewählte Bildmaterial vermittelt erste Impressionen von der Algarve.« *sport + verkehr*

Madeira

Kultur und Landschaft aus Portugals Blumeninsel im Atlantik

Mit 20 Wanderungen und 6 Autorouten

Von Wendula Dahle und Wolfgang Leyerer. 314 Seiten mit 54 farbigen und 61 einfarbigen Abbildungen, 89 Zeichnungen und Plänen, 43 Seiten praktischen Reisehinweisen, Literaturverzeichnis, Glossar, Register, kartoniert (DuMont Landschaftsführer)

»Wenige Inseln besitzen ein derart detailliertes Handbuch wie Madeira mit diesem neuen Kultur- und Urlaubsführer. Mit beinahe naturforscherischer Akribie beschreiben die beiden Autoren die Klima- und Vegetationszonen der ›Blumeninsel‹ im Atlantik. Landwirtschaft, Fischerei, Bewässerung und Handwerk der Insel kommen dabei ebenso ausführlich zur Sprache.« *Frankfurter Allgemeine Zeitung*

Madeira

Von Susanne Lipps. 232 Seiten mit 14 farbigen und 52 einfarbigen Abbildungen, 12 Karten und Plänen, 25 Seiten praktischen Reisehinweisen, Register, kartoniert (DuMont Reise-Taschenbüchere, Band 2048)

»Von einem allgemeinen landeskundlichen Teil geht's über zu den einzelnen Orten und Landschaften. Die Hauptstadt Funchal und der touristisch erschlossene Südosten werden natürlich sehr ausführlich besprochen. Dennoch aber kommen die unbekannteren Gebiete nicht zu kurz, wie etwa der sehr reizvolle Nordteil der Insel. In Orten wie Porto Moniz oder São Vicente, wo kaum Fremde hinkommen, werden verborgene Reize aufgespürt.« *Der Standard*

»Richtig reisen«: Azoren

Reise-Handbuch

Von Thomas Fischer. 263 Seiten mit 26 farbigen und 132 einfarbigen Abbildungen, 13 Karten und Plänen, 24 Seiten praktischen Reisehinweisen, Glossar, Register

»Dieser Führer ermöglicht es dem Reisenden, jede einzelne der Inseln auf eigene Faust zu entdecken. Der Autor erläutert Geschichte und Gegenwart auf den Azoren, ihre Besiedlung und Entvölkerung, die wirtschaftlichen und sozialen Probleme der Azorer sowie die Lage der Inselgruppe zwischen Neuer und Alter Welt. Im Reiseteil werden die Inseln in ihrer Einmaligkeit und mit all ihren Besonderheiten detailliert beschrieben.« *Kärntner Tageszeitung*

Die Gewürzroute

Die Entdeckung des Seewegs nach Asien

Portugals Aufstieg zur ersten europäischen See- und Handelsmacht

Von Fernand Salentiny. 168 Seiten mit 93 einfarbigen Abbildungen und Stichen, 18 Karten, Register (DuMont Dokumente)

Die Altstadt von Porto

1 Kaistraße (Cais da Ribeira)
2 Zollamt (Alfândega)
3 Kirche S. Pedro de Miragaia
4 Kirche S. Francisco
5 Börse (Bolsa)
6 Bronzestatue Heinrichs des Seefahrers
7 Casa do Infante
8 Mercado de Ferreira Borges
9 Kathedrale (Sé)
10 Brücke Dom Luís
11 Bischofspalast
12 Kirche dos Grilos
13 Museum Guerra Junqueiro
14 Bahnhof S. Bento
15 Praça da Liberdade
16 Rathaus (Câmara)
17 Turismo
18 Mercado do Bolhão
19 Café Majestic
20 Praça da Batalha
21 Turm der Clérigos-Kirche
22 Karmeliterkonvent
23 Kirche da Misericórdia
24 Universität
25 Nasoni-Galerie
26 Buchhandlung Lello & Irmão
27 Hotel Infante do Sagres
28 Rua S. Miguel
29 Palácio dos Carrancas (mit Museum Soares Reis)
30 Sportpalast